湛庐CHEERS

与最聪明的人共同进化

HERE COMES EVERYBODY

人类社
三大驱
连接
Connection
（一种天生与他人相互连接的倾向，发育期：0~1 岁）
成功
失败
合作
心智解
Mindread
（在连接中理解与感受的倾向，2~4 岁）
漫骂比拳头可能伤人更深
被人拒绝或排斥会引发真实的痛感
痛！
孩子为何依恋母亲
如何加强连接
个人：拥有至少一位随时可以见面的好友、多参加志愿者活动、多进行慈善捐赠
学校：关注学生对学校与班级的归属需求，鼓励学生之间的有效互动
企业：给予员工认可与公平，高效领导者应更注重发展社交能力
打牌次次都赢的
发放小赠品
好销售的共通之

交的
动力

SOCIAL
WHY OUR BRAINS ARE WIRED TO CONNECT

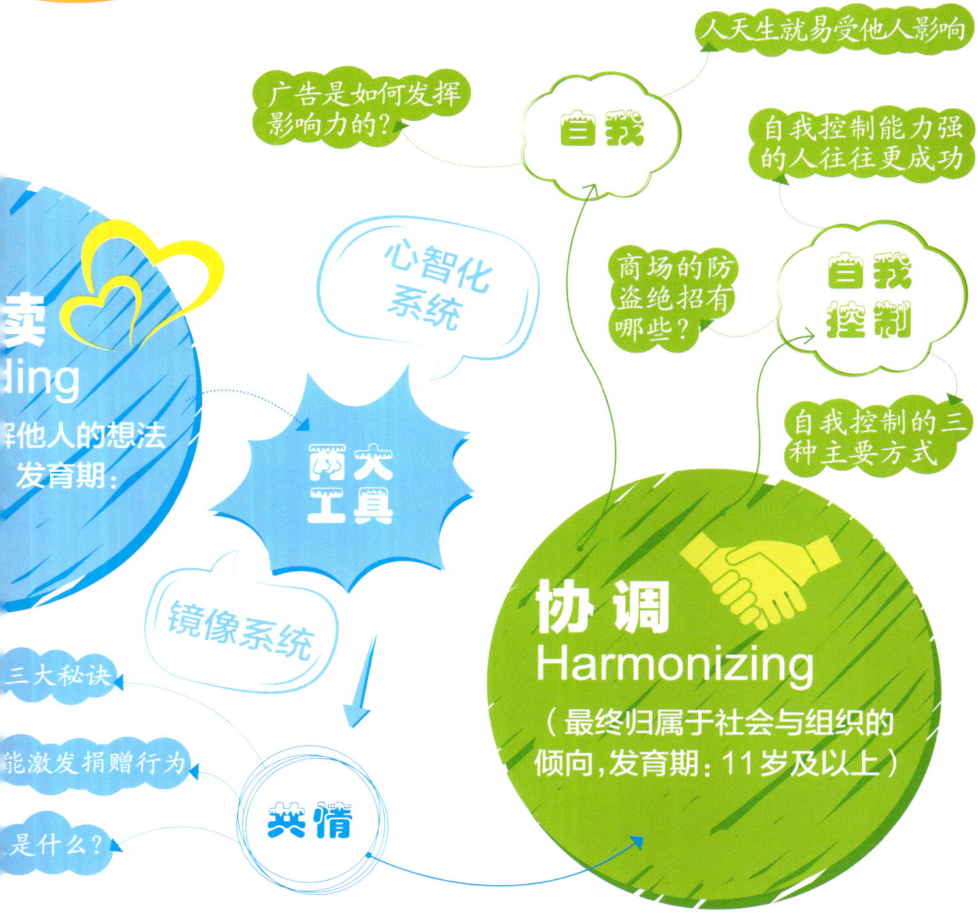

Social
社会认知神经科学奠基人
马修·利伯曼
Matthew D. Lieberman
THE
GOLD SHIELD
FACULTY PRIZE
AN AWARD FOR
ACADEMIC EXCELLENCE
Matthew Dylan Lieberman
Professor of Psychology,
Psychiatry and
behavioral Sciences

从哲学走向社会心理学的新学科开拓者

利伯曼 1970 年 5 月 5 日出生于美国新泽西海岸的一个大家庭，在家中排行老三。自小丰富的学习经历为利伯曼之后的广泛兴趣打下了基础。他的小学一年级老师玛丽·奥斯汀（Mary Austin）曾与马丁·路德·金一同游行示威，还会在课后给学生们讲述自己参与人权运动的故事。对少年时的利伯曼影响最深远的莫过于家里书架上的一本本哲学著作——从柏拉图、亚里士多德，到尼采、萨特，哲学首次让利伯曼认识到了一些宏大的主题，也从根本上影响着他的思维方式。正是对哲学的热爱，进入罗格斯大学就读本科的利伯曼选择了哲学和心理学双学位。但是，当时的心理学课程并未引起利伯曼的兴趣，反而是一门名为《心灵哲学》（*Philosophy of Mind*）的课程激发了利伯曼对人类思维和大脑的兴趣。而教授这门课程的老师正是在心灵哲学领域大名鼎鼎的史蒂芬·史迪奇（Stephen Stich）和杰瑞·福多（Jerry Fodor）。尽管深受哲学的影响，利伯曼却深刻地意识到自己在哲学领域的作为有限。之后，他将兴趣转向了社会心理学，并发表了一篇关于自我实现预言的荣誉论文。

1999 年，利伯曼在哈佛大学获得社会心理学博士学位。他师从著名社会心理学家丹尼尔·吉尔伯特（Daniel Gilbert），受到其社会认知双系统模型（dual-process models）的启发，利伯曼开始了对社会认知的神经系统研究。

荣誉满堂的社会认知神经科学奠基人

从哈佛毕业后，利伯曼来到加利福尼亚大学洛杉矶分校，成为该校的博士后研究员，并于2000年留校任教至今，成为该校心理学教授、社会认知神经科学实验室（SCN Lab）主任。

作为社会认知神经科学领域最重要的权威之一，利伯曼参与了这一新兴学科的创立。社会认知神经科学通过将神经心理学与神经影像技术相结合，研究社会认知问题。2007年，利伯曼因对心理学的这一贡献获得了美国心理学会颁发的“杰出科学奖”，该奖项每两年颁发给一位杰出的社会心理学家。

为了让大众更深刻地了解社会心理学和认知神经科学，利伯曼讲授加利福尼亚大学公开课《社会心理学》，其课程在YouTube上点击量达数万次。

研究之余，利伯曼最大的爱好便是写作，这也促使他创立了这一领域的权威杂志——《社会认知和情感神经科学》（*Social Cognitive and Affective Neuroscience*），并一直担任创始编辑至今。

将“社会脑”研究推向实际应用的第一人

随着互联网的发展，Facebook、Twitter 等社交网站的崛起引发了大众的广泛讨论，利伯曼利用 fMRI 技术探究人类“社会脑”的奥秘，第一次证明了社会痛苦等同于真实的身体疼痛，而人们对社会网络的热爱也有其神经学基础。这项研究结果发表在了《科学》杂志上，被引用达数千次。利伯曼利用 fMRI 等技术手段增进了人们对人类心理机制的理解，并在各大报刊杂志上发表了上百篇文章，主题包括心智化、说服、情绪管理、移情，等等。

利伯曼也非常关注学术研究对实际社会问题的解决，积极呼吁人们关注“社会脑”的重要性。在他看来，不论是商业组织还是教育机构，都忽略了人们对归属、社会交往的强烈需求，而满足这些最基本的需求有助于提高员工对组织的忠诚度和学生学习的积极性。

利伯曼在加利福尼亚大学洛杉矶分校读博士后时，遇到了自己现在的妻子娜奥米·艾森伯格（Naomi Eisenberger），同为心理学家的艾森伯格当时是该校泰勒实验室的研究生。之后，两人合作进行社会性研究，发表了十多篇关于社会排斥、社会痛苦的神经基础等主题的论文。他们育有一个儿子伊恩·詹姆斯（Ian James），现在全家生活在洛杉矶。

Why Our Brains Are Wired to Connect

Social

社交天性

人类社交的三大驱动力

[美] 马修・利伯曼 (Matthew D. Lieberman) ◎著
贾拥民 ◎译

浙江人民出版社
ZHEJIANG PEOPLE'S PUBLISHING HOUSE

各方赞誉

2006年，有两本重要的社会认知神经科学杂志创刊，年青的马修·利伯曼博士是其中一本的创刊主编。现在，利伯曼博士给我们带来了新的惊喜。在《社交天性》中，利伯曼博士从认知神经科学的角度，用深入浅出的文字向读者介绍了人类如何认识自我、理解他人、感知社会。针对社交生活的方方面面，从如何理解他人的思想和行为、如何与他人产生情感共鸣、如何与他人合作，到如何帮助孩子高效学习、如何激励员工努力工作，利伯曼博士都为我们提供了科学的解释和建议。

这是一本兼具科学性和通俗性的读物，读者不仅可以从书中了解研究者如何通过实证的方法研究人类社会行为的神经基础，还可以借助本书的内容帮助自己更为有效地与他人沟通，从事社交活动，更好地适应社交生活，进而获得更高的幸福感。

周晓林

北京大学心理学系教授

北京大学脑科学与认知科学中心主任

科学，有民间和学院两种风格。在学院派脑科学家中，马修·利伯曼是稳健派——不求标新立异但求正确表达。以稳健的学院派领袖身份为普通读者写作科普作品，他笔下的社会神经科学与社会行为解释具有最高的可靠性和最深思熟虑的科普性。

汪丁丁

北京大学国家发展研究院教授

科学是“真”，因为它的充分论证；科学是“美”，因为它严密的逻辑；科学是“善”，因为它与人性中美好的东西相契合。《社交天性》就是一本让人感受科学之“善”的经典之作！

叶航

浙江大学经济学系教授、博士生导师

浙江大学跨学科社会科学研究中心主任

人类是最善于抱团合作的物种。与谁抱团、如何抱团以扩大合作这些话题历来令人着迷。《社交天性》描述了进化心理学、认知神经科学的研究成果，极好地揭示了人是如何开发其固有的人际互动潜能，来顺应扩大社会合作的需要和效益的。

孙涤

美国加州州立大学（长堤）商学院教授

我们人类这个物种有强烈的社交倾向，这一点人人皆知。但从这个基本事实出发，马修·利伯曼却开发出了一整座思想矿山。《社交天性》充满了令人惊喜的洞见，它们非常有价值，善用之，我们的生活将会变得更加美好。

罗伯特·西奥迪尼

亚利桑那州立大学心理学名誉教授，超级畅销书《影响力》作者

终于等到了！《社交天性》真的把人类的社会性变成了社会神经科学的研究对象。而且更加重要的是，无论是外行还是业内科学家，在阅读本书时，都可以享受到莫大的快乐。

罗宾·邓巴

人类学家，牛津大学进化心理学教授，“邓巴数”提出者

在《社交天性》这本引人入胜的书中，作为社会神经科学领域的领导者和开拓者之一，马修·利伯曼清晰地阐明了，我们的大脑为什么天生相互连接，这种连接对我们的思考、感觉和事业有什么影响以及这种影响为什么很重要。

沃尔特·米歇尔

哥伦比亚大学人文心理学尼文讲席教授，“棉花糖实验”设计者

《社交天性》是我一直期待的一本书。它出自社会神经科学领域最杰出、最有前瞻性的先驱马修·利伯曼之手，它告诉读者，我们人类为什么是相互连接的以及是如何相互连接在一起的。这是一本光辉之作。

丹尼尔·吉尔伯特

哈佛大学心理学教授，畅销书《撞上幸福》作者

认知神经科学这个领域是在19世纪形成的，稍显奇怪的是，在最开始，它主要与关于人类大脑的语言功能的一系列发现相关。不过，没过多久，菲尼亚斯·盖奇这

个孤例出现在了研究者的视野中，从而预示了一个多世纪之后的社会认知神经科学的登场。作为社会认知神经科学的开拓者和领导者之一，马修·利伯曼在《社交天性》中全面地总结了这个领域的最新研究结果，并以生动活泼的笔触阐发了这个领域的重要发现对人类生活的意义。

安东尼奥·达马西奥

南加利福尼亚大学神经科学讲座教授，畅销书《笛卡尔的错误》作者

《社交天性》一书充满了令人惊奇的转折和洞见，其曲径通幽之美不亚于丹·布朗的小说（本书带给读者的阅读乐趣也不亚于后者）。本书揭示了我们人类这个物种取得成功的奥秘：我们的社交天性。本书解释了我们的社会性的起源和神经生物学基础，并阐述了这种天生的强大的社交能力对于我们日常生活的意义。

凯文·奥克斯纳

哥伦比亚大学心理学教授、社会认知神经科学实验室主任

《社交天性》一书表明，我们的大脑天生就是相互连接的，这种连接并非只是为了思考。作为社会认知神经科学的先驱，马修·利伯曼在书中解释了，为什么公平的味道就像巧克力、为什么心痛对人的伤害甚至可能超过头痛。他还告诉我们，应该怎样利用这些知识来改善我们的生活、学习和工作。

亚当·格兰特

沃顿商学院教授，畅销书《沃顿商学院最受欢迎的成功课》作者

这是我读过的有关人类自身天性的最引人入胜的一本书。毫不夸张地说，它真的改变了我看待世界的方式。

大卫·洛克

神经领导力研究所主任，畅销书《工作中的大脑》作者

《社交天性》把最生动的故事和最尖端的神经科学成果结合到了一起，有力地说明了人类是如何相互连接起来的。马修·利伯曼的思想极其引人入胜，而且他的文笔也非常流畅。所有致力于研究人类这种社会动物的特性、所有关注人类境况的人，都应该读一读这本书。

苏珊·菲斯克

普林斯顿大学心理学教授

《社交天性》这本书令人着迷。它文辞优美，为读者展示了关于人类的社会性和我们的大脑的一系列令人兴奋的最新成果。

雪莱·泰勒

加利福尼亚大学洛杉矶分校特聘教授，畅销书《抚育本能》作者

人类是精致的社会动物。《社交天性》是一本优雅的杰作，它令人信服地解释了人性为何如此，作者马修·利伯曼是全世界最权威的社会认知神经科学家之一，他的研究横跨多个最尖端、最前沿的学术领域，其中包括对灵长类动物的社会群体研究、对人类的爱和友谊的心理机制的研究、对同情和利他主义的大脑基础的研究，等等。这本迷人的著作必定会受到广大读者的喜爱，无论是没有任何相关专业知识的普通人，还是认知神经科学和社会心理学领域的专家、教授和学生，都能从中获益。

萨拉－杰妮·布莱克莫尔

伦敦大学学院教授

社会认知神经科学是一个新兴的领域，《社交天性》作者马修·利伯曼是这个领域的开拓者之一，他在书中回顾了关于人类各种天生的能力（如自我控制、心智解读、同情共感等）的最新研究成果，令人信服地解释了人类的大脑为什么是相互连接的。本书不仅是社会认知神经科学的极佳入门读物，还为我们如何过上更好的生活提供了非常实用的指南，因此我强烈推荐它。

托德·希瑟顿

达特茅斯学院讲席教授

献给娜奥米和伊恩，

是他们让我知道了我的社会脑是什么样的。

被忽略的社交天性

几百年前，哲学家杰里米·边沁（Jeremy Bentham）曾经这样写道：“痛苦与快乐……支配着我们所有的举止、言行和思想。”毫无疑问，我们会沉迷于肉体上的快乐，同时也会努力避免肉体上的痛苦。但是，它们真能“支配我们所有的言行举止”吗？它们真的就是我们的一切吗？我认为它们远远没有我们通常所假设的那么有控制力。目前，规范社会运行的制度体系和激励机制与边沁所宣称的东西大体上是一致的，但它们却遗漏了人类行为背后的一些最深层次的动机。

通常被边沁以及其他人所忽略的是：以一定的兴趣为基础，每个人都天生与他人相互连接。对于人类来说，这种连接同肉体上所感受到的痛苦与快乐一样基本。我们天生就是爱社交的社会动物，被深层次的动机驱动着的我们喜欢与亲朋好友们待在一起。我们天生就充满好奇心，想知道他人的头脑中在想些什么。我们的价值观塑造了我们的身份认同感，而它又源于被称为“我们”的群体。然而，这种连接也会导致某些“奇怪”的行为，这些行为违背了我们对一个理性自利的行为人的预期；只有把社会属性视为回答“我们到底是谁”这个问题的出发点，这些“奇怪”的行为才会显得有意义。

在过去的20年里，我和我的同事建立了一门全新的学科：

社会认知神经科学（social cognitive neuroscience）。对于人类大脑是如何对社交圈做出反应这一问题，我们利用诸如功能性核磁共振成像技术（简称 fMRI）这样的工具，获得了一系列令人吃惊的发现——放在以前，这是绝不可能的。这些研究成果再一次证明了以下这个结论：我们的大脑天生就与他人相互连接。人类的社会心理一部分可以追溯到亿万年前最早的哺乳类动物时期，而余下的社会心理则是在最近才进化出来，而且很可能是人类独有的。理解这些心理机制如何驱动着我们的行为，对改善我们的个体生活和群体生活都至关重要。本书将详细阐述人类社会心理的神经机制，并阐明它们是如何在很大程度上塑造了我们的社交生活的。

测一测

你了解大脑是如何塑造我们的社交生活的吗？

扫码鉴别正版图书
获取您的专属福利

扫码获取全部测试题及答案
一起了解人类的“社会脑”

- 内心的想法会影响身体上的疼痛吗？

  A. 会

  B. 不会

- 进化构建出的大脑让我们对积极的社会认可漠不关心，这是真的吗？

  A. 真

  B. 假

- 假设你患有严重的“蜘蛛恐惧症”，治疗师提出了三种治疗方案，你认为哪种会更有效？

  A. 暴露疗法

  B. 重新评价疗法

  C. 情绪标签化疗法

  D. 以上全不对

扫描左侧二维码查看本书更多测试题

目录

第一部分

大脑天生爱社交

从本质上讲，人是一种社会动物；那些生来离群索居的个体，要么不值得我们关注，要么不是人类。

|亚里士多德|

01

SOCIAL

“我们”到底是谁

欧文和格洛丽亚已经为他们的“美国梦”奋斗了半个多世纪。他们都是大萧条时期出生的孩子。尽管出身卑微，但是他们一路奋斗，靠着自己的不懈努力，最终成了大西洋城广受赞誉的成功人士。两人在十几岁时相遇，安安稳稳地度过了高中生涯。随后，欧文被杜克大学录取，但是不久后他便入伍为国效力，成为一名海军飞行员，并参加了第二次世界大战。当他动身前往训练营时，格洛丽亚也一同前往，并一直陪伴在他的身边。战争一结束他们就结婚了，接着很快生下了两个孩子。这两个孩子都属于战后婴儿潮一代，他们长大后都成了非常成功的律师。欧文用自己的双手建造了他和格洛丽亚居住的房子。当欧文进入房地产业，格洛丽亚也与他携手创业。他们善于经营，头脑敏捷，投资购买了好几个停车场，后来，赌场业在大西洋城兴起，这些停车场便成了人人都想得到的宝贵资产。欧文和格洛丽亚是一个不可分割的整体。他们两人形影不离，一起生活，一起工作，一起休假。

然而，在欧文 67 岁那年被确诊患了前列腺癌，而且已经发展到了晚期。不久之后，欧文不幸去世。欧文的死对格洛丽亚来说，无疑是一个毁灭性的打击。人们在面对突然而至的巨大不幸时，可能会伤心欲绝，但是只要他们能够挺过去，通常都能继续生活下去，但是格洛丽亚却无法做到这一点。在她之后的人生，格洛丽亚一直沉浸在失去老伴的痛苦中无法自拔，而且她的心智和记忆力也在慢慢地恶化。随着时间的推移，她完全变了一个人。在以前，她是一个魅力四射、机敏睿智的能干女子——虽然有时也会有点杞人忧天。但是自从欧文去世后，她就慢慢地变成了一个以自我为中心，不在乎他人感受，甚至有些刻薄的人。

格洛丽亚的朋友们无法忍受她的这种转变，一个接一个地离开了她，大家都百思不得其解：她到底怎么了？她的家人则不得不勉强容忍她的坏脾气和无理行为。人们对她的心智和行为变化的解释大多集中在神经生物学方面。或许格洛丽亚患了某种老年痴呆症？但是除了记忆力不断消退这一点之外，没有任何临床症状可以证明。还有人猜测，会不会是她长期服用的用来抵御悲痛的药物损害了她的神经？然而格洛丽亚本人并不这么想，她知道问题所在，是欧文的离去让她觉得日子简直生不如死。我之所以这么清楚，是因为她一有机会就会告诉我她这个想法——她就是我的祖母。她认为自己的心早就彻底碎了。多年以后，我问父亲，到底是什么导致她发生了如此巨大的变化？他回答道："在你祖父去世的那一刻，她也死了，在那以后她再也没有快乐过。"

在我的成长过程中，我亲眼目睹过我祖父母的生活，他们堪称所有成年人的典范。他们的婚姻生活稳固而健康，是彼此的终身伴侣。年少时，我在爷爷欧文亲手建造的那幢房子里度过了一个又一个夏天。我注意到，他们相处时，彼此之间是那么的体贴、那么的相亲相爱。我还注意到，他们是如何融洽地与周围每一个人相处的。如今，就像当年的欧文和格洛丽亚一样，我和妻子也从事着同样的行当，我们的办公室只相隔不到 10 米。我从爷爷奶奶那里得知，这就是幸福。为什么只需要保持稳定的关系，就能够让人感到幸福？为什么当这种关系消逝时，或者深爱的人离开人世后，会让人感到生活毫无意义，甚至于生不如死呢？当失去所爱之人时，我们的大脑会让我们感受到巨大的痛苦，它为什么要如此建构呢？对痛苦的这种强烈感知会不会是我们的神经结构中的一个“设计缺陷”呢？

我和妻子在过去 10 年里所做的研究表明，大脑这种反应机制根本不是一种“缺陷”，恰恰相反，它对我们的生存意义重大。当我们的社会连接（social connection）受到威胁时，经过进化的大脑马上就能以体验身体疼痛的方式体验这些威胁。通过激活特定的神经回路，大脑能够让我们感受到肉体上的疼痛，而社会痛苦（social pain）激活的也是同样的神经回路。人类体验和感知社会痛苦的能力是我们的孩子得以生存下去的保证，它会促使孩子们更接近自己的父母。社会痛苦与物理疼痛之间的神经连接，也让始终与社会维持联系成为人的毕生需求，就像对食物和温暖的需求一样。考虑到大脑应对社会痛苦与物理疼痛时的反应十分相似，整个社会在对待正在经历着社会痛苦的个体时，是不是应该采取某种与现有做法有所不同的举措呢？我们通常不会要求某个断了一条腿的不幸之人“直接把这件事忘记就行了”。然而就社交方面的损失给一个人带来的痛苦而言，这类反应却是再常见不过的了。

我与其他一些学者利用功能性核磁共振成像技术完成的研究表明，我们实际经历社会痛苦的方式与我们自己的感知是完全不同的。我们直观地认为，社会痛苦与物理疼痛是两种完全不同的体验，但我们的大脑处理这两种痛苦的方式却很相似。

本书将集中探讨人类大脑的三种主要的适应，它们促使我们与社交圈联系得更加紧密，并且使我们能够更好地利用社会连接去建立更具凝聚力的团体和组织。**社会痛苦与物理疼痛背后的神经机制的重叠就是这三种适应中的第一种，它确保我们的一生都将受社会连接这种动机的驱动。**

怎样选出一个总统

1984 年 10 月 21 日，谋求连任的美国总统罗纳德·里根（Ronald Reagan）和他的竞选对手、曾经担任过美国副总统的沃尔特·蒙代尔（Walter Mondale）举行了第二次全国性的总统竞选电视辩论。里根总统一直很受欢迎，但是由于人们越来越在意他的年龄，对他的支持也开始变得没有那么坚定了。他在三个星期之前那次辩论中的拙劣表现，已经引起了人们对他的心智健康问题的担忧。如果里根总统成功连任，那么他将成为美国历史上年龄最大的在位总统（在参加这场总统辩论的时候，他已经 73 岁高龄了）。但是这种担忧似乎是多余的，里根在最后一场辩论中的表现非常出色。人们普遍认为这场辩论是这次总统大选的转折点，辩论结束后，更多的选民决定支持他，而且他们的支持态度也变得更加坚定了。最终，里根总统在这次选举中以前所未有的压倒性优势大获全胜。

里根是怎样在辩论中向选民们证明他仍然能够随心所欲、如臂使指般地运用自己的各种才能的？在阐述当时面临的现实问题时，他有没有试图有意展示自己的博学多才？有没有通过在外交政策或税收制度等敏感问题上大力攻击蒙代尔来展示自己的优势？没有。是里根的幽默感使他赢得了选举的胜利，是他在辩论过程中表现出来的冷静机智以及脱口而出的妙语连珠使得他再次赢得了民众的支持，并且人气不断攀升。最引人注目的一次有力反驳是，里根被主持人问到年龄会不会成为选举中的一大问题时，当时里根不假思索地说出了他那句名言：“我不会在这次竞选中拿年龄问题来做文章，因为我不会利用对手的年轻和缺乏经验来达到自己的政治目的。”蒙代尔当时已经 56 岁了，他当然绝不可能真的年少无知。蒙代尔后来评论道，就在那一刻，他就知道自己已经失败了。

那天晚上，将近 7 000 万美国人观看了这场辩论，之后人们确信“吉佩尔”（Gipper，里根总统的昵称）仍然拥有不可思议的魔力。任何一个担心里根总统心智健康的人都松了一口气。但是我们现在要问的问题是，作为一个国家、一个民族，在那个晚上我们究竟是怎样得出这个结论的？说真的，这是一个非常令人惊讶的结果。里根总统自己并没有采取任何措施来改变他在我们心目中的形象，是现场的几百名观众让我们的想法发生了改变，更具体地说，是通过无线电广播传送出来的这群观众的笑声改变了我们对里根的看法。

社交天性实验室

社会心理学家史蒂夫·费恩（Steve Fein）抓住了这个时机，完成了一项非常有意义的研究。在这场辩论结束后，他请一些没有观看过现场直播的人来观看里根总统在辩论时的录像剪辑，其中一部分人观看的录像剪辑是未经处理的，他们可以看到、听到现场观众的反应，就像在看直播一样；而另一部分人观看的录像剪辑是经过消音处理的，他们听不到现场观众的反应。在这两种情况下，所有人听到的总统的辩词全都一样。那些在观看录像剪辑时能够听到笑声的人们认为里根强于蒙代尔。然而，那些观看了没有笑声的录像剪辑的人的反应却截然相反，这些观众认为前副总统蒙代尔会取得决定性的胜利。换句话说，**我们之所以认为里根风趣幽默，并不是因为里根在辩论中表现出了幽默风趣的一面，而是因为那一小群在现场的“陌生人”都认为里根幽默风趣**。我们其实是被一些容易忽略的社会暗示所影响了。[①]

现在不妨想象一下，假设你正在观看这场辩论（或许你已经看过了），你认为现场观众的笑声会影响到你对总统候选人的评价吗？在今天的总统大选辩论直播中，美国有线电视新闻频道（CNN）每时每刻都会在屏幕画面的下方显示出一小群人对总统候选人的看法，你会受到显示在屏幕下方的这些数据的影响吗？它们会影响你的投票决定吗？我猜大多数人都会说不会。在决定谁才能担任我们

① 很多喜剧电视节目都会大用特用额外插入的笑声来调动观众情绪，虽然这种“罐头笑声”一下就能听出是伪造的，但它确实能让观众笑得更久、更频繁。《影响力》一书分析了“罐头笑声”之所以有效背后的社会认同原理，该书已由湛庐文化策划、万卷出版公司出版。——编者注

这个国家的总统时，少数现场观众的反应会改变我们的想法，这种猜测似乎完全违背了我们的“人性理论”以及对“我们是谁”这个问题的理解。我们喜欢把自己想象为是一个思想完全独立、不可能会受到这种影响的人。然而，我们很可能错了。每天、每时、每刻，别人都在通过无数种我们无法识别或者感知的方式影响着我们。如果真是如此，那么接下来的一个问题就是，为什么我们的大脑会在不知不觉中被那些我们根本就不认识的人影响呢？

我们脑中的这些灰质为什么会如此急于通过观众的反应去理解里根的意思？或者说，我们的大脑为什么会如此容易“轻信”他人？在对这个问题作出判断之前，先让我们花点时间来体会一下“读懂”别人的想法、从别人的言谈举止中辨别出他们的性格有多么困难。思想、情感和性格都是看不见摸不着的，我们只能靠推测，永远无法直接观察到。对他人的思想状态做出判断可能是一项十分艰巨的任务。现在的里根还是几年前的里根吗？他的心智能力会不会已经开始退化了？如果没有进行大量的神经生物学上的检查，我们又怎么可能知道现在这个里根与几年前的里根的差异呢？每个人每天都会像这样猜测别人的心思。这个任务是如此具有挑战性，以至于人类进化出了专门应对这项任务的神经回路。

尽管我们通常倾向于认为，智人（homo sapiens）之所以能够称霸地球，就是因为我们拥有独一无二的抽象推理能力，但是，现在已经有越来越多的证据证明，作为一个物种，我们人类的优势或许应该归因于我们可以进行“社会的”思考。伟大的思想几乎总是需要人们发挥团体合作精神才能付诸实施、开花结果。而团体、组织要想发展壮大，则需要以一定的社会连接和基础设施为基础。拥有了社会推理（social reasoning）能力，我们就可以建立和维护社会连接和基础设施。**人类的大脑中有一个专门负责这种心智解读（mindreading）的神经网络，这就是本书要讨论的大脑三大适应中的第二种适应。**

令人惊奇的是，虽然社会推理与其他类型的推理似乎并无差异，但是负责社会推理和非社会推理的神经系统却明显可以被区分开来，我们甚至可以毫不夸张地说，在大部分时间内这两个神经系统的运行几乎毫无一致性可言。在一般情况下，你的神经网络对非社会推理越开放，对社会推理也就越封闭。社会思考（social thinking）与非社会思考这两者之间的“二元对立”非常重要，因为一个人越专注于某个问题，他（或她）就越有可能会疏远或者忽视就在自己身边、能够帮助他（或她）解决问题的人。也就是说，非社会性的问题解决过程虽然可能很有效，但同时也可能会干扰以群体需求为指向的社会思考的神经回路。

然而，尽管大脑中存在着一个专门负责社会推理的系统这个事实很重要，但仍然不足以解释为什么大多数人在观看总统辩论时会如此轻易地受到现场观众的影响。在这种情况下，社会推理系统似乎也失效了，使得我们对辩论的认知遭到了扭曲。我们头脑中的某个部分似乎错误地把观众的笑声，当作了里根的心智能力和精神活力的有效指标。为什么我们要用别人的判断来代替自己的判断呢？这并非是我们的一时糊涂。世界上充满着这种笑声，还充斥着其他类似的语境线索，而我们的大脑天生就容易受到他人的影响。我们所拥有的这个进化造就的大脑确保我们能够获取、接受我们周围的信念和价值观。

在东方文化中，人们普遍认为，只有敏锐地感觉到别人的所思所想、所作所为，才能成功地与别人协调一致；当大家齐心协力的时候，我们所取得的成就会远远超越个人单打独斗所能取得的成绩总和。我们可能会认为信念和价值观是我们身份的核心部分，是我们之所以能够成为“我们”的重要组成部分。但是，正如我将会在下文表明的，这些信念和价值观在我们还没有意识到它们的时候就已经偷偷地潜进了我们的大脑里。

我在研究中发现，个人信念的神经基础（或者说，负责自我信念的脑区），明显与主要负责允许他人的信念影响自己的信念的某些脑区相互重叠。对社会影响来说，自我更像是一条畅通无阻的“高速公路”，而不是我们曾经认为的坚不可摧的“私人堡垒”。**我们拥有的这个被社会塑造的自我意识常常会导致我们去帮助他人（甚至可能多于帮助我们自己），这就是我将要讨论的第三种主要的适应。**

大脑中的“社交网络”

大多数有关人性的解释完全忽略了人的社交天性。当问人们到底是什么使得我们人类变得如此独一无二的时候，他们脱口而出的通常是一些经得起检验且相当令人信服的答案，比如“语言”“理性”“对生拇指”。然而，人类社交天性的历史根源可以追溯到距今至少 2.5 亿年的哺乳类动物身上，当时恐龙刚刚开始悠然漫步在这个星球上。我们的社交天性被一次又一次地融入了自然女神投下的一系列“赌注”当中，这个过程贯穿了整个哺乳类动物的进化历史。这些赌注通常都以适应（adaptation）的形式出现，它们之所以能够被自然选中，是因为它们促进了哺乳类动物的生存和繁殖。

就我们人类而言，这些适应加强了我们与周围人的情感连接，增强了我们预知他人心思的能力，从而使我们能够更好地与他人进行协调合作。我们会因遭受社会损失而深感痛苦，会因现场观众的笑声而深受影响，这些并非偶然。我们经常把进化过程描述为设计人类所拥有的这个现代大脑的过程，正是在这个意义上，我们才会说我们的大脑天生就是为了深入他人心灵、与他人进行互动而设计的。这些都是设计特点（design features），而不是设计缺陷（design flaws）。在人类成为地球上最成功的物种的过程中，这些社会适应起到了非常重要的作用。

然而，这些社会适应也让我们觉得有些神秘。对于每个人自己的社会连接，我们在认识上还存在着许多盲点。我们已经有了一个用来回答“我们是谁”这个问题的理论，然而这个理论却是错误的。本书的目的是阐明作为一种社会动物的“我们”到底是谁，并且告诉读者怎样才能更精确地理解人的社交天性，以便提高个体的生活质量、推动社会的进步。

对人类社交天性的真正洞见在最近几十年才得以快速发展，这是现在大多数社会机构和社会组织的效率都十分低下的一个非常重要的原因。任何一个社会机构都或明或暗地与某种世界观，即“人类社会到底是怎样运行的”有关。归根结底，世界观就是一些关于人类天性中的各种“齿轮和杠杆”的理论，任何一个试图推动社会进步的社会机构的运行都要以这些理论为基础。当我们的学校、企业、运动队、军队、政府和卫生保健机构以一些错误的理论为指导时，它们就不可能发挥出所有的潜能。这些理论错就错在未能正确地描述我们的社交天性。

同样的道理也适用于某个组织内部的团队。团队领导人应该如何去思考其团队成员的社会福祉呢？如果团队成员彼此之间有了紧密的社会连接，会不会导致他们更热衷于社交活动，因而减少在工作上的投入？或者会不会恰恰相反，当团队成员之间有了紧密的社会连接之后，大家也许会觉得应该为自己团队的成功承担更多的责任，从而更加努力地工作呢？对于上面这些说法中的哪些可能是真的，任何一个团队领导人都必须心中有数。这些问题的答案会影响团队领导人管理团队的方式。正如我们将会看到的，神经科学的研究表明，忽略团队成员的社会福祉很可能会影响团队的整体绩效（甚至有可能会危及个人健康），至于个中的具体原因，我们往往无法事先猜到。

现在，互联网上已经出现了很多社交网络，比如Facebook和Twitter，它们各有优势。与互联网一样，人的大脑内部也存在着多个“社交网络”，它们都由一系列脑区构成，共同促进我们的社会福祉。这些神经网络都有它们自己的强项。从脊椎动物到哺乳类动物，再到灵长类动物，最后到智人的这段漫长的进化历史上，这些神经网络是在不同的时间点上相继出现的。而且，在我们从婴儿成长为少年的过程中，上述各个进化阶段也会按照原来的次序全部重演一遍（见图 1-1）。本书的第二部分、第三部分和第四部分将分别讨论这些社会适应。

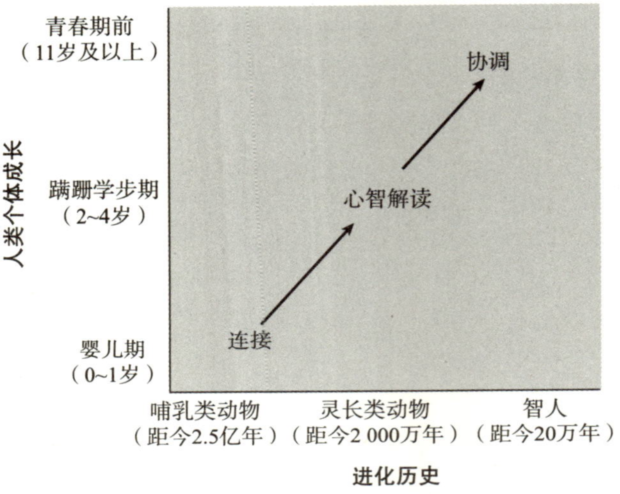

图 1-1　社会适应出现的时间

连接。在拥有大脑新皮层的灵长类动物出现之前，哺乳类动物与其他脊椎动物分离开来，并且进化出了感知社会痛苦和社会愉悦的能力，从而使我们的幸福与社会连接永远地联系在了一起。就人类而言，这种适应在一个人的婴儿时期就体现了出来，婴儿迫切需要保持各种各样的社会连接（特别是与父母，尤其是与母亲的亲密关系）。而且，终我们一生，我们都需要社会连接。（这是本书第二部分的内容，详见第 3 章和第 4 章。）

心智解读。灵长类动物已经进化出了一种无与伦比的能力，能够理解他（它）们周围同类的思想和行为，这进一步强化了他们保持社会连接、进行策略性互动的能力。就人类而言，在蹒跚学步的幼儿时期，一个人的社会思考能力就得到了快速发展，并且远远超过了任何其他物种的成年个体。有了这种能力，人类就能够创建各种各样的群体和组织，它几乎可以让我们的任何一个想法都能得以实施，也能够帮助我们预见周围人的需要和愿望，从而保证整个群体顺利地前进。（这是本书第三部分的内容，详见第 5～7 章。）

协调（harmonizing）。自我意识是人类最近才收到的“进化礼物”。虽然从表面上看，自我似乎是一种把自己与他人区别开来，并且有可能会增强个体自私自利倾向的机制。但实际上，自我却作为一种促进社会凝聚的强大力量而发挥着作用。在进入青春期前的一段时间和整个青春期里，青少年们会非常关注他们的自我，也正是在这一过程中，他们接受周围事物的影响，逐渐成长为一个高度社会化的人。因此，连接主要与我们渴望成为一名社会人的欲望有关，而协调则指一系列神经层面的适应，它们允许群体的信念和价值观影响其中的个体。（这是本书第四部分的内容，详见第 8 章和第 9 章。）

在下文中，我将分别阐述上述各个网络是如何塑造人的社会心理的，然后再讨论一些对任何一个科学发现都非常重要的问题：我们可以做些什么？怎样通过有效的途径，运用我们了解到的东西去改善这个世界？怎样以社会适应为指导，去组织群体生活以增进个体的幸福感，把人们最好的一面激发出来？在本书的第五部分，我将会就上述三个人生阶段来回答“我们可以做些什么”这个问题。我会在第 10 章分析怎样才能在日常生活中加强社会连接，并以此来提升个体的幸福感。第 11 章将探索如何才能使工作场所更加适应我们的社会连接，领导者怎样才能把已知的有关社会脑的知识应用到实践中去，以提升员工的士气、改善工作环境、提高生产效率。在第 12 章中，我将会探讨一系列改善教育的方法，尤其是初中教育，因为处在这个阶段的学生学习的动力和积极性都在急剧下降。虽然人类天生具备高度社会化的能力，但是我们所在的组织却不会主动来适应我们。我们本来是一枚方形（具备社交天性）的钉子，却身不由己地被固定在一个圆形（非社交性的环境）的孔中。各种社会机构注重的通常是人的智商和收入，而不太在意驱动我们的社会因素。在本书的第五部分，我将提出一些适当的方法，可以让我们变得更聪明、更幸福、更富有成效。社会脑能够教会我们很多东西。

令人望而生畏的脑科学

我刚开始涉足大脑领域的研究时，完全是一个门外汉。最初，我对哲学最有兴趣，后来却获得了社会心理学博士学位。我之所以要在本书的开头部分就提到自己这段经历，是想让读者明白，虽然我很高兴自己最终对大脑产生了浓厚的兴趣，但是脑科学确实是一门令人望而生畏的学科，下定决心从事脑科学研究并坚持到底并不容易。

大脑决定了我们到底是什么，它非常令人着迷；理解了大脑，也就掌握了解开许多未解谜团的钥匙。人类大脑是迄今为止我们所了解的宇宙中最为复杂的系统。人类大脑由数以亿计的神经元组成，每个神经元都与其他神经元相连接，创建了一个我们无法估量的纷繁复杂的神经“交通网络”。更加糟糕的是，大脑的每个部分都是以可恶的拉丁文来命名的。（然而更让人抓狂的是，大脑的同一个部位居然可以有好多个拉丁文名称！）在花了多年时间潜心研究神经科学后，我才不再对大脑感到完全不知所措。

在本书中，我自始至终都坚持这样一个原则：每章都只涉及一个脑区或大脑系统；我将会告诉你，你对这个脑区或者大脑系统需要知道些什么。但是我的焦点会始终集中在如下这一点上：围绕这些脑区展开的研究在我们的思想、心智、社交天性和“我们是谁”这些方面，可以告诉我们什么。

02

SOCIAL

大脑的“一生最爱”

我在读研究生的时候，有过一次与女朋友分手的痛苦经历，当时我感到神思恍惚，怅然若失，仿佛失去了一半灵魂。在经过了几个月的自艾自怜，尝试了好几次并不快乐的“幸福时光”之后，我下定决心努力提升自己。如果我真的只剩下“一半”了，那么属于我自己的另一半空间便可以任由我发展了。因此，我开始着手准备让自己变成一个我想要成为的人，以及一个我觉得我应该成为的人。仅仅一年之后，我就把这个“自我完善”计划忘记得一干二净，我又变成了那个简单的自己。但在那一年里，我确实全身心地投入到了那个改变自己的计划中。

在那一年，我每天都会花上数小时去做一些能够让生活变得更加美好的事情。但是，我必须仔细抉择如何使用非常宝贵的时间，即从事什么样的工作。一个人选择从事的工作对这个人来说无疑是至关重要的，它不仅可以说明这个人认为自己更有机会在哪个领域出人头地，而且足以表明他已经“下了大赌注”，开始为了提升自己着手做一些值得花时间去做的事情。我决定全力以赴成为一名作家。我把闲暇时间全都用来写作训练，我经常把写好的短文整篇扔掉——目的只是为了看看我能不能把它们以更好、更有效的方式重新写出来。与此同时，我还一边学习艺术史，一边学习民谣吉他弹唱，但是与我全身心投入的写作不一样，这些追求都没有在我的生活中掀起一丝涟漪。只有写作，直到今天仍然影响着我的生活。

这也证明，我们的大脑有着它们自己的激情。之所以知道这一点，是因为大脑几乎总是把所有空闲时间全都利用起来，只致力于一件事情。你和我可能都会用五花八门的计划来分配自己的空闲时间，而与我们不同的是，大脑则会把几乎所有的注意力都集中于完成一件事情上。

虽然我们的大脑一整天都会适应并响应任何分配给它的任务——如果你是一位会计师，必须在截止期限之前完成一份报告，那么所有跟数学有关的脑区都会被调动起来，以便支持你的计算；如果你是一位艺术史学家，正在某个博物馆担任馆长，那么除计算之外的其他脑区可能都会被调动起来，通力合作，但是，当大脑并没有集中在某一个具体的任务上时，比如，当某天既没有税务表格要填也没有艺术品需要布置时，大脑就会转向那个它“一生中最爱”的事情上。

那么，大脑最喜欢做什么事情呢？显然，这必定与我们的成功人生和幸福生活息息相关。大脑在数百万年的进化过程中，从来都不会用它的“闲暇”时间去做一些与我们的生活无关的事情。但是，我们确实发现，只要一有“闲暇”，大脑就会持续不断地做着某件事情，这说明，从某种意义上说，进化就是一场赌博，它把赌注下在了某件特别的事情上，因此这件事情必须包含无比重大的价值。

默认网络，大脑中最活跃的神经网络

1997年，华盛顿大学的戈登·舒尔曼（Gordon Shulman）和他的同事们在同一期《认知神经科学杂志》（*Journal of Cognitive Neuroscience*，它是神经影像学研究领域的著名杂志）上发表了两篇重要论文。当时，在试图确定哪些脑区参与了某些特定的心理过程（比如，记忆、视觉和语言）的实验中，神经学家们通常采用的一种很流行的方法是正电子发射断层扫描技术（positron emission tomography，简称PET）。正电子发射断层扫描的过程和原理如下：在被试身上注入放射性示踪剂，然后科学家们就能够利用伽马射线确定血液流入了大脑的哪些区域（因为血液内含有放射性示踪剂）。某个脑区中被激活的神经元越多，流入那个脑区的血液也越多。

在正电子发射断层扫描技术被发明之前，如果神经心理学家想进一步了解发生在大脑内的心理过程，他们在很大程度上只能被动地等待那些由于大脑疾病或头部意外受伤而不幸入院治疗的脑损伤患者的出现。一个令人悲哀的事实是，在历史上，研究神经心理学的那几个最佳时期全都是战争时期，因为只有在战争期间，脑部受伤的患者才最集中，而且这些患者的脑损伤往往会分散于多个不同的脑区。然而，正电子发射断层扫描技术的应用改变了这一切。科学家们几乎可以随时随地在不伤害任何人的情况下研究任何一个心理问题。我们简直无法用言语来形容这项技术进步给人类带来的深远意义。

戈登·舒尔曼的两篇论文只完成了以下这个“非常简单”的任务：通过对已有报告中的一系列正电子发射断层扫描研究（总共9项）进行元分析，确定以往认知心理学家研究的各种心理活动一般都能激活哪部分脑区。舒尔曼的第一篇论文试图确定，各种不同的任务——例如运动、记忆和视觉辨别（当图片内容发生细微改变时，要求被试指出来）都能激活哪些脑区。结果有点令人失望：在完成这些任务时，共同被激活的脑区很少，而且都是一些不怎么能引起研究者注意的脑区。在今天，作为“事后诸葛亮”，我们知道，这些任务分别依赖于几个相互之间完全不同的大脑网络，因此在完成这些任务时，被激活的脑区之间并没有太多的重合之处。

在第二篇论文中，他们试图回答的问题是：“当某人不是在完成某个认知、运动或视觉辨别任务时，大脑的哪些区域更加活跃？”这是一个非同寻常的问题。神经学家通常只对那些执行某个任务时被“开启”的，即变得更为活跃的脑区感兴趣，因此他们的研究目标一般是将那些帮助人们完成某个任务的脑区识别出来。现在，舒尔曼从另一个角度提出了问题：当你停止执行某个任务时，大脑内的哪个脑区会变得更加活跃？这确实是一个令人惊讶的问题。他发现，当人们处于无所事事的状态时，有一系列脑区确实比人们在执行某个具体任务时更为活跃（见图 2-1）。

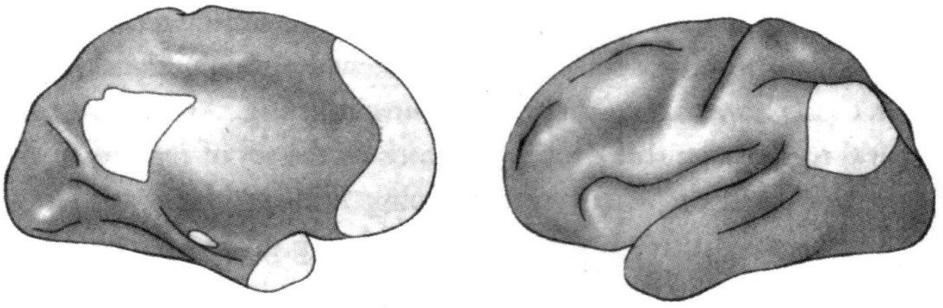

图 2-1　默认网络

这篇论文的重要价值在于，它引发了一个重大谜团，而且这个谜团至今仍然没有完全解开：为什么当我们的心灵处于休息状态时，或者当我们什么也不做的时候，大脑的某些脑区反而会变得更加活跃呢？是的，当你完成了某个运动任务时，与运动技能有关的各个脑区本来就应该“平静”下来，事实也确实如此。但是，当你完成了某个运动任务后，为什么你的某些脑区还会有系统地变得更加活跃呢？或者，当你完成了一个视觉辨别或数学解题任务时，为什么同样还是这些脑区也变得更加活跃了？

在瑟斯博士（Dr. Seuss）的动画电影《戴帽子的猫》（*The Cat in the Hat*）里，一个“长满青苔、有三个把手的传家宝”不见了，故事中的那只猫决定利用一种听起来非常正规，却是完全虚构的被称为“排除计算术”（calculates eliminatus）的技术来追踪这个宝物。据这只猫说，“排除计算术”的原理是，只要将失踪物品不可能出现的所有地方都识别出来，那么最后剩下的地方就必定是丢失物品的所在地了。当然，如果你的汽车钥匙丢了，用这种方法肯定不会奏效。

然而在早期，科学家们却不得不使用这种粗略的方法去寻找后来被舒尔曼发现的神经网络。事实上，直到现在，我们所掌握的关于神经网络的知识中，更多的也是有关它“不怎样怎样”的知识，而不是有关它“怎样怎样”的知识。一个直接的证据是，神经学家们最开始给这个网络取的名字就是“任务感应钝化网络”（task induced deactivation network），因为在面对多种不同任务时，它的反应就是不反应。换句话说，各种任务反而导致这个神经网络关闭了。你可以试着想象一下，怎样用那些你不会去做的事情描述你从事的工作？你不是一名会计师，不是一位营销人员，不是一名记者，也不是一位管理人员？这听起来虽然没错，但是，你到底是干哪一行的？别人仍然弄不清楚。我们给这个网络取的第二个名字是“默认网络”（default network），或者叫作“默认模式网络”（default mode network），从简洁性的角度来看，这个名字无疑更好一些。神经学家们最终接受了这个名字。因此，默认网络指的是这样一个事实：当其他任务完成时，这个网络会在默认的情况下打开。

现在，我们再来看看是否能对这个神经网络的功能了解得更多一些。因为主持实验的主试并没有告诉接受正电子发射断层扫描的被试要做些什么，因此我们有理由推断，在这些被试躺在那里，同时他们大脑的这个神经网络处在兴奋状态的那段时间里，他们并没有做什么具体的事情。这样一来，根据被试什么也没做时大脑各个区域的兴奋状态，我们很自然地就能描绘出这个默认网络。然而需要注意的是，在被试没有被给定某个具体的任务与他们真的什么也没做这两者之间，仍然存在着巨大的差异。试想象一下，你正躺在一台正电子发射断层扫描仪里面。假设你正在执行一项常规的认知任务，比如辨别屏幕上显示的两个字母是相同的还是不同的。当你用一分钟时间完成了这个任务后，屏幕上出现了“休息”这一提示语，于是你就知道了，在你必须再次执行这个烦人的任务之前，你有一分钟的时间可以休息。

默认网络（default network）
它指的是，当其他任务完成时，这个网络会在默认的情况下打开。

主试不可能估计到你下一步将要做什么，但是你的思想却几乎从来不会休息。那么你就安心休息吧，闭上双眼30秒钟，试试看会怎样。如果你真这么做了，那么，你的大脑有可能会从一种思想、感情或者想象一下子窜到另一种思想、感情或者想象上。你的大脑其实并没有在休息，而是处于高度活跃的状态中。如果你像大多数人一样，那么你会去思考别人、你自己，或者两者兼而有之。换句话说，你在“休息时”所做的事情正是被心理学家称为社会认知（social cognition）的事情。社会认知是我们用来称呼你对他人、你自己以及你们之间的关系所进行的思考的另一种方式。例如，一个大学二年级的学生为了赚更多的钱能跟喜欢的女孩子约会，参与了一项心理学实验，在实验中他需要重复完成一些相当乏味的任务，因此一旦到了休息时间，他便会开始想起这个女孩子、他们约会的时间与地点以及她是否真的喜欢他等问题。

因此，也许当我们在执行完一项认知任务后开始休息时，打开的默认网络可能就是与社会认知有关的。社会认知能力就是思考他人与自己的能力。不过，要想弄清楚事实到底是不是真的如此，还得花一些时间，因为在一开始的时候，社会神经学家并没有把注意力放在研究默认网络上。当我们从一项任务中停下来后大脑会做些

社会认知（social cognition）
指对他人、自己以及自己与他人的关系所进行的思考。

什么，这听起来似乎并不是社会神经学家通常会关注的事情。但是碰巧，我们在进行社会认知时激活的大脑网络确实与默认网络几乎完全一样。换句话说，默认网络支持社会认知——支持我们去了解他人和我们自己。

大脑“空闲”时做什么

作为一名读者，当你读到这里的时候，你可能会想：“人们在无所事事时就会去想他人，这不是很明显吗？为什么你一定要说这是一件非常有意思的事情呢？”也正是由于这个原因，当我第一次注意到默认网络与社会认知网络两者高度相互重叠时，我并不认为这有什么特别的意义。这种重叠告诉我们，人们通常对社交圈有着强烈的兴趣，因此当他们一有空闲时就会思考这方面的问题。

至于我本人，自从开始对两个网络之间的关系进行逆向思考之后，就已经完全确信这种关系非常重要了。这个思路转变对我来说是至关重要的。起初我认为：“我们之所以会在空闲的时候打开这个默认网络，是因为我们对社交圈感兴趣。”虽然这千真万确，不过反过来也是对的，而且更加有意思：**我现在相信“我们之所以对社交圈感兴趣，是因为我们的大脑天生就会在我们空闲的时候打开这个默认网络”**。换句话说，如果这个网络是在下意识的状态下打开的，那么它就可能会把我们的注意力推向社交圈，而且不会仅仅局限于我们周围的人。确实，默认网络会引导我们去考虑他人的心理——他们的思想、感情和目标。借用哲学家丹尼尔·丹尼特（Daniel Dennett）提出的“意向立场”（intentional stance）概念，我们可以说默认网络促进了理解、同情、合作和关爱。或者更形象地说，这表明进化下了一个天大的赌注——为了保证我们这个物种的成功进化，它把大脑的所有空闲时间都集中起来去发展和利用这个至关重要的社会智能（social intelligence）了。为了成为一名作家，我下了一年的赌注；而为了让我们更具社会性，进化下的赌注却有数百万年！

但是我们真的有理由认定，默认网络的活动是我们对社交圈感兴趣的原因，而不是对社交圈感兴趣的结果吗？是不是真的有证据证明，这是我们进行社会思考的一个先行指标，而不是滞后指标？一些研究结果表明，人们在休息时默认网络也会激活，这个事实反映了人类这种进化而来的倾向——默认网络只要有空闲就会思考社交圈，而不是一种时断时续的有意识的个人选择。当然，这些研究结果仍然存在争议。

一个关键的发现来自对新生儿的研究。几乎从出生那一刻起，婴儿大脑的默认网络就处于活跃状态。在一项致力于研究初生儿哪些脑区可以参与高度协调活动的研究中，科学家们仔细观察了一些出生仅两周的婴儿的脑区激活情况，结果发现他们大脑的默认网络的活动模式与成年人一样。在另一项研究中（观察出生仅两天的婴儿），科学家也找到了可以证明默认网络正在发挥其作用的证据。然而，相同的模式在早产儿身上却无法观察到，这就表明，这种机制是在婴儿最有可能进入社交圈的那个时刻启动的，默认网络也是在那时打开的。

为什么人类婴儿大脑的默认网络会保持活跃状态？很显然，刚刚出生的婴儿并没有培养出对社交圈，或者火车模型，抑或其他任何东西的兴趣。出生仅两天的婴儿甚至连眼睛都还无法聚焦。换句话说，婴儿大脑默认网络的活动比他对社交圈的任何有意识的兴趣都要更早，这也就表明，很可能是默认网络激发了这些兴趣。

你可能会非常熟悉马尔科姆·格拉德威尔（Malcolm Gladwell）在他的著作《异类》（*Outliers*）中给出的如下著名论断："你只要在某一领域花上 10 000 个小时进行练习，那么你就会成为这方面的专家。"虽然人各有志，不同的人会把这 10 000 个小时花在不同的地方，有些人希望自己成为一名能够在大型音乐会上演奏的小提琴手，有些人希望自己成为一名职业运动员，也有的人希望自己成为游戏高手，但是毫无疑问，每个人的大脑只要投入 10 000 个小时，甚至更多的时间，我们就可能成为这个社交圈里的专家。①

一项研究发现，我们70%的谈话内容本质上都与社交有关。假设通常我们只花20%的时间去思考他人以及自己与他人的关系，那么我们的默认网络每天至少要工作3个小时。换句话说，在我们还不到10岁时，我们的大脑就已经在这方面投入了超过10 000个小时。**大脑不断地回到默认网络（恢复到社会认知模式），完全是为了帮助我们成为这个极其复杂的社交圈的专家。**

我之所以认为默认网络活动是我们关注社交圈的原因，而不是我们对社交圈感兴趣的结果，还有第二个理由，我们通常是通过延长参加实验的被试的休息时间来研究默认网络的，比如，从30秒延长到几分钟。不难想象，在给定的这段休息时间里，人们会有意识地想到在日常生活中与他们有关的任何事情。但是，如果提供人们的休息时间只有短短的数秒钟呢，结果会怎样？试着想象一下，你正在解一道数学题，你了解到，在开始解下一道数学题之前你有两秒钟的时间可以休息。你可能会想，在这短短的两秒钟里，你除了着手准备下一道数学题外，不太可能决定去尝试思考任何数学之外的问题。

然而事实并非如此，在一项研究中，我和罗伯特·斯邦特（Robert Spunt）、梅根·迈耶（Meghan Meyer）允许被试在做每道数学题之间可以做一个非常短暂的停顿（只有几秒钟），结果表明，不管是在这短暂的几秒钟的休息时间里，还是在更长的停顿时间中，他们都表现出了相同的默认网络活动模式。实际上，数学题目刚一完成，默认网络活动就开始出现了。这表明，默认网络确实是在下意识的状态下打开的，就像人体的反射活动那样。这是大脑首选的存在状态，只要有一秒钟的时间，默认网络都不会放过。

①《一万小时天才理论》详细论述了这一理论，该书已由湛庐文化策划、浙江人民出版社出版。——编者注

在心理学上，启动（priming）是指你看到或者想到某些东西后，你会更有效地准备去做某些事情。试着考虑一下，当你读到“脸”这个字时可能会发生的事情。现在请你看着图 2-2，你看到了什么？首先映入你脑海的更有可能是人的脸，因为之前看到的这个字“脸”启动了你的认知，它让大脑做好了看到一张脸的准备。正如我们将在第 5 章中看到的，现在已有证据表明，大脑既可靠又快速地恢复到默认网络，同样是为了让我们提前做好有效地进行社会思考的准备。

图 2-2　鲁宾的错觉

注：本图改编自 Rubin，E（1915/1958）。

资料来源：D.C. Beardslee & M. Wertheimer (Eds.). Readings in Perception. Princeton，NJ: Van Nostrand，pp. 194-203.

当我们在执行一个具体的任务时，默认网络就会安静下来，比如，当我们在数学课上计算一道数学题时，或者在历史课上研究古希腊陶瓷艺术时。但是一旦我们头脑中的“所有杂事”全都干完了之后，大脑就又会回到它“最忠诚的事业”上来，即立即恢复到默认网络工作状态。换句话说，大脑把所有空闲时间都用于社会思考了。大脑似乎总是有意无意地在处理（或者再加工）着社会信息，同时引导着我们去体验社交生活。很有可能，它是在利用这些空闲的时间把我们获得的新体验、新生活经历，融入到我们对他人、他人与他人之间的关系以及他人与我们之间的关系的固有认识当中。它也可能会从最近发生的一些互动中提取信息以更新我们理解他人思想的一般规则。如前所述，神经系统的这个习惯，或者说工作模式，在出生才两天的婴儿身上就可以观察到；而对于成年人来说，只要我们一停止手头上的任何工作，它马上就会“接管”我们的大脑。从本质上说，我们的大脑天生就适合于思考社交圈以及我们身处的社会环境。

如果大脑的社会思考实践是从婴儿期就开始的，并且贯穿了整个成年阶段，那么这也就意味着，进化下了一个极其重大的赌注，它希望我们成为社交圈里的专家，想让我们时刻做好开始进行社会思考和行动的准备——进化“认为”这价值无限。当然这种持续不断的实践并不意味着我们已经是完美的“社会人”，我们并不是。但不难想象，如果没有这种实践，我们很有可能会变得非常糟糕。说到底，进化完全可以按另一种方式来构建我们的大脑，让它在空闲时间做其他事情，如学习微积分、提高逻辑推理能力、对我们在课堂上学到的各种知识进行归类等。从进化的角度来看，所有这一切无疑都是有适应价值（adaptive value）的。但是，进化却把赌注下在了社会思考上。这难道只是一种偶然吗？

为什么智商越高的人越不好相处

在20世纪，心理学领域里兴起了一种新的有关人性的流行观念。根据这种观念，我们人类是一个复杂的混合体，既具备了动物式的、由本能所驱动的动机倾向，同时又拥有出众、高水平的分析推理能力。我们的动机倾向由很早之前的爬行动物大脑进化而来，集中表现在以下四件事（因为这四件事都是以字母“F”开头，所以被简称为“4Fs”）：战斗（fighting）、逃离（fleeing）、进食（feeding）和四处闲逛（fooling around）。相比之下，人类拥有的各种智能是在相对较近的进化时期才出现的，它们是让人类变得如此特别的原因。

使灵长类动物区别于其他动物、人类区别于其他灵长类动物的其中一个主要标志是脑容量的多少——尤其是我们的前额叶皮层的大小。前额叶皮层是前脑的一部分，大体上位于眼睛后面。人类巨大的脑容量允许我们去参与各种各样的智力活动。但是，这并不意味着大脑就是为了去做那些需要智力的特定的事情而进化的。人类是唯一能够学会下棋的动物，但是没有人会说，前额叶皮层就是为了让人们学会下棋才进化出来的。相反，前额叶皮层通常被认为相当于一台万能的计算机，我们可以把几乎任何软件（这里所说的“软件”指的是能够教会它的东西）都安装上去。因此，前额叶皮层似乎是为了解决一些新的疑难问题而进化出来的，下棋只不过是它所能解决的无数个问题之一。

从这个角度来看，我们拥有思考社交圈的能力和倾向也就不足为奇了，所有“其他人”都可以被看作一系列需要解决的疑难问题，他们像“障碍”一样，横亘在了我们与我们的爬行动物式的欲望之间。这种观点认为，正如有了前额叶皮层，我们就能够学会棋类游戏一样，有了这个万能的前额叶皮层，我们也能够掌握社交游戏规则。这也就意味着，前额叶皮层能够让我们学会各种被容许使用的“招数”，使我们在社交活动中如鱼得水，大获其益。从这个角度来看，“智能”一词涵盖的范围非常广泛，无论是社交，还是下棋，抑或是应付期末考试，都需要智能。现在最流行的一种智能测验的设计者们显然支持这种观点，因为他们认为，社会智能不过是一种“能够适用于社交场合的一般智能”。这种观点隐含的意思是，社会智能并没有什么独特之处，而且我们对社交圈的兴趣只是一个意外，是我们需要面对社交圈中的一些具体问题所带来的结果。

确定人类的某种特性到底是不是某种意外，其中一个标准是看它是不是具有普遍性。我猜测，全世界会打棒球的人在总人口中所占的比例不会超过 10%，因此，“很会打棒球”这种能力或许可以称得上是一种“意外能力”。每个人都可以去学习打棒球，但是真正打得好的人却非常少。相比之下，会笔直站立的人却很多，几乎所有人都会。学习语言也类似，几乎所有人都会说某种语言。同样的，大多数人都拥有一双明亮的眼睛。在一项研究中，研究者对 13 000 多人进行了调查，结果发现 93% 的人都拥有良好的视力。因此，我们不妨保守一点，将 93% 定为一个基准点，如果某种东西的普及程度达到了 93%，那么应该就有理由说它足够显著，足以提高进化的适应了。

按照这个标准，如果超过 95% 的人都表示自己拥有不止一个朋友，那么我们怎么能得出结论，说我们的社交天性只是一个意外呢？但是，如果你是一个外星人，那么在你眼中，地球上的人类之间的友谊可能是一种非常古怪的现象。

几乎任何一个朋友，在没有成为我们的朋友之前，对我们来说都是一个陌生人。通常情况下，我们与他没有任何血缘关系，而且他很可能还代表着某种未知的威胁。然而到了最后，我们可能恰恰就选了这样一个人来倾诉我们内心最深处的秘密，愿意在他面前暴露出我们最脆弱的地方；甚至我们对他的依赖，可能超过世界上的任何一个人。现有的文献表明，拥有友谊的物种屈指可数，不过对人类来说，友谊却是一种普遍现象。或许，拥有更多的朋友便等于获得了更多的资源。或许，有人把朋友看作某种达到目的的手段。若果真如此，那么，我们就应该密切跟踪与友人的每一次交往，对我们的付出与获取进行详细记录，以确保我们能够得到应得的（并且希望得到更多）。然而事实是，朋友之间的关系越亲密，就越不会计较彼此之间的得失。通常情况下，一个人只要知道自己拥有朋友，就能给自己带来莫大的安慰，这就是朋友的主要价值所在。虽然结交各行各业的朋友确实可能给我们带来一定的利益，但事实上，我们在交朋友时通常并不带有某种目的性。交朋友本身就是目的。

让我们来看一下 Facebook 这个网站吧。目前，全世界已经有超过 10 亿人在这个网站上创建了自己的账户，它是全世界人们最常访问的网站，它的访问量已经超过了谷歌、雅虎、eBay 和克雷格列表网站（Craigslist）。从来没有任何一种技术像互联网这样主宰了我们的日常生活。现在，我们最常去的地方是

Facebook，因为 Facebook 为我们提供了一处交朋友的最佳场所，别无其他原因。如果 Facebook 是一种宗教信仰（有些人确实认为它就是一种宗教信仰），那么它就是紧随基督教（全世界大概有 21 亿人信奉基督教）和伊斯兰教（全世界大概有 15 亿人信奉伊斯兰教）之后的世界上第三大宗教。美国人每个月花在宗教活动上的总时间大约为 840 亿分钟，而花在 Facebook 上的总时间则为 560 亿分钟。

在日常生活中，Facebook 为我们提供了一种与他人保持联系的有效方式。Facebook 允许我们在不必与人见面的情况下交到新朋友，还为我们提供与老朋友联络的场所，它同样也能够让我们重新体验前一天晚上与朋友一起聚会时的乐趣。互联网上最成功的网站 Facebook，就是这么一个只致力于经营社交生活的网站，难道这只是一个意外吗？

如果我们的社交天性只是一个意外，只是我们的大脑用来通过操控他人实现我们自私目的的另一种手段，那么我们还会无私地去帮助那些从未谋面，或者永远也不会知道我们的善心的人吗？一个人愿意为他人付出是有各种各样的原因的，不过其中一个原因肯定是，他拥有一颗悲天悯人之心。我们都同情陷入困境中的人，当看到别人处于危难之中时，我们会想“必须做点什么”。很显然，这类同情心无处不在。单单美国人平均每年就向世界各地的慈善机构捐出超过 3 000 亿美元。这是一个极其巨大的“意外”。

如果社会智能只是一般智能的一种随机应用，那么我们就应该期望看到，与这两种智能相关联的脑区是相同的。在上述假设条件下，这是合情合理的推测，但事实并非如此。与一般智能以及与之相关的认知能力，比如工作记忆和推理能力相关联的脑区通常位于大脑的外侧，或者说侧部（见图 2-3），而与思考他人、思考自己相关联的脑区则主要位于大脑的内侧，或者说中线部位（见图 2-1）。

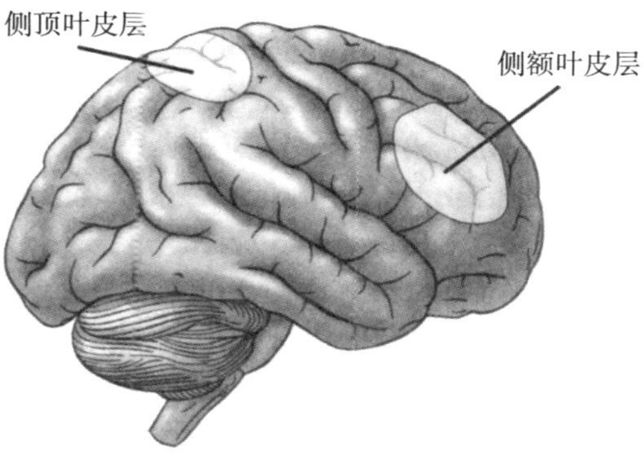

图 2-3 大脑侧额叶皮层区和顶叶区域中与工作记忆有关的脑区

此外，支持社会思考的神经网络与支持非社会思考的神经网络通常是互相矛盾的——它们更像是一个“神经跷跷板”的两端。如果不要求被试做任何一项具体任务，同时仔细观察他的大脑，那么我们会看到，他的社会认知网络处于打开的状态。**通常，社会认知神经网络打开的程度越高，那么负责其他非社会思考的一般认知网络关闭的程度也就越高。**同样的，当人们进行非社会思考时，一般认知网络就打开了，而社会认知网络就关闭了。（我在这里通俗地使用了“打开”和“关闭”这两个词语，实际上任何一个脑区都是不可能被关闭的。它们只是在某些情况下更为活跃，而在另外一些情况下更为平静而已。）在某种程度上，当我们参与非社会思考时，社会认知网络的存在常常会干扰我们的执行能力。显然，这个结果与以下这个观点是很难调和的：前额叶皮层是一台万能计算机，在处理办公室政治问题、下棋或者计算应纳税额时，它使用的都是一些完全相同的随机存取存储（RAM）芯片。

社会认知和非社会认知依赖于不同的神经机制，这个观点之所以很难让人相信，部分原因在于，当我们的大脑在分别运用这两个网络的时候，我们并没有感到有什么不一样。与此不同，当我们在说不同的语言时可以明显地感受到其间的区别：说母语时的感觉与说最近刚刚学会的某种语言的感觉肯定不一样。类似的，我们在解决了一个复杂的数学题后的感受与想象自己是一个穿梭于太空的超人时的感受也大不相同。但是，当从社会思考转向非社会思考时，我们的感觉好像只是换了一个主题而已，根本不会觉察到我们已经改变了思维方式。当然，这并不意味着社会思考与非社会思考之间的差异不是真实存在的，它只意味着对我们的感觉来说，这种差异并不显著。

不过幸运的是，在理解社会思考与非社会思考之间的差异时，我们至少还拥有一种直观的方式。大多数人都认同书本智慧（book smarts）与社会智慧（social smarts）之间有很大的区别。这两种智慧似乎需要不同的能力，而且支持它们的大脑神经网络也确实是相互独立的。最近，一项对不幸患有亚斯伯格症候群（Asperger's disorder）的孩子的研究清晰地说明了这种区别。人们通常认为，亚斯伯格症候群是一种较为温和的孤独症，患者的主要表现是他们会在社会认知和社会行为上表现出许多不足之处。但研究结果表明，在测试孩子们的抽象推理能力时，患有亚斯伯格症候群的孩子的表现甚至比同龄的健康孩子还要好。社会智能和非社会智能是此消彼长的关系，它们就像是跷跷板的两端：一端的力量（或能力）被拿走，另一端就会受到巨大的影响。

社会群体越大，越需要更大的大脑

大多数人都以为（因为他们在接受教育时，别人就是这样告诉他们的），我们所拥有的这个进化造就的更大的大脑就是用来保证我们的抽象推理能力的，抽象思维是我们解决人类生存的基本问题的复杂工具，无论是数学运算、工程设计、工农业生产……概莫能外。但是，越来越多的证据表明，导致大脑不断变大的一个主要驱动力是我们的社会认知能力，即与他人互动并友好相处能力的提高。多年以来，我们一直认为，最有智慧、最精明能干的人是那些拥有特别强大的分析推理能力的人；但是从进化的角度来看，或许那些具有最强的社交技能的人才最有智慧、最精明能干。

在讨论人类的大脑为什么会变得更大的原因之前，我们必须先搞清楚，人类大脑比其他物种的大脑更大到底指的是什么。我们可以用无数种方法对不同物种的大脑进行比较，如总容量、重量、神经元的数目、皮质褶皱程度、灰质总量、白质总量等。但是，所有这些都还只是冰山一角。

我们首先要知道的一个基本事实是，大脑的大小可以很好地被身体的大小所预测。这也就意味着，大脑的绝对大小与它所承担的身体“管理、维护和监控”功能有关。身体越大，就越需要更多的脑组织去监管这个身体。因此，体积庞大的动物倾向于拥有更大的大脑。事实上，如果只考虑大脑的重量，那么人类无论如何也没有优势可言。

人类大脑的重量大约为 1 300 克，差不多与宽吻海豚的大脑重量相当。非洲象的大脑重量接近人类大脑的三倍，大约为 4 200 克，而一些鲸鱼的大脑则可能达到 9 000 克。不过，如果考虑大脑神经元的总数量，人类相对来说更有优势。人类大脑拥有大约 115 亿个神经元，这是目前为止已知的动物王国中的最高数量了……但是这也不能说明一切——虎鲸拥有 110 亿个神经元。如果智力水平完全取决于神经元的数量，那么，假如人类大脑的神经元可以用来建造一幢 80 层高的摩天大楼的话，虎鲸大脑的神经元就可以建造一幢 75 层高的摩天大楼。

虽然身体的大小与大脑的大小关系极大，但是许多动物的大脑与它们的身体相比，似乎有点过大了，远远超出了维持和监控身体的基本功能所需。这种动物大脑的大小偏离预期程度的现象，被称为大脑化（encephalization），当然，偏离程度是相对身体大小来计算的。一般来说，如果某种动物明显出现了大脑化现象，这通常意味着这种动物的大脑有闲置的能力可以做更多的事情，比如开发智力，而不仅限于控制身体。从这个角度来看，在动物王国里，人类是当之无愧的冠军。

大脑化（encephalization）
指相对于身体的大小，大脑的大小偏离预期的程度。

人类的大脑化程度比大脑化程度仅次人类的动物（宽吻海豚）大 50%，比任何一种非人类灵长类动物大差不多两倍（见图 2-4）。而且，正如我们所预料的，最晚出现的大脑结构，比如前额叶皮层，在大脑化中所占的地位更重要。

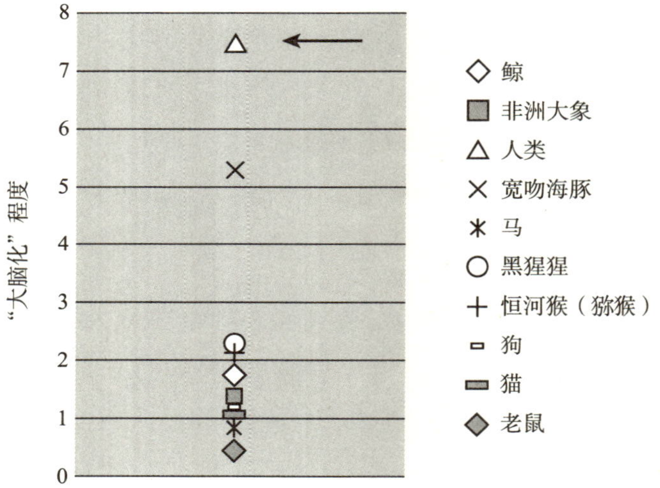

图 2-4　不同物种的"大脑化"（图中箭头指向的是人类）

资料来源：Roth，G.，& Dicke，U. (2005). Evolution of the brain and intelligence. *Trends in Cognitive Sciences*，9(5)，250-257.

那么，从大脑化的角度来看，为什么人类的大脑会比其他动物的大脑大那么多呢？任何一种动物要想进化出一个更大的大脑，都需要在时间和能量上付出巨大的代价。毫不夸张地说，我们活着就是为了去供养大脑。一个成年人的大脑重量大约占其总体重的 2%，但是它却消耗掉（或者说新陈代谢）了人体 20% 的能量。而胎儿大脑消耗掉的能量是其身体新陈代谢的 60%，婴儿在出生后一年之内大脑消耗能量占全身的比例仍会继续保持在胎儿期水平，直到进入儿童期才逐渐下降到约 20% 的水平。

人体把巨大的能量分配给大脑这个事实意味着，进化之所以选择让大脑变得更大，是因为这有助于灵长类动物解决一系列对自己的生存与繁殖至关重要的问题。这些重要的问题包括寻找和采集比叶类食物的卡路里含量更高的水果和肉类食物、躲避捕食者、保护他们年幼的后代的安全。那么，灵长类动物巨大的大脑需要拥有什么类型的“聪明才智”，才能够解决这些生存问题呢？对此，科学家们提出了如下三个主要假说。

第一个假说是，个体的创新能力是解决生存问题的关键，这是大多数人能够直接想到的。美国电视剧《百战天龙》（*Mac Gyver*）中的角色马盖先堪称这种智力的化身。马盖先是一位秘密特工，他时常陷入尴尬而危险的境地，但是他总能利用身边随手可得的家居用品，创造性地用非常巧妙的方法制造出应时应需的工具，从而成功地解决问题。例如，有一次，马盖先只用一块糖和一张包糖纸就阻止了硫酸泄漏，避免了一场大爆炸。虽然我们在现实生活中很少会碰到这种紧急情况，但是说到底，在一定意义上，我们每个人都是“马盖先”。

我们都是解决问题的行家里手，无论这些问题是需要利用现有的食材烹调出可口的晚餐，还是以更加有效的方式填好一张表。事实上，除人类之外的所有灵长类动物也都是“问题解决者”，尽管它们要解决问题的类型各不相同。当思考我们所拥有的这个大脑时，我们总会禁不住去想，它到底是怎样让我们变得如此聪明的，即作为个体的我们能够不断学习并解决各种问题的？虽然这个答案（创新能力决定了大脑容量）似乎是显而易见的，也或者你在高中的自然科学课老师就是这样告诉你的，但是，它并不正确。事实上，我们无法通过某个物种创新能力的高低来准确地预测这个物种的脑容量的大小。

第二个假说则集中强调人的社交能力。虽然人类非常擅于找到各种创造性地解决问题的方案，但是作为个体的人仅凭自身的力量并不能很好地做到这一点。我的儿子伊恩4岁时非常喜欢玩一款名为《超级英雄战队》（*Super Hero Squad*）的电子游戏，而我和妻子则不得不经常陪伴在旁，与他一起玩，因为他很容易就会被游戏难住。这个游戏需要解决一系列难题，不是年纪小小的伊恩一个人能解决的。通常来说，在每5个难题中，伊恩只能解决其中的1个，而在同样这5个难题中，我和妻子往往也只能解决2～3个。要找到解决问题的方法实在是太难了。很显然，我和妻子都因为太“老”而无法解决这类问题；到最后，我们不得不求助于发布在YouTube上的一个“游戏攻略”视频。这个视频是一个小男孩上传的，他成功地解决了这个游戏中的所有难题，并公布了这些游戏经验和过关秘笈。

换句话说，虽然我们每个人都可以算是创新者，但是人类之所以能够傲视其他物种，并不是因为这一点。相反，对于某个许多人都要面对的共同问题，总会有那么一个或几个人（在上面这个例子中，是一个游戏小天才）率先想出解决问题的方案，而其余的人只需要通过模仿或者阅读“说明书”就能够解决。或许人类进化出更大的大脑就是为了提高自己的模仿能力——或者说，社会学习能力？然而，通常来说，参与社会学习越频繁就会拥有更大的大脑，但是某个物种进行社会学习的频率仍然不是我们预测其大脑的大小的最佳指标。

为什么人类会拥有更大的大脑？**科学家们提出的第三个假说是，我们所拥有的这个更大的大脑，能够让我们彼此联系，相互合作。**假如你只想通过自己的力量营造一个家，那么你会怎么做呢？你能完全凭一己之力建造出一个小木屋吗？如果你能再多生出几双手，那么伐木、垒木屋可能会容易得多。在一定意义上，我们可以认为，任何一个社会的基础都可以被看作这种共识：如果今天你帮我建造了我的小木屋，那么将来我也会帮你建造你的小木屋。如果每个人都拥有了一个更美好的家，那么我们大家都会受益。即使是非人类灵长类动物，虽然它们并不懂得如何建造小木屋，但是它们有时也会齐心协力地解决一些问题。通过合作集体行动，它们解决生存问题的成功率得到了极大的提高。**灵长类动物的“经验”证明，生存并不是一个零和博弈。**

在20世纪90年代初，进化人类学家罗宾·邓巴（Robin Dunbar）[①]提出了一个非常震撼人心的假说，他断言灵长类动物的新大脑皮层变得更大的主要原因在于，灵长类动物只有这样才能生活在规模更大的群体中，并进行更加活跃的社会交往。邓巴认为，关键指标是新大脑皮层比（neocortex ratio），它指的是新大脑皮层的大小与大脑的其他部分的大小的比值。邓巴和其他一些人给出的证据很有说服力，给人留下了非常深刻的印象。毫无疑问，大脑新皮层的相对大小与影响大脑大小的三大潜在驱动因素——个体的创新能力、社会学习能力以及个体所生活的群体的规模都有一定的关系。

邓巴告诉我们，个体所生活的群体规模的大小是预测大脑新皮层大小的“最佳预测器”。在他的第一个研究中，邓巴对群体规模与各种非社会智能指标的预测能力进行了对比，结果发现，虽然两者都与新大脑皮层比有一定的相关性，但是群体规模显然更能说明问题。后续的进一步研究还证明，前额叶皮层的大小受到的影响最大。

新大脑皮层比（neocortex ratio）
指新大脑皮层的大小与大脑的其他部分大小的比值。

利用在这一研究领域总结出来的规律，邓巴能够根据某个灵长类物种的新大脑皮层比指标估算出该物种的最佳群体规模——在该物种内，一个高效、紧密的社会群体由多少个个体组成。邓巴的分析表明，对于人类而言，最佳群体规模大概为150，这个数字也是所有灵长类动物中最大的。这就是著名的“邓巴数”（Dunbar’s number）。事实证明，“邓巴数”确实是一个神奇的数字，人类社会各

① 罗宾·邓巴是群体与社会关系研究的先驱，他的“人类与社会关系三部曲”即将由湛庐文化策划出版。——编者注

种“原始”组织的规模一般都在这个数字上下。以村庄的规模为例，不管是早在公元前 6000 年的村庄，还是近代 18 世纪的村庄，其人数最多都在 150 人左右。又如，军队的编制，不管是古代还是现代的军队编制，一般都是以 150 人左右为一个作战单元。

邓巴数（Dunbar's number）

对于人类而言，最佳群体规模大概为150，这个数字也是所有灵长类动物中最大的。而人类社会各种“原始”组织的规模一般都在这个数字上下。

因此，人类的大脑并不是为了制造出更多的“马盖先”而变得更大的。相反，更大的大脑使得我们在看了一集“马盖先的故事”之后，会想要和他人聚一聚，一起讨论一番。**我们的社交天性并不是拥有了一个更大的大脑的意外产物，相反，不断强化的社交天性的巨大价值，才是我们之所以会进化出一个更大的大脑的主要原因。**

找谁写推荐信比写了什么更重要

那么，生活在一个规模更大的群体中，能够给我们带来什么样的好处呢？为什么进化愿意通过不断增大的大脑来促进群体规模适度增大呢？在原始社会，过上群居生活最明显的一个好处是，我们不但能够有策略地避开，而且还能够更成功地应付那些危险的食肉动物。你无法一边提心吊胆地防止自己被捕食，一边又专心致志地搜寻食物，单独去野外寻找食物是非常危险的。相反，如果许多人（类人猿）一起生活，那么他们就可以进行合理的分工了，当一些类人猿在专心寻找食物的同时，可以让另一些类人猿专门密切关注其他食肉动物的动静。这就是一个巨大的优势。

当然，群居生活也有缺点，那就是，在群体内部的成员们对食物以及配偶的竞争会不断加剧。如果你过着离群索居的生活，那么你成功找到的所有食物都会归你个人所有。你所赖以生活的群体规模越大，在群体内试图窃取你猎得的食物的人可能就越多。不过，具有极强的社交能力的灵长类动物能够通过在群体内与他人形成联盟、成为朋友等方法克服群体生活的缺点。

让我们来看看两只黑猩猩史密斯和约翰逊的情况吧。约翰逊经常被史密斯欺凌，它的地位要比史密斯低一些。但是如果它与布朗（一只地位更高的黑猩猩）结成联盟，那么就能保证自己不被史密斯欺负。因为布朗的地位较高，所以它知道如果在约翰逊与史密斯的冲突中，它站在了约翰逊这一边，那么史密斯很快就会落败，失去较高的地位。这对处于高位的布朗是很有好处的，因为在对抗史密斯的过程中它完全不需要把自己置于危险的境地，就能够获得它这个低级伙伴约翰逊提供的很多福利（比如帮它梳理毛发）。

在这个例子中，黑猩猩之间的相互交往是动态多样的。对于史密斯、约翰逊和布朗来说，如果想结成一个对自己最有利的联盟，它们就需要跟踪大量的社会信息，不仅需要搞清楚其他黑猩猩相对于自己的地位，同时还需要知道每只黑猩猩相对于其他黑猩猩的地位。如果一个群体中有 5 只黑猩猩，那么每只黑猩猩就需要跟踪 10 个黑猩猩 - 黑猩猩“二人组”（dyads）的社会动态；如果某个群体由 15 只黑猩猩组成，那么每只黑猩猩就需要跟踪它们之间所形成的大约 100 个黑猩猩“二人组”的动态关系。

如果这个黑猩猩群体的规模增加到原来的三倍，即共有 45 个成员，那么每只黑猩猩需要跟踪的黑猩猩之间的二元动态关系则将增加到大约 1 000 个。当群体规模达到了邓巴数，即当这个群体内有 150 个个体时，那么需要考虑的二元动态关系就将超过 10 000 个。因此我们现在应该能够明白，为什么黑猩猩需要有一个更大的大脑了。虽然成为一个大规模的群体的一分子可以给你带来极大的好处，但是你得知道如何把握机会，并且懂得如何能够结成正确的联盟，怎样才能避免群体生活的缺点。而要做到这一点，你需要很多社会知识。

对人类来说，当然也是如此。举个例子，在美国，每年都有数以千计的本科毕业生申请攻读哲学博士学位（获得了这种学位的人可以享有相当高的名誉）。许多幸运儿之所以能够被录取，很大一部分原因在于他们的推荐信很有说服力。这些推荐信在各大学里泛滥成灾，大多性质夸张，推荐语往往都是“这是一个出色的学生”或“这是一个极其出色的学生”等套话。当我读到这些推荐信的时候，我最关心的不是信件的内容，而是这封推荐信是谁写的。

如果这封热情洋溢的信是一个社会学同行或者一个颇具影响力的神经学家所写，那么这封信对我来说就意义重大，因为这个人会对我负责——我们很可能会在之后的某个研讨会上碰面。相比之下，某些人类学教授则可以罔顾申请者的缺点而毫无顾忌地写一封热情洋溢的推荐信给我，因为我可能根本就不认识他们，而他们也不会被追究责任。正是因为这个原因，他们的推荐信对我来说也就没有多少分量了。

所有这些导致的一个结果是，一个大学生在上二年级的时候就需要认真考虑自愿参与哪个实验室的工作；如果他知道自己未来的博士生导师是如何被同系的教授评价的，那么肯定会受益匪浅。这属于非常复杂的社会认知行为。

在人类历史上，许多非常重要的革新，如蒸汽机、电灯泡以及X射线，都是由少数几个人发明创造出来的，但是他们的成果最终却被全世界的人共享。我们绝大多数人穷其一生也无法想出这些解决方案，至少我知道我不能。虽然大多数人对人类文明进步的直接贡献都微乎其微，但是为了能够保证我们在个人生活以及职业生活中获得成功，每个人都需要驾驭复杂的社会网络。灵长类动物的大脑变得更大就是为了能够有更多的脑组织致力于解决这些社会问题，因为只有这样，我们才能在付出有限的代价的前提下收获群体生活带来的福利。

第二部分

人类社交的三大驱动力之一：连接

分离会让哺乳类动物倍感痛苦。

|著名神经科学家保罗·麦克莱恩|

生活中没有“他人”的存在，比世界上最严重的疾病更加让人无法承受。

|特蕾莎修女|

03

SOCIAL

心痛不是矫情，是真痛！

著名喜剧演员杰瑞·宋飞（Jerry Seinfeld）在许多场合都讲过这样一个笑话：

> 根据大多数研究，人们最害怕的是在大庭广众之下讲话，相比之下，死亡不过是他们第二畏惧的事情。果真如此吗？如果是真的，这就意味着对作为一个普通人的你来说，如果你去参加一个葬礼，你宁愿棺材里躺着的那个人是你，也不愿意站在亲属面前念悼词。

宋飞的这个笑话是有根据的，它基于 1973 年完成的一项针对 2 500 人的调查结果。在这项调查中，有 41% 的受访者回答说他们害怕在公众面前讲话，而只有 19% 的受访者说他们害怕死亡。这个排序似乎不太可信，因为在其他类似的调查中再也没有出现过这样的结果。不过，在我们最害怕的事项清单里，公众演讲的排名确实通常都比较高。“我们最害怕的”排名前十的事项里通常都有以下三项：与重大人身伤害和死亡有关的事情、至爱之人的死亡或离去以及在公共场合讲话。

当然，对人身伤害的恐惧恰恰是因为人类当初会进化出恐惧感的原因。对于那些对危险的威胁缺乏最基本的恐惧感的“准祖先”来说，他们永远也没有机会变成我们的祖先，因为他们可能根本活不到繁殖后代的时候。对失去所爱之人的恐惧也很有进化意义，这样我们才能把基因一代代地传递下去。但是，为什么在公共场合发表演讲也会令我们害怕呢？达尔文的理论似乎无法解释这种现象，因为在公共演讲与生存之间并没有什么明显的联系。一想到要在公共场合讲话我们就会感到害怕，那么我们到底是在怕什么？我们每天都在说话，大多数人在与朋友、家人以及同事聊天时都会觉得非常惬意。所以，让我们感到紧张的肯定不是“讲话”这件事。让大多数人感到恐惧的是“公众演讲”中的“公众”——无论我们面前的陌生人有 10 个、100 个还是 1 000 个，总之，我们害怕的就是这些陌生的公众。

你可能与我一样小时候看过一些这类电视节目：一个六年级的学生需要在一个挤满了学生的大礼堂里做演讲，但他老是忘词，结果成了学校里的一个笑柄（直到他出人意料地做了一些勇敢的事情，并且赢得了学校里一个可爱女生的芳心为止）。我想，大多数人都会害怕出现这种情况。我们害怕被大家认为自己是一个愚蠢或者无能的人，害怕被所有人拒绝。的确，在一大群人面前公开演讲的可怕之处恰恰在于，它使得所有可能反对自己、拒绝自己的人数大大增加。

令人好奇的是，演讲者可能根本就不认识或者不在乎来到现场的大多数人，为什么这些观众的想法对演讲者还会如此重要呢？答案是，演讲者害怕因被拒绝而遭到伤害。你不妨试着问一下自己，在你的一生中所遭遇的最痛苦的经历是什么。你是不是想到了那次断腿事件给你带来的身体上的疼痛，或是自己跌过的那个大跟头？我的猜测是，在你最痛苦的经历中，至少会有一次可以被称为社会痛苦的经历——自己深爱之人死亡、被自己所爱的人抛弃或者被当众羞辱。为什么这些事件会跟“痛苦”这个词联系起来呢？这是因为，当人类在经历对其社会连接造成威胁或损伤的事件时，大脑的反应几乎与它对物理疼痛的反应一致。

更大的大脑的创生

为什么大脑会以这种方式构建——让我们在伤心欲绝时感到的痛苦与不慎摔断腿时一样？为什么被拒绝给我们带来的伤害会如此之大？其中一个原因是，从进化的角度来看，造就一个更大的大脑是让我们在进化过程中变得更聪明的最简单的方法。拥有一个相对于身体来说更大的大脑有助于这个物种变得比其他物种更聪明。正如我们已经讨论过的，成年人类拥有一个相对于他们的身体来说特别巨大的大脑。生出一个长着硕大脑袋的婴儿并不容易，任何一个经历过生产的妇女都能证明这一点。婴儿身体的其他部分在经过产道时“相对”容易些，但是头部则通常仅仅是勉强可以通过而已。事实上，人类妇女骨盆的形状已经决定了婴儿一旦长成就必须马上出生，因为如果让婴儿继续待在母体里、让他的脑袋继续长大的话，那么生产就会变得极其困难。

人类婴儿的大脑通常只有成人大脑的 1/4 大小。这就意味着，绝大部分大脑的发育都发生在出生之后。我们的大脑会尽可能在子宫里发育成熟，不过在出生之后它仍然存在很大的发展空间。大脑这种发育形式的优点是，它完全能够在某种特定文化的浸润下完成构建工作，并且允许它在这种特定的环境下不断地调整以达到最佳状态；大脑未发育成熟就出生的缺点则是，拥有未成熟大脑的婴儿没有生活能力，无法独立生存。刚出生的人类婴儿完全无法照顾自己，而且这种状态要持续好几年。实际上，在所有哺乳类动物中，人类几乎可以肯定是“未成熟期”最长的一个物种。（很多父母都会告诉你，孩子的未成熟期会一直持续到 20 岁！）千真万确，人类的前额叶皮层直到人生进入第三个10年还在继续发育。虽然人类是所有哺乳类动物中出生时发育最不成熟的物种，但是所有哺乳类动物或多或少在某种程度上都有这个特征。人类出生时神经系统未发育成熟这个特征可以追溯到2.5亿年前的第一个哺乳类动物，这是我们成为今天这样的社会动物的第一步。

颠覆马斯洛需求理论

1943年，著名心理学家亚伯拉罕·马斯洛（Abraham Maslow）发表了一篇具有划时代意义的论文，提出了他的“人类需求层次理论”。马斯洛把自己确定的人类需求以金字塔的形状表示出来（见图3-1）。**马斯洛认为，我们的需求是呈金字塔形的，人们首先应当满足最基本的需求，当这些最基本的需求得到满足后，才会产生更高层次的需求。**

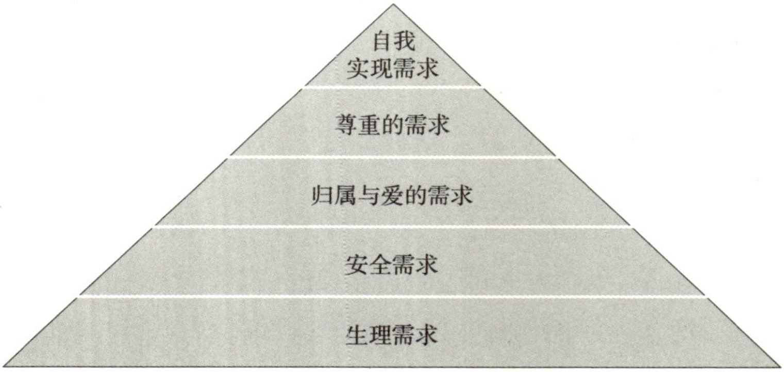

图3-1　马斯洛需求层次理论

资料来源：Maslow，A. H. (1943). A theory of human motivation. *Psychological Review*, 50(4)，370.

金字塔的最底层是各种生理需求，比如对食物、水和睡眠等的需求；再往上一层主要是安全需求，比如对人身安全和身体健康的需求；生理需求和安全需求是最基本的需求，它们可以用一个大写的“N”（Need）来表示，没有人能够离得开它们。金字塔的其余部分则由一些较高层次的需求构成，它们的特点是“如果你能够使它们得到满足那就太好了”，可以用一个小写的“n”来表示。我的儿子伊恩总会说他需要再吃一勺冰激凌，但是实际上他只是想吃而已，没有这勺冰激凌他也能活下去（即使他自己可能认为不吃这勺冰激凌他就“活不下去”）。在马斯洛的需求层次金字塔中，其他需求——“对额外一勺冰激凌的需求”，是对爱、归属感、获得尊重的需求；最高层次的需求是自我实现（也就是完全发挥出自己的潜能）的需求。

如果你去问人们，他们的生存需要的是什么，答案很有可能就是来自需求金字塔底层的那些东西，比如食物、水和居所。婴儿当然也需要食物、水和居所。不同的是，婴儿无法自己获得这些东西。婴儿绝不可能独立存活。

所有哺乳类动物的婴儿，从树鼩的婴儿到人类的婴儿，自出生那一刻起就十分需要一位尽责的照看者，他（它）们有责任确保婴儿的生理需求得到满足。如果这是真的，那么马斯洛就错了。为了让一切符合逻辑，我们必须把各种社会需求移到金字塔底层。对食物、水和居所的需求并不是婴儿的最基本需求。恰恰相反，对婴儿来说，建立社会连接与被照顾才是最重要的。没有社会支持，婴儿永远也不可能存活下去，直到成长为一个能够独立生活的成年人。建立社会连接是一种必须用大写字母“N”来表示的需求。

就像第2章讨论过的默认网络那样，对马斯洛需求金字塔所做的这种调整也说明了一些和“我们是谁”有关的重要问题。爱和归属感似乎就像是一种便利品，即使没有它们我们也一样可以活下去，但是，我们的生理构建让我们渴望获得社会连接，因为它与我们最基本的生存需求联系在了一起。正如我们将会看到的，连接是支持人类精妙复杂的社交天性的三大适应之首，我们对连接的需求就像一块基石，其他东西都建立在这个基石之上。

疼痛，其实也是一种保护

三位病人等着看医生。第一位病走进来抱怨说他头疼，医生说：“先吃两片泰诺林，明天早上再给我打电话。”第二位病人跛着一只脚进来说：“医生，我想我可能扭伤了脚踝，怎么办？”医生说：“每天服两片泰诺林，一个星期后打电话给我。”第三位病人情绪极不稳定地走了进来，她说：“医生，我的心碎了，痛苦不堪，我该怎么办？”医生还是镇定自若地说：“每天服用两片泰诺林，一个月之后给我打电话。”这个故事是真的吗？当然不是。没有医生会开一些止痛药来治疗一个人被他人拒绝后的痛苦感受。但是，这个故事仍然非常有启发意义，因为我们的反应恰恰揭示了关于疼痛的直觉理论。

疼痛是一种奇妙的现象。一方面它让人非常不愉快，有时甚至令人无法忍受。然而它又是促进和保证我们生存的最基本的适应之一。将近 20% 的成年人都活在慢性疼痛当中，这种慢性疼痛使我们丢掉了许多个工作日，甚至还会让我们陷入抑郁当中。据最近的一项研究估计，仅仅在美国，疼痛造成的生产力下降就导致超过 600 亿美元的损失。除了慢性疼痛之外，还有“感觉不到的疼痛”，这种疼痛甚至更具灾难性。出生时即患有先天性疼痛不敏感的孩子是感觉不到疼痛的，他们常常会在出生后几年内就不幸死去，因为他们可能会“毫不留情”地伤害自己，也常常会成为致命传染病的受害者。

疼痛也是许多社会道德决策的核心问题。以死刑为例，各种死刑执行方式的创新，从绞刑到断头台斩首，再到注射死刑，都被认为是一种进步，因为它们减少了死刑犯的痛苦。作为社会中的一员，不少人都认为，与其支持各种令人痛苦不堪的肉刑还不如支持死刑。无论胎儿是否能够感觉到疼痛，堕胎问题已经引起了人们的极大争议。同样的道理，有人认为动物也会感觉到疼痛，因此，被我们搬上餐桌的动物也常常被卷入讨论之中。

但是前面谈到的每一个例子涉及的都只是身体上的物理疼痛。那么，对于社会痛苦——当我们的社会连接遭到损害，或者预感到社会连接会被损害而感到痛苦，我们的反应又会如何呢？当有人说“他让我的心都碎了”时，我们知道这只不过是一种比喻的说法。没有人会把它当成一种医疗紧急事故来处理（“我们必须马上对这颗破碎的心进行修补！护士，立即充电到200伏，其他人全都让开！”）。大多数人都认为社会痛苦并不是真正的痛苦，他们觉得这里所说的“痛苦”只不过是一种修辞手法而已。

真正的痛苦（也就是身体上的疼痛）在我们的生存中扮演着重要角色。对每一种用大写字母“N”来表示的需求，当它们得不到满足时，我们都能相对应地感受到某种用大写字母“P”（Pain）表示的物理疼痛。缺乏食物会导致饥饿，而饥饿造成的痛苦会激励我们去寻找食物。同样的道理，缺水会导致口渴，而口渴带来的痛苦会激励我们去找水喝。肉体伤害会导致身体的疼痛，这会激励我们去寻找住所、休息，以便让身体得以恢复健康。

如果社会需求确实也需要用大写字母“N”来表示，那么，未被满足的社会需求应该也会让我们体验到用大写字母“P”表示的那种痛苦。这个观点是由著名神经学家保罗·麦克莱恩（Paul MacLean）提出来的：“分离会让哺乳类动物倍感痛苦。”身体伤害的疼痛与社会伤害的痛苦之间存在着某种联系吗？

婴儿的哭闹不容忽视

最近10年来，我与我的妻子、心理学家娜奥米·艾森伯格（Naomi Eisenberger）大部分时间都在研究社会痛苦（她花在这上面的时间比我还多）。在这一节中，我将提供一系列证据证明，社会痛苦也是一种真正的疼痛。但在此之前，我也必须坦白地说——时至今日我自己还有点难以接受这一点。身体上的疼痛与社会痛苦看起来似乎完全是两回事，每次我感觉到疼痛时，我都能指出具体是身上的哪个部位在疼。因此，我能推测引起疼痛的那个部位可能有点不适或者有组织损坏。那么，当我感到社会痛苦时，我的手指应该指向哪里呢？

在现实生活中，许多心理体验给我们带来的身体感受并不亚于身体上的疼痛，比如，当我们看到莫斯科红场时，当我们探索冥想的宁静时，或者当我们想象并等待着一次令人无比期待的初次约会时，我们可以从以下两个截然不同的角度进一步阐述这一点（不过，这两种解释同样重要）。

第一种解释是，身体上的疼痛并没有我们通常所想象的那么严重，因为疼痛可以通过暗示的力量得到极大的改变，比如可以通过催眠或者安慰剂治疗来减轻疼痛。实际上，在催眠状态下做外科手术，既不需要麻醉，接受手术的人也毫无痛感。科学家们通过许多疼痛实验发现，只须让被试预感到自己将会遭受疼痛的沉重打击，就足以让他真的感觉到比原来强烈得多的疼痛。各种各样的心理障碍，诸如焦虑症和抑郁症，通常都会改变我们对物理疼痛的敏感程度。**疼痛并非全取决于你的心理，但是你内心的想法对于疼痛的影响程度远远超出了大多数人的想象。**

为什么身体上的疼痛与期待第一次约会时的感受是一样的呢？这还可以从第二个角度进行解释。通常被认定为纯心理活动的一些事件，它们给我们带来的身体感受比我们所想象的要高得多，因为人的所有心理活动全都根植于大脑内部的物理过程。即使是静思冥想，也是人的大脑和身体内部发生的生物化学反应和神经认知过程的结果。如果与他人建立连接的快乐没有大脑作为物理基础，那么任何一种药物都无法塑造和诱发这些感觉（想象一下摇头丸对人的作用吧）。如果不是这样，我们又怎么去解释喝酒会有选择性地消耗大脑血清素，并且让人们更大胆地做出无礼的举动呢？当然，这样说并不意味着心理原因莫名其妙地消失了。我并不是一个还原论者。相反，我只是想强调，在日常生活中，人们往往倾向于人为地把某些东西——如我们在这里讨论的疼痛与情感孤立起来。**疼痛、情感以及我们所有的感受必然是生理和心理过程的共同表达。**

从这一观点出发，像社会痛苦这样看起来似乎很抽象的东西，也可能同我们的大脑可以感知到的物理疼痛那样变得具体起来，这是完全有可能的。但这并不意味着，我想证明物理疼痛与社会痛苦其实是一回事。没有人会真的弄断手臂，来验证一下这种感觉是否跟失恋的感觉一样。社会痛苦的记忆比物理疼痛的记忆更为强烈。不同类型的疼痛带来的感觉也各不相同，且明显具有不同的特征。我所要强调的是，社会痛苦与物理疼痛一样都是真实存在的。理解这一点，对理解我们以及周围人的经历具有重要意义。

说社会痛苦类似于物理疼痛的第一个非常明显的证据来自我们在谈论社会痛苦时所用的语言。在描述遭到社会排斥或经历社交失败的感觉时，我们所用的语言与用于描述身体上的疼痛的语言几乎别无二致。例如，我们会说“他伤透了我的心”，也会说“他伤害了我的感情”。当深爱的女友弃自己而去时，我们会感到如“穿肠剖肚、摧心裂肺一样”的痛苦。心理学家发现，听起来带有隐喻的语言并不像我们最初认为的那样只有隐喻的含义，或者说它们在很大程度上其实并不仅仅是隐喻。目前，世界各地的语言普遍都用描述物理疼痛的语言来描述我们所遭受的社会痛苦。无论是与英语同源的罗曼语族（比如西班牙语和意大利语）、英语、亚美尼亚语，还是中国的普通话和藏语，都是如此。如果物理疼痛与社会痛苦之间没有任何联系，那么这种比喻的说法不可能会在全世界各地反复出现。

证明社会痛苦是一种真正的疼痛的第二个证据是，当哺乳类动物的婴儿与他（它）们的主要照看者分开时，他（它）们会陷入沉重的悲痛中。任何一个有孩子的人都能够注意到，当母亲离开时，她的婴儿会表现出万分悲痛，并且会不停地放声大哭。20 世纪 50 年代，心理学家约翰·鲍尔比（John Bowlby）提出了

"依恋"（attachment）这个概念，用来解释他和其他一些学者在第二次世界大战期间在寄宿制托儿所里的孤儿和弃儿身上所观察到的一种现象，这些孩子得不到一般孩子通常都能体验到的温暖、爱和感情。他提出，每个人天生就有一个负责监测我们与照看者之间的亲密程度的"依恋系统"，当我们与照看者拉开了距离时，这个依恋系统就会变成一个"警报器"。而在人体内部，这个"警报器"发出的警报会以痛苦的形式表现出来，然后很快就会变成号啕大哭，这是婴儿与照看者分开时所发出的求救信号，它警告照看者回来照看婴儿。

依恋痛苦明显具有社会性，它发出的信号既针对婴儿本身，也针对他周围的人。这个"依恋系统"就像一个对讲机，它的出现就是为了维持孩子与照看者之间的连接。如果婴儿一出生就拥有的这个"依恋系统"会在成年之后慢慢消失，那么成年人很可能会对婴儿的啼哭无动于衷、充耳不闻。幸运的是，这个"依恋系统"在我们长大后同样会让我们对自己的孩子的哭喊做出反应。所有人都遗传了这个"依恋系统"，而且终生"携带"着它。这也就意味着，我们永远不可能摆脱被社会排斥的痛苦，正如我们永远也无法摆脱忍受饥饿的痛苦一样。我们对社会连接具有极其强烈的需求，这种需求贯穿了我们的一生。对一个婴儿来说，与照看者保持连接是他的第一目标。我们这个物种与照看者连接成功的代价是，一生都需要被喜欢和被爱，所有的社会痛苦都与这个需求联系在了一起。

社交天性实验室

另一位与鲍尔比同时代的著名心理学家哈里·哈洛（Harry Harlow）也在这方面做出了杰出贡献。在一系列开创性的心理学研究中，哈里·哈洛对灵长类动物的依恋过程进行了全面考察。那是在20世纪50年代，他的研究对象兼"研究伙伴"是一群恒河猴，当时正值行为主义的全盛时期，像"喜欢"和"依恋"这样的概念在动物研究中可以说是一个禁忌。婴儿对母亲显而易见的情感依恋被当时的人们理解为联想性学习。换句话说，当时的主流观点认为，婴儿把温暖、气味和对母亲的感受与食物这样的初级强化物联系在了一起。从这一理论出发，婴儿之所以“在意”他们的母亲，仅仅是因为妈妈的出现与能够满足他们需要的东西的出现之间存在着某种统计学上的相关性而已。根据这种解释，如果婴儿被喂食时总会看到一张歌手巴里·曼尼洛（Barry Manilow）的海报，那么这些孩子就会变成巴里·曼尼洛的粉丝，因为他们把被喂养与巴里·曼尼洛联系在了一起。哈洛并不认同这个观点，并决定通过实验对这种观点进行检验。

哈洛把刚出生的猴子与它们的母亲分开来饲养。他在实验室里制造出了两只“猴子”替代物来充当它们的母亲。其中一个替代物用铁丝编织而成，形状很像一只成年猴子，它能够为新生猴子提供生存所需的牛奶。另一个替代物是一块包着一层海绵橡胶的木头，最外层则用绒布包着，也做成了成年猴子的形状，但是这只布“妈妈”并不提供牛奶。然后，哈洛对新生猴子进行了跟踪调查，他想看看这些新生猴子会对哪个替代物更为依恋：是能够与食物联系在一起的那个，还是更能让它们感受到真正的母亲的味道的那个。结果显而易见，而且意义深远。刚出生不久，新生猴子每天都要花费将近 18 个小时与绒布猴子替代物待在一起，而几乎不与提供食物的铁丝网猴子替代物待在一起。这个结果证明，婴儿依恋于母亲的食物联想理论明显错了。**这些猴子更亲近于那些让它们感觉更像真正的母亲的东西，而无关乎这个“妈妈”是否提供生存所需的物质。**[①]

自从哈洛完成了这项开创性研究以后，社会依恋（social attachment）在各种不同的哺乳类动物身上都得到了确认。鉴于所有的哺乳类动物在刚出生时都没有能力照顾自己，因此它们都有相同的需求，即必须与它们的父母亲或者照看者建立起社会连接。通过对大量哺乳类动物的观察，包括老鼠、草原田鼠、豚鼠、牛、羊、非人类灵长类动物以及人类，科学家们发现分离哀叫（separation distress vocalizations）——婴儿在与他（它）们的照看者分开时发出的凄厉哭叫，通常

① 更多有关哈里·哈洛的代母实验与研究，可以参考《孩子，怎样爱你才对》一书。本书已由湛庐文化策划、万卷出版公司出版。——编者注

会导致照看者重新回到他（它）们身边。分离会导致皮质醇（一种压力激素）分泌增多，还会造成长期的社交和认知障碍。5 岁以下的孩子如果长期住院，不得不与父母亲分开，就会出现长期的行为和读写障碍。失去父母的孩子在 10 年之后还会出现皮质醇升高的反应。这种儿童早期的压力源甚至还会导致与自律有关的大脑关键区域发生改变，关于这一点我们将会在第 9 章进行更细致的讨论。

1978 年，情感神经科学领域的领军人物雅克·潘克塞普（Jaak Panksepp）提出了这样一个假说：社会依恋系统是“搭载”在物理疼痛系统上“捎带着”运行的，而且它发挥作用的过程是一种“阿片过程”（opioid process），即依恋会产生类似于阿片类药物之于身体的麻醉作用。阿片类药物是大脑的天然止痛药，会产生和释放出某种能够减轻疼痛感的物质。这就是吗啡（一种合成麻醉剂）具有强大的止痛效果的原因。就像所有的阿片制剂一样，吗啡也很容易让人成瘾。潘克塞普注意到，动物之间的依恋过程也与此相似。分离似乎引起了停药反应，比如会感到疼痛，而重新连接的行为似乎就等于是服用止痛药。此外，婴儿和照看者之间表现出来的相互依恋也在一定程度上符合成瘾的特征。

社交天性实验室

为了检验他的社会痛苦假说，潘克塞普首先在一群小狗身上进行了试验。当这些小狗在社交上被孤立起来后，它们发出了分离哀叫。然而，当这些小狗被注射了低剂量的吗啡后，这种分离哀叫在很大程度上消失了。（从此以后，不具有镇定作用的阿片类药物就被用来减轻各种哺乳类动物的分离哀叫了。）潘克塞普还发现，母亲和婴儿之间的重新连接能够提高镇定水平，而且对双方都是如此。这也就表明，这一神经化学过程既有助于缓解身体的疼痛，同时也能在很大程度上缓解婴儿的社交分离之痛。这是第一个确凿的证据，它证明了大脑能够用类似的方法来处理身体上的疼痛和社会痛苦。

人类的痛感源于何处

当思考人类的社会痛苦时，我们很容易会联想到一些常见的电影蒙太奇式片段。例如，我们会想到上体育课时自己是最后一个被选中的团队成员；还会想到自己被某个对我们来说非常重要的人抛弃；或者想到深爱之人的去世。

出于明显的伦理理由，我们既没有也不打算在人类身上做这样的实验：当人们被拒绝、排斥或欺骗后，给他们使用吗啡，然后看他们有什么反应。与潘克塞普在小狗身上所做的人为地使用阿片类药物水平的实验不同，我和娜奥米·艾森伯格决定转而使用功能性核磁共振成像技术来研究社会痛苦体验在人类大脑中的表征形式。

为了理解社会痛苦与物理疼痛之间的联系，首先我们必须把注意力集中于一个名为背侧前扣带皮层（dorsal anterior cingulate cortex，简称 dACC）的脑区——在这里，“背侧”的意思是朝向大脑顶部，“前”的意思是朝向大脑前面。其次，还要关注一个名为前脑岛（anterior insula，简称 AI）的脑区（见图 3-2）。

在大脑结构中，扣带皮层（cingulate cortex）其实相当长，从大脑后面一直延伸到大脑前面，其中线或者中间部位整个地包住了大脑的胼胝体（corpus callosum）。单词“cingulate”（扣带）源于拉丁语中的“cingere”这个词，原来是皮带或者腰带的意思，对胼胝体来说，扣带就像是一根皮带。

为了更好地理解和掌握这些脑区，你可以试着在互联网上用谷歌图片进行搜索，然后对搜索到的图片进行近距离观察。这些图片可以帮助你看清楚彼此相关联的各个脑区，它们或许比下面显示出来的单张图片更能说明问题。毫不夸张地说，对于每一个脑区，我们都能在互联网上找到无数张有用的图片。

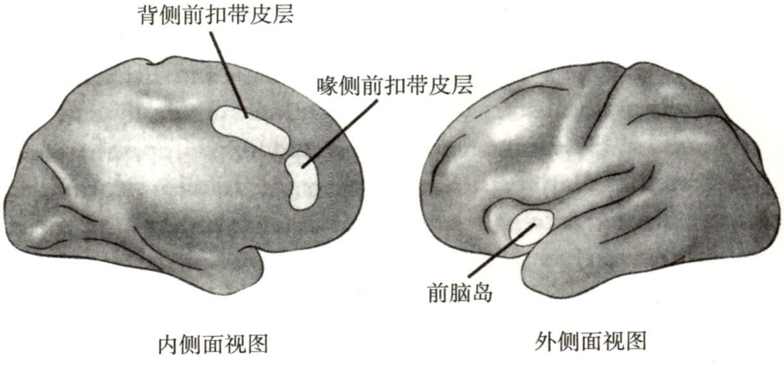

图 3-2　背侧前扣带皮层、喙侧前扣带皮层与前脑岛

在研究社会痛苦与物理疼痛之间的联系时，有四大原因可以说明为什么我们要首先集中关注前扣带皮层，尤其是背侧前扣带皮层。第一，前扣带皮层是哺乳类动物从爬虫类动物的祖先中区分出来的神经适应之一。我们拥有扣带，而爬行类动物却没有。这样我们不难预测，首先出现在哺乳类动物身上的新的心理过程，比如依恋与社会痛苦，可能与首先出现在哺乳类动物身上的新的大脑结构，比如前扣带皮层有关。第二，在大脑的所有区域中，前扣带皮层拥有的阿片类物质受体的密度最高，因此说物理疼痛和社会痛苦很可能与这个特殊区域相联系也是完全说得通的。第三，事实已经证明，背侧前扣带皮层在物理疼痛的体验中发挥了重要作用。第四，背侧前扣带皮层与各种非人类哺乳类动物的母婴式依恋行为都有关系。下面，就让我们依次详细分析一下背侧前扣带皮层所发挥的后两大作用吧。

在过去的 20 年里，我们已经积累了不少关于人类大脑内部的痛苦过程的神经解剖学知识。现在我们知道，疼痛或痛苦的感觉一面（sensory aspects of pain）涉及的大脑皮层区域与疼痛或痛苦的痛楚一面（distressing aspects of pain）所涉及的脑区有明显的区别。疼痛或痛苦的感觉一面能够告诉我们的是，身体的疼痛来自哪里、这种疼痛的刺激强度有多大。在大脑内部，追踪物理疼痛感觉的两个脑区都位于大脑的后半部分，即躯体感觉皮层（somatosensory cortex）和后侧岛叶（posterior insula）。躯体感觉皮层能够“勾画”出身体的不同部位，把腿部、手部或者脸部的疼痛感区分出来，并且做出不同的反应。（同样是这两个区域，它们也能够对相应部位的非疼痛型触摸做出响应。）后侧岛叶则跟踪内部器官和内脏的疼痛感（即“内脏感觉”）。相比之下，位于大脑的前半部分的背侧前扣带皮层和前脑岛这两个脑区，则是用来对疼痛或痛苦的痛楚做出反应的——在这里，痛楚表现为一种情感，使得疼痛或痛苦成了我们非常不喜欢的一种东西。

当我们感受到疼痛时，我们会觉得它就是一种单一的感觉，因此，这种说法——我们所体验到的疼痛其实包含多种不同的成分，反而显得“违反直觉”了。事实上，这正是大脑工作时的常用“伎俩”。通常，任何一种体验都包含了大脑中多个不同的组成部分，但是当它到达人们的意识时，它便集中到了某一点上，让人感觉像是经历了一个连贯的事件。

现在，读者不妨试着想象一下我们在观察一个过马路的人时的感觉。这种感觉看似是一个流畅且连贯的观念。但是事实上，大脑中有许多不同的脑区在共同协调这种体验。视觉皮层的某个脑区会对你看到的所有线条和边界（垂直的、水平的和倾斜的）进行编码；另一个脑区则负责跟踪各种色彩元素；当然，还有一个脑区负责感知你正在观察的场景中的运动图像。这些脑区中的任何一个都有可能单独遭到损坏，而同时其他脑区却毫发无损。我们是从一些极其罕见的神经心理学病例中知道这一点的——有的病人的某部分脑区受到了损伤。例如，对于运动知觉中心受到损伤的病人来说，他们所体验到的世界犹如一组组静止的照片，这些照片色彩丰富，充满着细节，然而却毫无动感。

同样的，神经心理学案例也有助于我们弄清楚，背侧前扣带皮层和躯体感知皮层在我们体验疼痛或痛苦的过程中分别发挥的独特作用。20 世纪 50 年代，一些神经外科医生开始尝试对患有顽固性疼痛的病人，实施一种名为扣带回切开术（cingulotomies）的手术。在这个手术中，医生可能会把一部分背侧前扣带皮层切除，或者把背侧前扣带皮层与周边的其他脑区隔离开来。这种手术已经成功地用于治疗抑郁症和焦虑症。不过，它对那些患了慢性疼痛，而又不想接受其他治疗的病人帮助最大。

扣带回切开术最引人注目的一个地方体现在这些慢性疼痛患者的术后感受上，他们报告说自己仍然感到疼痛，并且能够指出身体的哪个部位“痛”，还能说出到底有多痛；但是同时，他们又报告说现在这种疼痛“已经不再让人感到悲伤了”，“尤其是不再让人感到厌烦了”，而且他们“再也不感到焦虑了”。对于任何一个背侧前扣带皮层完好无缺的人来说，他不可能在感到疼痛的同时又不会体验到诸如悲伤或厌烦等痛苦的情绪，那是完全不可想象的。看起来，扣带回切开术确实是有用的。如果切除或者隔离某一部分背侧前扣带皮层能够有选择性地消除疼痛给人带来的痛苦感，那也就意味着完整的背侧前扣带皮层是感知这种痛苦感的核心脑区。

在另一个案例中，一位不幸的中风患者的大脑右侧的躯体感觉皮层受到了损伤（这部分躯体感觉皮层负责跟踪左侧身体），他的大脑因病部分受损前后所体验到的疼痛及痛苦感也出现了明显的变化，不过与接受了扣带回切开术的患者完全相反。当对这位中风患者的左臂进行疼痛刺激时，他会说从指尖到肩膀这一区域的某个地方有一阵阵“明显不舒服”的感觉，但是他无法给出一个更精确的位置。当被要求描述疼痛的种类和性质——是过热导致的疼痛，还是过冷导致的疼痛，抑或是针扎导致的疼痛时，他无法在各种感觉中作出任何选择。疼痛让他感到痛苦，但是他不知道痛楚在哪里，或者说他不知道如何来描述这种痛楚。

如果把这个过程比喻为阅读一本书，那么躯体感觉皮层似乎是负责理解我们所阅读的故事的类别（是惊险小说、侦探小说，还是爱情小说、科幻小说）及其内容的，而背侧前扣带皮层则负责对故事做出适当的情绪反应。我们知道，这些反应是可以被拆分出来的，因为在我们忘记了故事情节很久之后，我们依然能记起当时读这本书时的情绪反应。

孩子为何依恋母亲

从更一般的意义上讲，背侧前扣带皮层和前扣带皮层对于母亲和年幼孩子之间的，与依恋相关的行为也极其重要。正如前面已经讨论过的，年幼的哺乳类动物在与他（它）们的母亲或照看者分开时会发出痛苦的哭叫声。但爬行动物（哺乳类动物是由它进化而来的）则不会发出这种痛苦的叫声，或者根本就不会发出任何叫声——它们原本就是“哑巴”。这其实是件好事，因为大多数爬行动物的父母亲很可能会吃掉它们年幼的孩子，如果这些幼小的爬行动物吸引了它们的注意的话。哺乳类动物的哀叫声发挥了暗示母亲过来抚慰自己的作用，而没有成为一种“就餐的钟声”，这个事实体现了哺乳类动物与爬行动物之间的一个非常重要的进化差异。

社交天性实验室

在一项以被社会隔离的松鼠猴为研究对象的实验中，神经学家保罗·麦克莱恩试图观察了当内侧额叶皮层（medial frontal cortex，其中就包括前扣带皮层）的不同部位遭到损伤时（在这个实验中，也就是用手术方法切离），这些松鼠猴被社会隔离时所发出的痛苦哀叫会有什么不同。实验结果证明，唯有当背侧前扣带皮层被切除时，才会使松鼠猴的痛苦哀叫消失。当内侧额叶皮层的其他脑区遭到损伤，而背侧前扣带皮层完好无损时，它们的痛苦哀叫就会继续下去。麦克莱恩还注意到，无论被手术切除的是内侧额叶皮层的哪一部分，所有的猴子仍然都能发出其他各种各样的叫声（包括咆哮声、“咯咯”笑声和尖叫声等），这就表明，这些脑区本身与猴子发出各种声音的能力无关。

如果切除背侧前扣带皮层能够使痛苦的哀叫消失，那么有的人可能就会想，用电击的方法刺激这个脑区应该会导致被试发生痛苦的哀叫。确实如此。当刺激恒河猴的背侧前扣带皮层时，它们会发出“咕咕”（köö）的声音，这与它们被社会隔离时发出的声音一模一样。相比之下，其他脑区受到刺激时，它们会发出一种警报声——一种与“咕咕”声完全不同的声音，而刺激背侧前扣带皮层则不会导致它们发出这种警报声。

从这些研究的结果出发，我们可以很自然地推测，当背侧前扣带皮层遭到损伤时，婴儿形成和维护依恋纽带的能力就会受到巨大的影响。一个被孤立的婴儿如果不会哭泣，那么他（她）将会面临极大的风险——很可能会被遗忘。如果一个母亲的背侧前扣带皮层遭到了损伤，那么她将不太可能接收到婴儿对她发出的对讲机式的依恋呼叫。

社交天性实验室

为了检验父母亲的背侧前扣带皮层被切除后对婴儿的影响，在一项以雌性老鼠为研究对象的研究中，研究人员在一些雌性老鼠分娩之前将它们分成了三组：第一组老鼠被切除了扣带，第二组老鼠被切除了其他一些脑区，但保留了扣带；第三组老鼠则作为对照组，没有进行任何处理。这个研究的重点是想弄清楚，在这些不同类型的“母亲”的照顾下，新出生的幼仔的存活率会不会有所不同。研究人员还给老鼠们居住的笼子加温、吹风，以使它们的生存环境更加恶劣，这是为了模拟实验室之外的自然环境。

实验结果显示，在第三组，即“母亲”没有被动过手术的那组中，几乎所有新生老鼠都存活了一周以上。当笼子的其中一块地方陡然增热时，这些“母亲”都会把它们的孩子安放到那些没有受波及的地方。那些非扣带脑区遭到损毁的“母亲”也能这么做，但是还是有部分幼鼠没能活过第一周。但是那些扣带皮层被切除的老鼠却全然不懂得这么做，最终导致了灾难性的后果——在这一组中，只有20%的幼鼠在出生后存活了两天以上。很显然，这些扣带皮层被切除的“母亲”无法照看好它们的孩子，它们经营“家”的能力非常弱，当“孩子们”散落于笼子各处时，它们也无法把“孩子们”召集到一起；它们应对环境变化的能力也很弱，在出现了“强风”和“高热”的环境下，它们不懂得要保护自己的孩子。这些“母亲”对它们孩子的需求总是反应迟钝。实验结果表明，不同小组的幼鼠的存活率和死亡率之间的差异完全取决于“母亲”的前扣带皮层是否完好无损。顺便说句题外话，如果你发现自己会因为这个实验的“残忍”而感到伤感，那么这就意味着，你的背侧前扣带皮层是完好无损的。

社会痛苦的实验依据

尽管麦克莱恩这项动物实验的结果能够说明很多东西，但却没有告诉我们，人类的社会痛苦是否真的与我们所体验到的物理疼痛有关。2001 年前后，娜奥米·艾森伯格和我决定试着来回答这个问题。当时我们刚刚获得了一项资助，用于研究前扣带皮层对社会认知的作用。我们那时已经知道想要研究的是社会排斥（social rejection），但是还没有想出一个通过核磁共振成像技术来研究这个问题的理想方法。

就像在科学研究领域经常会发生的那样，在这个节骨眼上，一个偶然事件改变了整个研究进程。在那一年，我们参加了一个在澳大利亚举行的国际会议，但实际上我和娜奥米都没有收到过这个会议的正式邀请。正是在那个会议上，我听到了奇普·威廉姆斯（Kip Williams）谈到他为了研究社会排斥问题而创造的一个实验范式。虽然他的方法完全以互联网为基础，但却能够非常有效地产生某种社会排斥感，我们认为可以对他的方法稍作转换，用来完成我们想做的功能性核磁共振成像实验。

社交天性实验室

奇普·威廉姆斯把他的范式称为网络球（cyberball），它其实是威廉姆斯此前早就成功应用过的一个行为实验范式的变体。在威廉姆斯的早期研究中，当一位被试前来参加实验时，主试会告诉他需要稍等几分钟。而在等待室里，已经有两个人坐在那里了，他们告诉这位被试自己也在等待参与同一项研究。但是事实上，这两个人是心理学家所称的共谋者（confederate）或“托儿”；在这里，“托儿”的意思是，他们假装是被试，实际上却是与主持实验的研究人员站在同一条战线上的。因此，当这位被试走进等待室时，实验其实已经开始了，其中一个“托儿”在“无意中”发现了一个网球，并且把它扔给了另一个“托儿”，然后这个“托儿”又把这个网球扔给了真正的被试。在接下来的一两分钟里，他们三个人以三角形的线路相互抛接这个网球；然后，在事先安排好的某个时间段里，两个“托儿”不再把球扔给这个真正的实验参与者，而只是一味地相互扔球。

假设你就是那个被试，然后想象这种情景吧。在这个游戏中，本来你们三个人玩得好好的，突然你被迫成了一个局外人。一方面你可能会想：“谁在乎呢？又不是真的在玩游戏，我又不认识这些人，他们对我来说完全是陌生人。”这是一种非常理性的反应，毫无疑问，对于这种突如其来的社会排斥行为，肯定会有一些参与者试图保持理性。然而，基于威廉姆斯这个实验的设置，很显然这些被排斥的人都会感受到某种程度的社会痛苦。人们会因为被置之不理而受到伤害，即使在这种看似微不足道的情况下也不例外。后来，威廉姆斯又对这个在等待室中完成的实验进行了“数字化”处理，把它搬到了互联网上进行，从而创造了“网络球”实验范式。当一位被试在参与玩网络球游戏时，他（她）相信自己正在与另外两个通过网络连接起来的来自现实世界的人在扔一个数字“球”，但是实际上，他（她）只是在跟两个预先编好程序的“替身”玩（见图 3-3）。在玩了一会儿后，这两个“替身”就不会再把球扔给他（她）了。

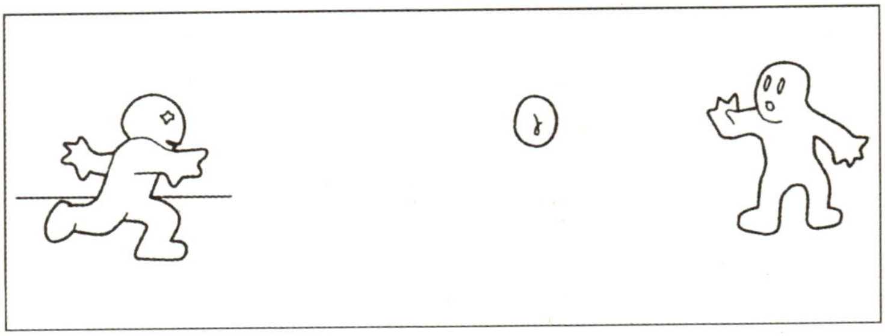

图 3-3 “网络球”游戏

> 我们也让被试躺在功能性核磁共振成像扫描仪里玩“网络球”游戏。这些被试以为，他们在网络上玩这种电子游戏时，其他两个人的大脑也与他们一样都是同时被扫描的。我们告诉被试，自己对不同的人的大脑之间是如何实现相互合作的这个问题非常感兴趣——哪怕是在完成一个像扔网络球这样简单的任务时。这些被试完全不知道他们躺在功能性核磁共振成像仪里玩“网络球”游戏时会被排斥。但在玩了几分钟之后，另外两个“玩家”就不再把球扔给这个真正的参与者了。
>
> 当这些被试遭到了“排斥”并完成了功能性核磁共振成像扫描后，就会被带到另一个房间里；然后，主试请他们谈谈对这次经历的体会。通常这些人都会直截了当地开始谈论刚刚发生的事情，他们一般都对被排斥感到非常愤怒或难过。在那时，由于功能性核磁共振成像研究刚刚起步不久，这种强烈的情绪意义非凡，因为当时大部分用于功能性核磁共振成像研究的任务都无法“促成”个人情绪反应。我们不得不假装没有注意到在功能性核磁共振成像仪里发生的事，因为我们不希望被试的回答受到我们可能说出来的任何东西的影响。

第二年，我们花了大半年时间来分析这些数据，但是在实验结束的那一瞬间，我们就已经意识到可能发现了一些令人非常兴奋的东西。有一天，已经到了深夜，娜奥米和我都还待在实验室里，而我的研究生乔安娜·贾科（Johanna Jarcho）则在另一台电脑前分析一项有关物理疼痛的功能性核磁共振成像研究的实验数据。所有人都在反复查看这两个数据集，我们注意到这两组数据集显示的结果之间呈现出了惊人的相似性。

在关于物理疼痛的研究中，经历的疼痛更加剧烈的被试的背侧前扣带皮层的激活程度更高。这在关于社会痛苦的研究中也是如此：被排斥时遭受更加强烈的痛苦折磨的被试大脑的背侧前扣带皮层更活跃。在关于物理疼痛的研究中，那些右腹外侧前额叶皮层（right ventrolateral prefrontal cortex）被激活的被试体验到的物理疼痛更少一些。同样，在社会痛苦的研究中，也是右腹外侧前额叶皮层被激活的被试所体会到的社会痛苦更少。最后，两个实验都表明，右腹外侧前额叶皮层激活程度更高的被试的背侧前扣带皮层的激活程度更低。

这两项研究告诉我们的是同一件事：你感到越疼痛（痛苦），你的大脑的背侧前扣带皮层的活跃程度就越高。我们之前的许多研究都已经表明了这一点——但这是实验研究第一次证明，不仅物理疼痛如此，社会痛苦也是如此。同时，这两项研究的结果还表明，人们控制由于疼痛给人带来的痛楚感的能力的高低与右腹外侧前额叶皮层的激活程度有关：这个脑区越活跃，人们的控制能力越高。而且，这反过来似乎又会减弱背侧前扣带皮层的反应。事实上，如果把两组数据并排放到一起来看，你根本就分不出哪组数据是对物理疼痛的分析，哪组数据是对社会痛苦的分析，根本看不出这两者之间的区别。

总之，这些研究结果凸显了这样一个事实，即功能性核磁共振成像研究能够帮助我们增进对人类心理机制的理解。功能性核磁共振成像研究能够阐明表面上看起来完全不一样，实际上却是基于共同的神经机制的两种心理过程；而这也意味着，这些心理过程之间的相互关系远比我们想象的更加密切、更加错综复杂。因此，对于包括人类在内的哺乳类动物而言，社会威胁似乎“劫持”了物理疼痛系统，强迫疼痛系统去做它一直在做的事情——提醒我们危险临近了，我们的某种基本需求已经受到了威胁。

物理疼痛与社会痛苦共享同一个神经基础

我们利用“网络球”进行的功能性核磁共振成像研究的论文发表后，引起了巨大的反响。它还有力地推动了我们事业的发展，报纸和电视节目都想采访我们，许多有关疼痛和社会连接的纪录片也都采纳了我们的研究结果。我们甚至收到了邀请，前往澳大利亚参加一个与激发了我们的研究灵感的那个研讨会主题相同的学术会议，娜奥米则在会议上作了主题报告。

尽管如此，还是有许多科学家不认同我们的研究结论，即背侧前扣带皮层是人们经历的社会痛苦背后的神经基础，以及物理疼痛与社会痛苦共享同一个基本神经过程。在某个实验被重复验证、它的结果被确认之前，一些科学家对有关研究结果持怀疑态度，其实是一件很自然的事情。我们这项研究也不例外。但是另一方面，在我们看来，科学家们之所以对我们的结果心存怀疑，更多是因为他们从心底不相信这个结论的可靠性，而不是因为他们决定等别人重做实验的结果。事实上，在当时，关于背侧前扣带皮层功能占支配地位的流行看法是：它与疼痛感受完全无关，不管是社会痛苦还是物理疼痛。当然，这一理论在很大程度上忽略了自 20 世纪 50 年代以来所有关于前扣带回的研究成果（包括扣带回切开术和动物研究），仿佛这些科学发现的有效性是有“诉讼时效”似的。

事实上，早在 20 世纪 90 年代的中期到后期，许多科学家发表的神经成像研究结果已经表明，背侧前扣带皮层负责两个彼此之间有密切关系的认知功能的执行：冲突监测（conflict monitoring）和错误检测（error detection）。对于这两个认知功能，有必要在这里简单说明一下。现在，请你大声地说出以下词语：“now”（现在）、“how”（怎么）、“cow”（奶牛）、“wow”（哇噢）和“mow”（草堆）。如果你在说到“mow”这个单词时，虽然发音明明是正确的，但你还是犹豫了一下，那么这就是冲突监测功能在发挥作用的证明了（也就是说，你发现在你的冲动与正确的反应之间存在冲突）。如果你没能正确地把它读出来，然后说：“哎呀，那不是一个单词，而是一个名字。”那么你便进行了错误检测。

2000 年，一位名为乔治·布什（George Bush）的科学家发表了一篇讨论背侧前扣带皮层功能的具有开创意义的论文。（虽然名字相同，但是这个乔治·布什跟美国前总统毫不相干。）他在这篇论文中引用了许多认知控制的神经成像研究成果，并且得出了与我和娜奥米一样的结论。他也认为，背侧前扣带皮层在诸如冲突监测和错误检测等认知过程中扮演着关键角色。十多年后，这个结论仍然成立。

乔治·布什在这篇论文中同时也指出，背侧前扣带皮层在情感过程中并不起作用。他认为，与情感过程相关的是扣带皮层的另一部分：喙侧前扣带皮层（rostral anterior cingulate cortex，简称 rACC）。至少从表面上看，这种“劳动分工”显得有点过于精细了。长久以来，许多心理学家都喜欢把各种现象归结为认知与情感的二元对立（比如，思考 VS 感觉），仿佛它们本来就是一些相互排斥的现象似的。乔治·布什从一些研究中总结出的这个结论似乎表明，情感过程只与喙侧前扣带皮层有关，而与背侧前扣带皮层无关。但是在当时，这个结论没能得到许多学者的支持，尽管它是建立在当时可以得到的数据的基础上的。

乔治·布什论述的全部三个关于情感过程的研究都是以精神病患者为对象的，由此得到的数据并不能代表健康大脑的典型反应模式。实际上，大多数针对非精神病患者的研究都表明，背侧前扣带皮层确实参与了情感过程。此外，乔治·布什这篇论文并没有将其他几项很重要的关于情感过程或疼痛给人们带来的痛楚感的神经成像研究包括进去；在当时，这些论文都已经发表了，而且其作者已经明确指出背侧前扣带皮层与情感过程或疼痛给人带来的痛楚感有关。尽管乔治·布什的做法——将背侧前扣带皮层与认知过程联系起来，而将喙侧前扣带皮层与情感过程联系起来，更符合当时心理学家的认知，但是真相可能更加错综复杂得多。

大脑中的警报系统

在我们关于社会痛苦的第一篇论文发表一年后，娜奥米和我又发表了一篇关于背侧前扣带皮层功能的论文，试图描述这个脑区的情感功能和认知功能。在这篇论文中，我们把背侧前扣带皮层刻画为一个警报系统（alarm system）。

为什么说背侧前扣带皮层是一个警报系统呢？在讨论这个问题之前，我们先来看一下，一个高效的警报器必须具备什么特点，而要说明这个问题，不妨先来看一看我家的房子里安装的那些糟糕透顶的警报器的情况。我们全家住在一幢古老的房子里，这幢房子透着一些古怪，即使我们已经在里面住了很多年，还是无法完全摸透它。

首先，房子的前门有个门铃，但是它从来没有发挥过应有的功能。当然如果你站得离前门足够近，那么当有人按门铃时，你或许可以听到电路接通时发出的像耳语般细小的声音，但这就是你所能听到的最大的声音了。当我们订了比萨后，送比萨的人在想到应该用手去摇动那个金属门环之前，通常都要等相当长的时间，因为他以为我们能够听到这个电子门铃声，而实际上我们却听不到。虽然知道应该把门铃修好，但是既然每个人都知道那个金属门环也可以派上用场，于是我们也就没多大动力去修理它了。我们家里还装了一个烟雾报警器，它有时会莫名其妙地响起来，即使根本没有任何烟雾。如果它偶尔响起来的时间是在凌晨 3 点，那就会是一件相当烦人的事。

这两个警报器都非常糟糕，都是启动警报所必需的关键零部件出了错。一个警报器需要一个能够追踪外部环境条件，判断是否需要拉响警报的检测系统。烟雾警报器使用的检测系统的核心部件通常是一个光电探测器：一束光，照射到一只光电管上，当烟雾升腾，击打这个光束的烟雾颗粒的数量足够多时，这些烟雾就会被探测到。考虑到我们家的烟雾警报器在即使没有一丝烟雾时也会“随心所欲”地响起来，我们就知道它的探测系统肯定哪里出了问题。一个警报器同样也需要一个能够被探测系统触发的发声机制。显然，我们家的烟雾警报器的发声机制完好无缺，但是，那个门铃的发声机制却出了问题，因此，我们根本就不知道是否有人站在门口等。

根据我们的“神经警报系统”模型，背侧前扣带皮层就是个警报系统，它既能检测出问题，还能拉响警报。烟雾警报系统需要让附近的每个人都知道，那儿可能着火了，并且警告人们应该拨打 911 或者锅里的汉堡包该翻一翻了，以免烧起来。警报系统的基本功能是，它必须能够中断你正在做的任何事情或者你正在关注的任何问题。而这恰恰就是我们的情感为每个人所做的事：身体传来的疼痛感会驱使我们，让我们的手远离火炉；社会排斥给我们带来的痛苦感会激励我们去与他人重新建立连接。

检测冲突和错误通常是情感体验的来源。假设你在某次考试中得了 B，从根本上说，这不一定会给你带来某种情感体验，但是如果你的预期是希望得到 A+，那么这就很有可能会给你带来痛苦。这些思考使我们意识到，关于冲突监测和错误检测的神经机制的研究在指向背侧前扣带皮层在认知过程中的作用的同时，本来也应该考虑它所促成的情感反应，但是以往的研究却忽略了这个方面，因为这些情感反应从来都没有被准确度量过。因此我们决定对它们进行一些度量。

社交天性实验室

在鲍勃·斯邦特（Bob Spunt）还是我们实验室里的一名研究生时，他曾与娜奥米和我一起做过一项功能性核磁共振成像研究。在这项研究中，他使用了一种名为“停止 - 信号任务”（stop-signal task）的冲突 / 错误检测程序——“停止 - 信号任务”是我将在第 9 章中进行详细描述的“前进 / 停止任务”（go/no-go task）的一个变体。在这个实验的大多数轮次中，被试要完成的任务都非常简单。停止 - 信号任务是这样的，计算机屏幕上会出现一个指向左边或者右边的箭头，被试只要在键盘上找到相应的箭头，然后尽可能快地敲击下去就可以了（敲击键盘上的左键或右键）。

在这些容易的轮次中，箭头在屏幕上出现和消失的速度非常快，大概每秒钟一个，完成这些任务简直轻而易举。然而，除了这些容易的任务之外，还有 1/4 左右的任务所要求的反应和技巧是不一样的。在这些难度高得多的“停止轮”中，当箭头出现后，同时还会响起一个停止信号音。这个声音的意思是，参与实验的被试在这一轮次中应该忽略这个箭头，不能敲击任何按键。它是一个信号，告诉参与实验的人这一次要停止——不过，仅仅是这一次。这种情景类似于当你恰好走到马路的十字路口时，交通信号灯的颜色突然变成了黄色。灯光的变化表明，你需要改变原来的行动计划，取消已经箭在弦上的行动。

在实验初期，这种停止信号音大概是在箭头出现在屏幕上 250 毫秒之后响起的。如果在这段给定的时间内，被试已经有了足够的时间做出反应，即停止敲击箭头键，那么主试就会让停止信号音响起的时间延后（从而加大被试及时停止动作的难度）。就这样，任务将会一直变化下去，即箭头出现在屏幕上之后，停止信号音响起的时间会越来越迟，直到被试在完成任务时大约有一半轮次出错为止（被试在不应该敲键的时候敲下了键）。因此，在这个实验中，被试是不可能赢的；他们完成得越好，随后的任务就会越难。就我个人而言，我觉得这个任务绝对会令人发狂，而这恰恰就是我们觉得这个实验能够十分完美地达成我们的目标的原因。

在经过了 16 轮实验之后（其中有 4 轮是“可怕”的“停止轮”），研究人员会请被试们回答，在刚刚完成的这个实验模块中，他们感到有多焦虑、多沮丧。此外，在这个实验中也包括了一些没有插入“停止轮”的“直接前进模块”（go-only block）。另外，在每个实验模块中，被试总是被告知，接下来要进行的是哪个模块，这样他们就会知道在即将到来的这个模块中有没有包括令人厌烦的“停止轮”。

在鲍勃的第一项数据分析中，他就证明了，在被试出错的那些轮次中（也就是说，当任务要求被试停止敲键时，他们却没有停止），被试大脑的背侧前扣带皮层产生了强烈的反应，这与之前的无数研究的结果完全一致。接下来，鲍勃利用被试在每个实验模块结束后表现出来的沮丧程度的有关数据，考察做错后表现得更加沮丧的被试与做错后表现得没有那么沮丧的被试相比，是否存在更为活跃的脑区。虽然从一个模块过渡到另一个模块时，任务性质的变化并不是很大，但是被试确实报告说，某些模块比另一些模块更让人感到沮丧，而且这或许可以从背侧前扣带皮层的激活程度反映出来。

我们得到的结果是，当错误更加令人沮丧时，背侧前扣带皮层也更加活跃。在人类的大脑中，除了背侧前扣带皮层外，没有任何一个其他脑区的活动能够反映被试在执行任务时体会到的沮丧程度。我们还找到了一些证据表明，甚至在其他并不要求“停止”的轮次中，当被试非常焦虑时，背侧前扣带皮层的活跃性也会更强。换句话说，当被试对“停止轮”的前景变得越来越焦虑时，我们就可以从他们的大脑的背侧前扣带皮层的反应中看到焦虑心理的证据。

很显然，这项研究的结果有助于我们更好地理解背侧前扣带皮层的功能。从历史上看，背侧前扣带皮层曾经被认定为或者支持认知功能、或者支持情感功能，不过最近的趋势是，它一般被认为只支持前者。而我们的假说则是，背侧前扣带皮层既支持认知功能，也支持情感功能。具体来说，我们认为，背侧前扣带皮层是一个警报系统，这个脑区既为检测系统（认知）服务，也为发声机制（情感）服务。我们的实验数据表明，当背侧扣带皮层被一个标准的错误检测任务激活时，背侧前扣带皮层的活跃强度也与犯错的情感体验相关。

难过时服用两片阿司匹林吧

通过这项研究，我们发现了社会排斥与背侧前扣带皮层的激活之间的相关性，许多研究者在跟进的研究中重现了这一研究结果，并且把它推广到了其他一些场景，比如，在所爱之人逝去之后感到悲痛欲绝时、回忆起最近一次与恋人分手的情景时、遭到了他人的负面评价时，甚至只是看到了他人不赞成的表情时。在本章开始，我曾经讲述了一位医生和三位病人的故事，前两个病人都是身体上的小毛病，而第三个病人则是悲伤过度。医生给三位病人全都开了止痛药。对于那个悲痛欲绝的病人，这个处方似乎与他的病情风马牛不相及。然而，在我们介绍了有关社会痛苦的功能性核磁共振成像研究的结果之后，读者再碰到以下这种“治疗方法”或许就不会觉得奇怪了：“告诉那个被排斥的人，让他服用两片阿司匹林，然后让他明天早上再来电话。”

虽然在本章的开头，我对这种“治疗方法”也显得有点不屑一顾，但其实我真正的答案却是：“嗯，是的，某种程度上确实可以这么做。”内森·德沃尔（Nathan DeWall）与娜奥米·艾森伯格和其他几位研究社会排斥的研究人员一起组织了一系列实验来检验以下这种观点：一般的止痛药不仅能减轻身体上的疼痛，还能够减轻社会痛苦。在第一项研究中，他们留意观察了两组人群。其中一半人每天服用 1 000 毫克的扑热息痛（也就是泰诺林），另一半人则服用同等剂量的安慰剂药丸，当然在这些药丸里没有添加活性物质。两组人每天都按时服用药丸，共服了三个星期。参加这项研究的被试在每天晚上都必须通过电子邮件回答一些问题，报告他们在当天感受到的社会痛苦的严重程度。到了这项研究开始后的第 9 天，两组被试之间的差异就显示出来了。

根据被试的报告，服用泰诺林的这组人感受到的社会痛苦的严重程度明显低于服用安慰剂的另一组人。在第 9～21 天之间，这两组人痛苦感受的差异程度仍然在继续扩大。请记住，这两组人都不知道自己服用的到底是药物还是安慰剂。实验结果表明，当我们为了治疗头痛而服用止痛药后，到了头痛消失的那一天，心痛感似乎也不复存在了。

紧随着上面这个行为实验研究后，我们又进行了一项功能性核磁共振成像研究。在这项研究中，实验被试也被分成了两组，每天分别服用泰诺林或安慰剂，连服三个星期，然后在他们玩“网络球”游戏时，对其大脑活动进行扫描（首先让他们一起参与“网络球”游戏几分钟，然后在余下的游戏里把他们晾在一边不让他们参与）。那些服用了三个星期安慰剂的被试的大脑反应与我们早先进行的“网络球”功能性核磁共振成像研究中被试的大脑反应类似。也就是说，与自己有份参加游戏时相比，当遭到了社会排斥时，他们的背侧前扣带皮层和前脑岛的激活程度更高。相比之下，那些服用了三个星期泰诺林的被试在遭到社会排斥时，他们的背侧前扣带皮层区域和前脑岛区域却没有什么反应。服用泰诺林显著降低了大脑的疼痛网络对因遭到社会排斥而感到痛苦的敏感度。

我们进行的另一项功能性核磁共振成像研究则把我们对背侧前扣带皮层的功能的发现与潘克塞普最早提出的关于社会痛苦和物理疼痛的类阿片假说直接联系了起来。在这项研究中，娜奥米·艾森伯格和鲍德温·韦（Baldwin Way）另辟蹊径，试图找到与社会痛苦有关的遗传特性。他们把关注的焦点放在了 μ 阿片受体（mu-opioid receptor）上，因为它在减轻疼痛方面发挥着重要作用。实验结果表明，缺乏 μ 阿片受体的小老鼠对吗啡没有反应。

而对于人类来说，疼痛的体验在某种程度上取决于 μ 阿片受体基因，这个基因的正式名称是“OPRM1”。μ 阿片受体基因在某个特定位置上会出现三种变异（这是“多态性”的表现），它们决定了基因的具体表达形式。每个人都有两个等位基因，我们的多态性就是由它们决定的。一个人会从父亲那里遗传一个等位基因，从母亲那里遗传另一个等位基因。每个等位基因或者是 A，或者是 G，因此每个人要么是 A/A，要么是 A/G，要么是 G/G，三者必居其一。之前的疼痛研究已经证明，拥有 G/G 基因的人对物理疼痛更加敏感（例如，他们需要更多的吗啡来应对术后疼痛）。

为了确定参与实验的被试拥有哪一种 OPRM1 基因变体，我们先对他们进行了基因采样。同时还要求他们申明，在日常生活中，他们对社会排斥的敏感程度如何。根据以往的研究报告，那些拥有 OPRM1 基因 G/G 变异的人（也就是说，那些可能对物理疼痛更加敏感的人），比那些拥有其他基因变异的人对社会排斥更加敏感。我们还让参与这项行为研究的其中一部分人也参加了“网络球”功能性核磁共振成像研究，然后在相同的遗传模式下，观察这些人在遭到社会排斥时，背侧前扣带皮层和前脑岛的激活模式。功能性核磁共振成像实验的结果是，当遭到社会排斥时，G/G 基因型的人上述脑区的激活程度显然高于其他类型的被试。

对于上面这两项研究（使用泰诺林 / 安慰剂的研究以及检验类阿片假说的研究），我的总体感觉是，它们已经成功说服了很多科学家，使他们确信，**在大脑内部，社会痛苦和物理疼痛确实共用一个神经机制**。对于某些特定脑区的功能，人们可能不是很了解，但是对于止痛药，他们（根据自己的亲身经历）多少都了解一些。泰诺林对疼痛的影响似乎真的是有选择性的——它并不是让我们的大脑变得迟钝，或者通过愉快的感觉来转移疼痛感。相反，它似乎是瞅准了目标，专门针对疼痛的。看看泰诺林等能够既减轻社会痛苦又减轻物理疼痛的药物，就足以说明这两种疼痛（或痛苦）之间确实存在密切的联系。

谩骂比拳头可能伤人更深

从抽象理论的层面看，“网络球”实验似乎只是微不足道的一种小游戏而已。两个素未谋面的“陌生人”不再扔一个“数字化的球”给你，这肯定是你玩过的所有游戏中最无聊的一个了。这种游戏与你的生活又有多大关系呢？被他人接纳一起玩“网络球”并不能帮助你拥有更多的衣服、得到更好的工作，也不能帮助你赢得美女的青睐。作为一个参与实验的被试，不管你是被接纳，还是被排斥，你参加实验所获得的报酬（出场费）都是一样的。有关这些研究的一切似乎都是微不足道、无关紧要的。但是，这些研究结果的影响却极为深远——如此微不足道的一件事却产生了如此巨大的影响。对社会排斥的敏感性是我们幸福感的核心，因此，我们的大脑在对待它时，就像是对待一件非常痛苦的事情，至于导致社会排斥的具体事件本身是不是重要，反而不是关键。

接下来，让我们来看一下图 3-4 所示的视觉错觉：穆勒 - 莱尔错觉（Müller-Lyer illusion）。在左侧两张图中，人们总是觉得线条 A 比线条 B 更长，虽然两者实际上一样长。为什么呢？因为人类的视觉系统会由于隐含在周围环境里的各种不同的视觉线索而产生各种各样的假设，它必须利用这些假设来感知环绕着我们的复杂世界。在穆勒 - 莱尔错觉中，线条两端箭头的形状是关键因素。如果延长线条 B 的箭头线，那么它给我们的暗示是，你似乎看到了两堵墙，它们在离你较近的地方相交，与此相反，如果把线条 A 的箭头线延长，那么它给我们的暗示是，这两堵墙似乎在远处相交。

虽然“冲击”我们视网膜的是同样两条垂直线条，但是，那些箭头却让你的大脑作出推断，线条 A 离你更远，而线条 B 则离你更近。我们的大脑“知道”，对于物理大小相同、距离我们远近不同的物体造成的视网膜投射，我们“应该”觉得它们的大小是不一样的。如果大脑“不知道”这一点，那么当有人从我们身边走过时，我们会觉得他正在不断地缩小，最终彻底消失不见，我们就会被吓到。

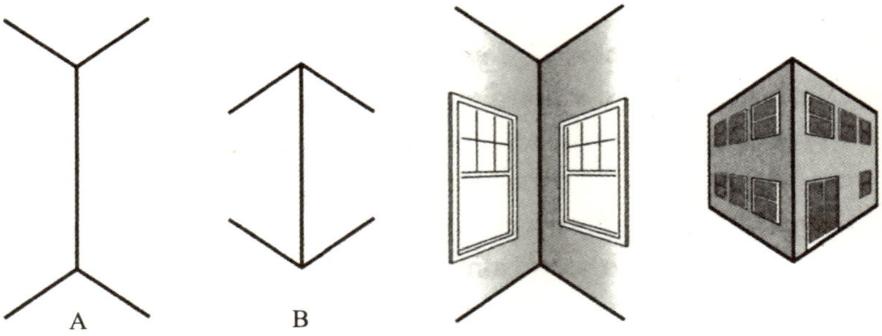

图 3-4　穆勒 - 莱尔错觉

再来看一下图 3-4。现在你已经知道诀窍了，但是，视觉错觉依然存在：你还是会觉得线条 A 比线条 B 长。这才是关键所在。也许有人会认为，视觉错觉并不是多么重要的东西，正如“网络球”一样；然而我们还是在不断地感受到它们的影响。奇普·威廉姆斯在研究中发现，即使他明确告诉被试，与他们一起玩游戏的只是一台计算机，而且将他们排斥在外也只不过是事先安排好的程序，但是被试仍然感到了社会痛苦。毫无疑问，在长期进化的过程中，迅速做出视觉评估、对社会排斥做出痛苦反应对我们的生存至关重要，这也就决定了我们无法轻而易举地消除这种反应机制的影响。

我们已经详细讨论了哺乳类动物，尤其是人类，在经历社会分离时会感到痛苦的原因。这种痛苦使婴儿和照看者之间紧紧地连接在一起。这或许是进化赋予我们社会痛苦的原因，但是现在，我们穷其一生都无法摆脱它，它对几乎每一种社会经历都极尽渲染之能事。不过，值得注意的是，尽管社会痛苦似乎无处不在，但是我们却并不一定理解这种天性的核心所在。

请试着想象一下，你有一个 13 岁的儿子——丹尼斯，他在学校里被一个恶霸欺负了。这个恶霸多次把丹尼斯推倒在地，狠狠地打他。当你获悉此事后你会怎么做？愤怒地闯进校长办公室？报警并提出控告？给当地的报纸写信以表达对学校里所发生的事情的愤怒之情？不同的父母可能会做出不同的反应，也许会做上面这些事情中的一两件，也许全都做了个遍。现在再试着想象另一种情况，丹尼斯还是被欺负了，不过只是被言语凌辱。这个恶霸不曾对你的儿子动过一根手指头，但是他对你的儿子进行无情的嘲弄，这个恶霸告诉你的儿子，说他长得丑陋无比，又愚不可及，根本就没有人喜欢他（当然这个恶霸所说的事情没有一件是真的）。当丹尼斯很不情愿地告诉你这件事时，你的反应又会是怎样的呢？这件事情还会涉及警察和当地媒体吗？显然不太可能。而你的反应更有可能是这样的：“别理他，当他不存在。几年之后你会成为一名大学生，而他可能一辈子只能在快餐店里打工。”我的意思并不是说，发现儿子受到嘲弄时你并不感到痛苦；我的意思是说，这种痛苦的感受与发现儿子身体被殴打时的感受是不一样的。在这种情况下，我们不会去找校长、警察或者媒体，因为我们知道，如果仅仅是口头上的侮辱，这些人是不会采取任何措施的。

我们从小就教育孩子说：“棍棒和石头会打断我的骨头，但是谩骂永远不可能让我受伤。”但这并不是真的。恶霸之所以会伤害我们至深，不是因为他本人排斥了我们，而是因为我们会倾向于认为，这个恶霸是其他许多人的代言人。也就是说，如果恶霸单单就挑中了我们进行嘲弄，那说明我们可能是被大多数人所不喜欢或者讨厌的。否则，为什么其他人在恶霸欺凌我们时都选择了袖手旁观，而不是帮忙对付恶霸呢？**缺少支持被认为是遭到集体排斥的一种标志。**

之所以提到恃强凌弱行为，是因为从社会层面上来讲，它可能是我们所遇到的最普遍存在的社会排斥形式了。包括美国、英国、德国、芬兰、日本、韩国、智利等国在内，世界各地的研究都表明，大约有 10% 的 12～16 岁学生经常被欺负。虽然欺凌也可能涉及身体上的侵犯，不过超过 85% 的欺凌事件并没有涉及身体上的攻击。相反，欺凌手段主要包括轻蔑的言词、让受害人成为谣言攻击的对象等。被欺侮的受害者所承受的痛苦在放学回家后依然会存在很长时间，而“恶霸”则早已逍遥自在地回家了。

据报告，被欺凌的孩子比其他孩子更容易患上抑郁症（他们患抑郁症的概率是其他孩子的 7 倍）。他们更倾向于自杀，想到自杀的概率高于他人 4 倍；更加可悲的是，他们在试图做这件不好的事情时，“成功率”也比其他人更高。一些学者于 1989 年在芬兰完成的一项研究的结果令人触目惊心。在这项对一个由 5 000 多名学生组成的样本进行跟踪的研究中，学者们在评估了这些孩子受到“恶霸”伤害的程度后发现，那些在 8 岁时曾经受到过“恶露”欺侮的学生成长到 25 岁时想结束自己生命的可能性是其他人的 6 倍。很显然，这些曾经被欺凌过的受害人与那些长期受慢性物理疼痛折磨的人一样，都比其他人更容易产生自杀的念头，这也进一步证明这两种痛苦（疼痛）之间确实存在着联系。

综观每个人的一生，我们注定要遭受伤害、遭到各种各样的社会排斥。大部分人都会经历一次或多次分分合合，而且通常总有那么一两次是被迫的，而不是我们主动要求分开。每当遇到这种情况，我们总会感到无助，它们甚至会在之后的很长一段时间内改变我们对自己和生活的看法。我们浮士德式的“进化契约”允许人类在子宫外慢慢地发育成熟，以便更好地适应生长的文化和环境，从而发展出这个星球上最为发达的大脑。但是它也会让我们付出沉重的代价，让我们经受痛苦的折磨，因为每一个与我们建立连接的人都有权利离开或者不爱我们。进化投下的赌注是，与我们最终成为一个真正的人能够带来的奖赏相比，这些痛苦是可以承受的代价。

04

SOCIAL

他人并没有你想的那么自私，合作才是人类天性

试着想象一下，你正在为霍恩、卡普兰和戈德伯格律师事务所（law firm of Horn，Kaplan & Goldberg）工作，而且你雄心勃勃，一心想早点晋升为合伙人。然而晋升的机会是有限的，这次有可能成为合伙人的人除了你之外，还有坐在大厅另一侧的史蒂夫。你的优势在于业绩非常突出，你的绩效考核排名已经连续 6 个季度高过史蒂夫了；而且，你在法庭上的表现也比他更好。在过去的三年里，你为事务所贡献的收费服务时间比他多了 30%。不过，史蒂夫也有一个优势，那是他的秘密武器。他是史蒂夫·戈德伯格（Steve Goldberg）——为律师事务所冠名的一个高级合伙人的侄子。史蒂夫也是一位优秀的律师，他同样有资格成为合伙人，但是与你相比，他显然稍逊一筹。你更应该得到这个职位。如果只有一个人能够晋升的话，那么不管怎么样都应该是你。

得不到这个职位意味着你将错过获得更高薪水的机会，但是你的损失肯定不

止这一点。这个结果将带来的社会影响会让你更加痛苦不堪。被人忽视的感觉将会深深地伤害你；你觉得这是公司合伙人拒绝了你的结果，因此你会因受到社会排斥而痛苦；此外，这个结果无疑还将构成一种社会侮辱，律师事务所里的每个人都知道这一点。在这种情况下，你所有的基本需求和社会需求都将受到影响。

如果最终结果是命运之神眷顾了你——是你，而不是史蒂夫·戈德伯格成了律师事务所的合伙人。紧随职位晋升而来的是薪酬的大增，你和丈夫可以搬到你们梦想中的社区生活，那里可以为你们的孩子提供更好的教育。

不管你现在从事的是何种职业，或者不管你的职业抱负是什么，你可能都已经想象或者曾经拥有过这样的时刻。你或许会沉浸在职位晋升带来的幸福感中，在财富和地位面前迷失了自我；但是你其实不一定明白，在得知这个结果后所产生的幸福感，很大程度上其实源于你觉得这才公平。是的，公平感可能发挥了极其重要的作用。如果合伙人优先考虑血缘关系，而不顾你的工作业绩和能力选择了史蒂夫，你会怎样？即使是一个三岁大的小孩，在与其他人分享小饼干时，如果受到了不公平的待遇，也会万分难过。不公平的对待会让人失去斗志，而且常常会导致许多负面情绪。但是，仅仅依靠公平本身是不是一定会让人产生积极的情绪呢？**公平这东西看起来有点像空气——没有它时比有它时更能引起人们的注意。**

人们往往把对被公平对待的期望与获得更好的结果的渴望混淆，因此很难解析积极情绪到底因何而起。假设现在你正与一位朋友散步，你们两人在同一时间看到路面上有一张 10 美元的钞票，你的朋友捡起了它，并且与你分享。很显然，他分给你的份额越大，你就觉得越公平。但是细细分析起来，你仍然存有一些困惑。当他分给你 5 美元时，你在那一刻感受到的“幸福感”中有多少是因为他分给你 5 美元而没有只分给你 3 美元（或者干脆分文不给）而产生的？又有多少是因为你觉得你的朋友很重视你而产生的？

学者们已经找到多种方法，可以把获得更多好东西所带来的快乐与被公平对待所带来的快乐区分开来。其中一种方法是，在特定事件发生后，对人们感受到的公平与人们获得的物质福利分别进行评估。这样一来，研究人员就能使用统计技术分析出这两个因素是如何影响了人们对于这些事件的情绪的。

在一项研究中，研究人员让参加实验的被试组成一个团队，然后让每个被试独立地完成“易位造词”任务（anagram task，例如，要求被试辨认出“LIOSAC”这些字母能够拼成“SOCIAL”一词）。然后再根据团队的总体成绩支付报酬。拿到钱后，团队成员必须通过协商来确定每个人应得多少份额。这样，事情就变得相当棘手了，因为总会有某些团队成员的得分比其他成员高一些，也就是说，他们为整个团队做出的贡献比其他成员更大一些。有些成员觉得平均分配才是公平的（“所有人都应该分到一样多的报酬”），而另一些人则认为只有按贡献多少分配才是公平的（“根据每个人在实验中获得的分数的高低来决定所获得的报酬的多少”）。但是不管团队成员最终收到的报酬到底是多还是少，只要他们认为整个分配过程是公平的，团队成员就能够保持积极的情绪。

在田野研究中也观察到了相同的模式。心理学家汤姆·泰勒（Tom Tyler）发现，在诉讼案件中，如果被告认为自己会被公平对待，那么他们在法庭上就会表现得更积极，甚至在结果并非如他们所愿时也是如此。但是，我们怎么知道这些人在说这样的话时是真心真意的呢？或许，他们自己也不知道自己究竟是怎么想的；也或许，他们只是试图取悦研究人员，给出了研究人员希望找到的答案。

社交天性实验室

为了化解这些疑问，高尔内兹·泰贝伯利亚（Golnaz Tabibnia）和我决定进行功能性核磁共振成像研究。我们认为，通过扫描人类的大脑，将能够获得更多的证据来支持或反对以下这个观点：从本质上讲，公平对我们是有益的。实验要求躺在核磁共振成像仪里的被试进行一个由经济学家称为的“讨价还价博弈”，这个博弈最终会让他们面临公平和不公平两种结果。

在这里，有必要花点笔墨解释一下这个博弈，它是“最后通牒博弈”的一种变体。在博弈过程中，两位博弈参与人必须对如何分配一定数量的金钱达成一致意见，比如 10 美元。第一位参与人被称为“提议者”，他提出分配方案——两人各自应该获得多少钱；而另一位参与人则被称为“响应者”，他决定是否接受“提议者”提出的这个建议。如果“响应者”接受了，那么两个人就按照“提议者”的方案，各自获得一些钱；但若“响应者”拒绝了，那么两人都将一无所获。“提议者”可能会提出，他自己分得 9 美元，而“响应者”只能分得 1 美元。如果你由此猜测这位“响应者”会觉得这种提议是对他的侮辱，那么你就说对了。“响应者”通常都会拒绝高度不公平的提议，他们宁愿什么也得不到，也不愿意承受这种侮辱。这似乎与理性的自利行为背道而驰，然而这正是人们会做的事情。

在实验中，被试扮演的是“响应者”的角色，他们可以看见一连串由不同“提议者”提出的分配方案。我们想知道的是，被试对于公平提议和不公平提议是否会做出不一样的反应。因此，在这里，被试面对的情形类似于本章一开始的律师事务所例子中的挑战。从 10 美元中分 5 美元给“响应者”的提议显然比从 10 美元中分 1 美元给“响应者”的提议更加公平；不过另一方面，对于“响应者”来说，显然 5 美元也比 1 美元更加“有利可图”。为了解决这个交叉影响问题，我们改变了被分配的总金额：“响应者”不仅可以看到从 10 美元中分得 5 美元的提议，也可以看到从 25 美元中分得 5 美元的提议。在这两种情况下，他们有机会分得的绝对数额是一样的，但是从公平性的角度来看，两种提议则明显存在差异。通过这种方法，我们可以把观察到的神经层面的差异归因于公平因素上，而不用过多地考虑金钱收益的影响。

事实上，大部分研究也都采用这种方法考察被试对不公平提议的神经反应。与第 3 章中描述的有关社会痛苦的研究结果一样，在这些研究中，也可以观察到被试大脑内部前脑岛和背侧前扣带皮层的激活。然而，当在公平与不公平两种情况下对照观察哪个脑区更加活跃时，我们却发现，这些脑区几乎全都属于大脑奖赏系统的一部分（见图 4-1）。**只要被公平对待，就能够激活大脑的奖赏系统，而与公平提议所涉及的金额的多少无关。**

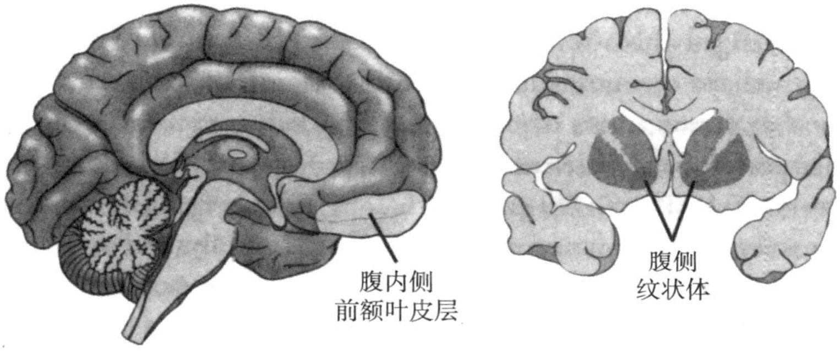

图 4-1　大脑内部的奖赏系统

另一项研究提供了更加引人注目的证据。在这项研究中，一群来自于加州理工学院（Cal Tech）的研究人员把一些被试本来可能获得的潜在报酬"划拨"给了另一些人，然后观察这些被试的神经反应。通常情况下，这种"被剥夺"的经历必然是痛苦的，毕竟，谁愿意看到自己的钱被别人拿走呢？在这个实验一开始，一部分人赢得了 50 美元的彩票，而且他们看到了另一部分人分文未得；在接下来的实验中，当这些最初的赢家看到那些最初的输家接二连三地赢钱时，他们的大脑奖赏系统一直稳定地处于激活状态——即使那些最初的输家赢走的是他们自己的钱时也是如此。到了后来，那些最初的输家赢得的总金额变得与最初的赢家相差无几。对于被试（即最初的赢家）来说，他们看到大家都公平地赢得了一些钱，比看到自己赢得更多钱还要快乐。换句话说，在这种情境下，公平战胜了自私。

通常，得到公平对待是我们是否拥有适当的社会连接，是否身处社交网络中的重要标志之一。被公平对待意味着别人重视我们；而且，当将来有可供分享的资源时，我们有可能会公平地获得自己应得的份额。因此很显然，公平是社会连接的一个抽象标志，只是许多人都未能想到这一点而已。公平非常重要，且大脑的奖赏系统对它十分敏感。当我们吃到了自己喜爱的巧克力时，当我们被公平对待时，都会觉得愉悦，在这两种情况下，被激活的脑区也相同。因此，在一定意义上，公平的味道品尝起来就像是巧克力。

我们很难就公平论公平，因此本章将重点阐述的并不是公平本身，而是各种强化我们与某些个体或群体的社会连接的各种社会信号、事件以及行为。因为所有这些通常都能激活大脑的奖赏系统，所以它们被统称为“社会奖赏”（social rewards）。**正如社会痛苦和物理疼痛共享同一个神经认知过程一样，物质奖励与社会奖赏也共享同一个神经认知过程。**

赞美本身就是意义

在一部于 1984 年上映的电影《我心深处》（*Places in the Heart*）中，女演员莎莉·菲尔德（Sally Field）演绎了一个生活在 20 世纪 30 年代的寡妇的形象。这位坚强的妇女试图捍卫自己的农场，使之免于止赎。莎莉·菲尔德的出色表演为之赢得了奥斯卡最佳女演员奖。她的获奖感言因充满真挚的感情而长久地留在了世人的记忆中，其中又以她大声喊出的一句话最为著名：“你们喜欢我！你们真的喜欢我！”虽然你可能不知道她这里说的“你们”到底指谁，不过我猜想你以前可能已经听到过这句话，而且我打赌你很清楚这句话的重心放在了“真的”这个词上。它充分体现了演员急切渴求被承认、恭维的心情。

但是，在刚才那段话中其实有两个错误，而且是两个相当严重的错误。相对较小的一个错误是：实际上在获奖感言中，莎莉·菲尔德并未说过这句话，她确实说过的一句话是：“我无法否认你们喜欢我这个事实，就是现在，是的，你们喜欢我。”我们可能因为其他事而记错了她说的这句原话，而这个“其他事”就是另外那个更大的错误。并不是只有演员才会因被人喜欢而变得动力十足——所有人都会如此。人们之所以会频繁地错误引用这句话，就是因为它能够表露出我们内心深处的需求。

每个人都有对爱和归属感的需求。有迹象表明，别人表达出来的喜欢、赞美、挚爱我们的信号对于我们所感受到的幸福感至关重要。直到最近，我们依旧不知道大脑是如何对于这些迹象做出反应的。但幸运的是，新近发展起来的神经成像技术改变了这一切。对躺在核磁共振成像扫描仪里的被试所能检测到的最引人注目的积极信号，或许就是读到一些别人写的、向被试表达深切感情的信件了——当然，这仍然无法跟一次求婚相比。

社交天性实验室

在最近的一项研究中，特里斯滕·稻垣（Tristen Inagaki）和娜奥米·艾森伯格说服了参加实验的被试同意联系他们的朋友、家人和其他一些对他们比较重要的人。特里斯滕请求那些在被试的生命中非常重要的人写两封信：一封信的内容是通过一些不带任何感情色彩的事实陈述来描述被试（比如，“你有一头棕色的头发”），而另一封信则用非常积极的带有强烈感情色彩的语言来描述被试（比如，“你是唯一一个关心我甚于关心自己的人”）。

然后，特里斯滕·稻垣和娜奥米·艾森伯格让被试躺在功能性核磁共振成像仪里，阅读他们最关心的人写给他们的这些信，同时扫描他们的大脑活动。两人根据自己的理论提出的假说是，当看到别人说（写）了许多关于自己的“好话”或美好的事情时，人们肯定会觉得愉悦，但是，这种愉悦感与吃了一勺冰激凌所能带来的愉悦感是截然不同的两种感觉。前者是无形的、触摸不到的、似有若无的，无论在字面意义上还是在象征意义上，都是如此；而后者则会给当事者带来强烈的冲击。虽然真实的奶油和糖分的甜蜜与口头说说的甜言蜜语给人的感觉确实完全不同，不过这项功能性核磁共振成像研究的结果表明，人类大脑的奖赏系统在处理这些不同经历时的相似程度似乎远比我们想象的更高。就像生活中的其他基本奖赏一样，这些令人感动的文字激活了被试的腹侧纹状体（ventral striatum）。

在一项后续研究中，伊丽莎白·卡斯尔（Elizabeth Castle）和我试图进一步确定，感人的话语到底能给人带来多大的奖赏。在实验中，我们要求一群人为赢得他人的好评而进行竞价。到最后，大多数被试都愿意归还他们参加实验所能获得的全部报酬，只为了换得这些信，为了读一读别人的甜言蜜语。人们总是挂在嘴边的一句话是，金钱的力量是无穷的；但是知道我们被人爱着，也会给我们带来同样强大的力量。

不难想象，当看到这些对我们来说非常重要的人给出的无比珍贵的正面反馈时，我们会做出怎样的反应。但是，如果这些正面反馈来自完全陌生的人，是不是也能产生同样的影响？答案是肯定的。这个结果其实相当令人惊讶。读者不妨想象一下这个场景：一个名叫佩内洛普的年仅 12 岁的孩子躺在功能性核磁共振成像仪里一张张地观看依次出现在屏幕上的其他孩子的脸的照片。佩内洛普以前从未见过这些人，但是，当她每看完一张孩子的脸的照片后就会被告知，照片的主人是否愿意与她在线聊天。在这样的过程中，会发生什么呢？当发现这些陌生人愿意与自己在线聊天时，佩内洛普以及其他参加实验的被试的大脑奖赏系统的活跃程度显著增加了。

这个发现意义非凡，我是基于以下两个理由得出这个结论的。第一，这些反馈信息来自完全陌生的人；第二，即使被试对与陌生人在线聊天完全不感兴趣，但是，只要得到了陌生人的正面信息反馈，他们大脑的奖赏系统就能被激活。因此，即使是那些我们并不想与之产生交集的陌生人表达出他们喜欢我们，也能激活我们大脑的奖赏系统。其他一些研究还表明，我们的大脑确实非常“渴望”获得他人的积极评价，这种“渴望”的热切程度几乎高到了令人尴尬的地步。

社交天性实验室

在一项由日本学者进行的研究中，主试让躺在功能性核磁共振成像仪里的被试看见，陌生人对他们的评价是真诚和可以信任的。与我们素未谋面且也不指望在未来会碰面的陌生人对我们进行了礼节性的、不温不火的评价，照理说应该并不能算是对我们的赞美和奖赏吧。可是，这些评价却实实在在地激活了被试大脑的奖赏系统。当参加这项实验的被试再去参加另一项金钱奖励任务时，研究者们发现，上述社会奖赏和金钱奖励都激活了腹侧纹状体的某些部分，而且激活的程度也差不多（腹侧纹状体是大脑奖赏系统的关键组成部分）。

当莎莉·菲尔德在表达自己被他人喜爱的喜悦之情时，她确实说出了每个人的心声。我们不仅对他人的积极反馈非常敏感，而且大脑的奖赏系统针对这种反馈的反应也比预想的更加强烈。

既然积极的社会反馈是一个如此强大的刺激物，那么为什么不用这种方法来激励公司员工、学生和其他人呢？为什么它不能成为员工薪酬计划的一部分呢？既然一句温暖的话语对大脑的奖励相当于一定数量的金钱，为什么不能像对待其他商品一样，赋予温暖的话语一定的金钱价值，让它成为经济的一部分呢？答案是，目前关于社会奖赏的理论还没有包括这方面的内容。而且，已有的知识还没有完全理解大脑的社交天性，我们也没有完全搞清楚社会连接在生物学上的意义。由此导致的一个结果是，很难形成一个明确的概念：积极的社会反馈是如何在大脑最原始的奖赏系统内得到增强的。

当我在哈佛大学研究生院丹·吉尔伯特（Dan Gilbert）的实验室工作时，我记得凯文·奥克斯纳（Kevin Ochsner）曾经告诉过我，我对实验室里的年轻学生的赞美不够多。我记得当时自己在想：“我又不是什么重要人物，学生能不能得到我的赞美又有什么关系呢？我只是一个年资较长的博士研究生而已，而且到现在还没有独立发表过一篇论文呢！我的赞美又有什么意义呢？”当然，凯文是对的，而我是错的。上面的那项研究表明，如果一个陌生人向我们表达“你是可信赖的”，这就能激活我们大脑的奖赏系统。

想象一下，如果这个赞美来自你的老板、你的父亲或母亲，或者是来自一位还未毕业但稍稍资深一些的研究生，是不是更能激活大脑的奖赏系统呢？众所周知，赞美是一件美妙的事情，当然，前提是它不能过于廉价。但是直到最近我们才知道，赞美能够深入到大脑的内部，能够激活一个强化系统；要知道，在这个强化系统的帮助下，只用奶酪就能够教会老鼠走迷宫！更重要的是，积极的社会认可还是一种可再生资源；它不会越用越少，当我们让别人知道自己非常重视他时，彼此都只会获益更多。

虽然金钱看似并不像一种社会奖赏，但它的确是——它是你在做了某件有社会价值的事后获得的奖励。你做了别人想要你做的事情，并因此得到了薪酬，每个人都是如此，不管你是闻名全球的摇滚巨星，抑或只是一个默默无闻的会计师，概莫能外——你赚得的钱只不过是因为做了别人想让你做的事而获得的报酬而已。之所以能够获得报酬，只是因为我们为他提供了服务，而不是因为做了自己想做的事。当然，也有些人特别幸运，他们热爱自己的职业，享受自己的工作，但这并不是他们获得报酬的理由。在我刚刚晋升为教授的那段日子里，我经常开玩笑说，假如让我来决定的话，大部分学术研究人员根本不需要付工资，因为大多数研究人员都很享受研究工作，完全可以“免费”从事研究。但是研究人员都是有报酬的，因为我们的工作对他人来说是有社会价值的。金钱是一种“社会通货”，但不是一种利他性的“社会通货”。

奖赏可以分为两种，一种是初级强化物，另一种是二级强化物。能够满足人们基本需求的物质被称为初级强化物，比如食物、水和适宜的温度——它们本身就是结果，大脑对这些东西的认知是不需要学习的，它从一开始就非常乐意承认这些东西就是强化物。在食物短缺的情况下，所有哺乳类动物都会竭尽全力地获得这些基本奖赏。二级强化物是那些本身并不能直接起到奖赏和强化作用的东西，但是它们的存在预示着初级强化物的存在（或者存在的可能性），因此也具备强化作用。

如果把一只老鼠放进一个迷宫里，为了找到奶酪它必须在向左走还是向右走之间作出正确的选择，因此，它会尽自己最大的努力去学习找到这块奶酪的方法，以便提高每次都能找到奶酪的概率。如果每次实验中的奶酪都是随机放置的，那么这只老鼠就无法“总结”出规律了。但是，如果实验人员总是在通向奶酪的正确道路上放置一小块红色颜料，那么这只老鼠就能学会去跟踪这个标记。从根本上说，这一小块红色颜料本身并不能发挥奖赏作用，但如果作为一种总能预测奶酪所在地的标志，那么这只老鼠的奖赏系统就会对这一小块红色颜料做出反应。

金钱是当今世界上最普遍存在的二级强化物。你不能吃它，也不能喝它，但是只要你想在这个世界上继续生存下去，就大量地需要它。如果一个成年人试图保证自己的基本需求能够得到满足，那么赚钱无疑是最佳途径，因为金钱能够让你衣食无忧，为你提供一处容身之所。虽然金钱本身并不能直接满足你的任何需要，但它仍被视为一种最理想的奖赏。也许，得到钱就等于马上得到了许多其他奖赏，因为每个人都能想出无数种花钱的方法。

在这一“奖赏类型学”的分析中，社会认可到底应该处于什么位置呢？社会认可既可能是一种初级强化物，也可能是一种二级强化物。当你的老板告诉你，他对你在某桩合并案中的工作印象深刻时，不难想象这种赞美导致的一个结果可能就是你将获得一笔巨额奖金。但是正如以往的研究已经表明的，社会认可也可能成为一种初级奖赏、初级强化物。大脑内部的奖赏系统会被他人的赞美激活，即使这种赞美来自一个没有任何可能为你发放奖金的陌生人。进化构建出的大脑让我们渴望获得积极的社会认可，并且促使我们为获得社会认可而努力。那么，我们的大脑为什么是以这种方式被构建的呢？一个可能的解释是，当人类或者其他哺乳类动物的许多个体聚在一起、共同工作并且彼此关心照顾时，每个人都有可能成为赢家。在日常的生活环境中，只有其他生物才是最复杂、潜在危险性最高的东西，这推动了人类从大自然走向相互连接，**于是，相互取悦成为一种迫切的需要，最终增加了人们享受群体生活的福利的机会**。

超级合作者

在皮克斯动画工作室出品的电影《虫虫危机》（*A Bug's Life*）中，一个悠闲自在的蚂蚁王国受到了一群“黑手党”蝗虫的恐吓。蚂蚁们被勒令献出所有的粮食以换取蝗虫们对它们的“保护”。在电影一开始，这个电影的主角—— 一只名为飞力克的蚂蚁就勇敢地站出来反抗“黑手党老大”，不过它很快就被狠狠地教训了一顿。飞力克根本不是这些蝗虫的对手。这部影片的剩余部分集中描述了这些蚂蚁和其他昆虫是怎样学会了齐心协力，并且最终击败了这些给它们带来巨大痛苦的“黑手党”的故事。事实上，几乎所有观众都已经预见到了，经过多次失败之后，这些蚂蚁最终肯定能通过携手合作成功地使自己摆脱蝗虫的侵扰。

这部影片讲述的其实也是人类合作的经典故事，它采用拟人化的手法，通过对蚂蚁生活的刻画来暗喻人类的勇气与合作精神。当我们把资源全部集中起来，通力合作，最终能够完成的任务一定比各自单打独斗多得多。合作是使得人类变得如此与众不同的原因之一。正如 A. P. 梅利斯（A. P. Melis）和 D. 西蒙（D. Semmann）所指出的，虽然许多物种都会合作，但是没有一个物种的合作接近于“（人类）合作活动的规模和范围”。相对于动物王国的其他成员来说，人类无疑是当之无愧的超级合作者。

为什么人类会如此频繁地进行合作？又为什么要合作呢？最简单的回答是，人们可以直接从合作中获益。在《虫虫危机》中，当蚂蚁们通过合作打败了蝗虫之后，它们的粮食就再也不会被掠夺了。类似的，在同一个班级里的两名大学生之所以一起复习备考，是因为他们认为，两人共同努力比各自单独复习更能在考试中取得好成绩。

还有其他一些类型的合作能够帮助人们获得一些利己主义色彩不太明显的回报。互惠原则（principle of reciprocity）是人类社会中最强有力的社会规范之一。如果别人帮了你的忙，那么在某种程度上你会觉得自己也有义务给对方以回报。如果帮助我们的是一个陌生人，那么我们多少会感到焦虑，直至偿还了这份“人情债”。

这就是汽车销售人员总会给你泡一杯咖啡的原因——他们通过给你这个小小的恩惠来让你感觉自己亏欠了他们什么；当然，你能给予他们唯一真正的回报就是购买他们的汽车，由此给他带来的佣金就远远地超过了一杯咖啡的价格。很显然，单单一杯免费饮料并不一定能促成一桩交易，但是它确实能够在一定程度上推动人们朝这个方向前进。同样的，我们还会以这种方式与他人合作：从短期来看，我们失去的比得到的更多；但从长远来看，根据互惠原则，我们有理由期待自己将得到可观的收益。

更有意思的是这样一种合作动机：从长远来看，当合作明显会降低自己的福利水平时，仍然坚持合作。行为经济学家经常利用囚徒困境博弈（Prisoner's Dilemma）来解释这种现象。在囚徒困境博弈中，两位参与人必须作出决定，他们到底是相互合作还是互相背叛（不合作）。这两位博弈参与人最终各自能赚到多少钱取决于他们的合作水平。

请想象一下，假设现在有 10 美元可供你和另一位参与人分配，如果你们两人都选择了合作，那么你们将分别得到 5 美元；如果你们都选择不合作，那么每人都只能得到 1 美元（见图 4-2）。只看到这里，作出合作的决定当然是一件容易的事。然而，如果你们中的其中一人选择了合作，而另外一人没有选择合作，那么这个选择不合作的"背叛者"就能得到 10 美元，而选择合作的人则一分钱也得不到。换句话说，如果你选择合作，你便有可能让别人拿走所有的钱，而让自己看起来像个大笨蛋。

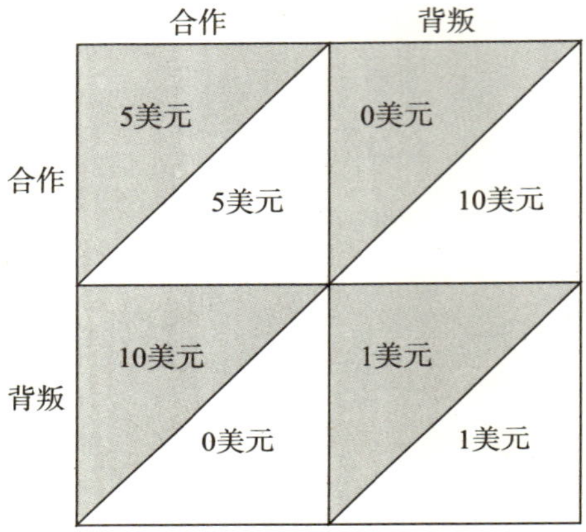

图 4-2　囚徒困境博弈

假设你从来没有见过另一位参与人，也未曾与另一位参与人讨论过你的决定，而且这次博弈结束后你们之间也不会有进一步的交往，那么你会怎么做呢？如果你想赚得最多的钱，同时猜测另一位参与人会选择合作，那么你就应该选择不合作（因为，这样你将赚得 10 美元，而不是 5 美元）。如果你猜测另一位参与人选择不合作，那么你也应该选择不合作（因为你得到的是 1 美元，而不是一无所有）。不管另一位参与人最终选择什么，如果你想赚得更多的钱，你都只能选择不合作。然而许多研究却表明，即使在这种情况下，人们仍会在超过 1/3 的博弈中选择合作。

博弈中的人类天性

人们为什么会在肯定别人赚的钱比自己多的情况下，依旧坚持选择合作呢？我们该怎样解释这种现象呢？难道说，那些明知这种结果却仍然坚持选择合作的人都是不理性的吗？如果我们相信19世纪经济学家弗朗西斯·埃奇沃思（Francis Edgeworth）的“教导”（即“经济学的第一原理是每个人实际上都是自利的”），那么，这种合作行为看上去似乎确实是不理性的。把人的自私自利放在首要和中心位置，把它当作所有行为背后的基本推动力的，绝非只有埃奇沃思一人。事实上，这种观点相当普遍。18世纪哲学家大卫·休谟（David Hume）也认为，政治体制应该建立在这一假设的基础上：任何一个人的所有行动，除了具有私人的自利目的之外，别无其他。休谟并不是这种观点的唯一拥趸，在他说这番话之前的一个世纪，哲学家托马斯·霍布斯（Thomas Hobbes）就已经在为这种观点正名了，他这样写道：“根据假设，每个人都会自然而然地去追求对自己有利的东西；每个人也会追求公平的东西……但只是偶然地。”霍布斯的这一基本假设就是著名的自利公理（axiom of self-interest）。

这种观点——自利是一个人做任何一件事的指导原则，根本无法解释人与人之间的合作行为，除非认为这些坚持合作的人是非理性的或者说他们误解了指令。但是，从这个“公理”出发，又如何解释下面这些发现呢？在一项研究中，研究人员对囚徒困境博弈的博弈结构进行了一些调整：让参加实验的多个被试A在作出决定之前有机会了解多个被试B的决定。他们在实验中发现，当被试A获悉被试B已经选择了不合作时，他们总是会选择不合作（以确保自己能够得到1美元而不是0美元），这个结果当然并不令人奇怪；然而令人惊奇的是，当被试A获悉被试B已经选择了合作时，他们选择合作的概率反而提高了——从36%提高到了61%。也就是说，被试A有意地选择只赚5美元而不是10美元，而按照“自利公理”，其合理选择应该是不合作。

如果你跟同一个人重复地进行这个博弈，那么这种选择可能是符合自利公理的。因为你利用了之前的选择为自己树立了合作的名声，这样你就有望在将来的多轮博弈中的每一轮都可以赚得5美元。在重复博弈中，让你的博弈对手选择不合作是不合算的，因为一旦你的博弈对手开始选择不合作，那么在以后的博弈中你只会赚得更少。但在上面描述过的那项研究中，被试们进行的都是一次性博弈，为自己博得一个合作的好名声对自己毫无益处。因此，唯一合理的解释是，我们除了对自己的利益感兴趣之外，也会对他人的福利感兴趣，会把提高他人的福利当成自己的目标。自利之心与关心他人福祉的倾向都是我们基本的连接需求的一部分。

当你作为被试 A 参加上面这个囚徒困境博弈时，如果你在获悉被试 B 已经选择了合作的情况下仍然决定选择合作，那就意味着，你并不在意自己能赚到的是 10 美元还是 5 美元，你更在意的是让被试 B 赚到 5 美元，而不是一无所有。考虑到你从未曾见过被试 B（而且以后也不会再见到他），这个决定的意义就显得非同一般了。当你走在大街上，你是不是曾经猜测过，那个与你擦肩而过的陌生人也会对你做出这种无私的行为？在世界上某个偏远角落里的陌生人又会如何呢？在一项规模宏大的国际合作研究中，研究者们在从巴布亚新几内亚阿乌部落的狩猎 - 采集者群体（Au of Papua New Guinea）到过着农耕生活的尼日尔 - 刚果的修纳人（Shona of Niger-Congo）的 15 个未开化的小型社会里进行了类似的博弈研究，结果发现，他们也总是作出违背自利心理的决定。毫无疑问，世界各地的人都愿意自己少拿一点，而让陌生人多得到一些。

为什么不假设某些时候，人们之所以会做出这种行为并不是因为他们不理性，而是因为他们确实愿意看到他人得到更多呢？或者，这也可能是因为人们感到有义务进行合作？也许，在无数次听到“黄金法则”（“己所不欲，勿施于人”以及“己之所欲，乐施于人”）之后，已经养成了习惯，无论他们想不想，都觉得应该好好对待他人。或许这种人认为，如果他们违反了“黄金法则”，那么其他人也就不会再考虑他们的利益，因此不得不这样做。这种解释符合科学家、哲学家理查德·道金斯（Richard Dawkins）的忠告，即我们“要设法教育人们慷慨大方和利他，因为我们天生就是自私自利的”。

其实完全不需要这样猜来猜去。或许，把注意力转向大脑结构，所有的问题便会迎刃而解。我们知道，当我们遵守社会规范时大脑看起来是什么样子的；也知道，当我们真正基于自己的真实偏好进行选择时大脑是什么样子的。前者涉及的是前额叶皮层的外侧部分（lateral parts of the prefrontal cortex，也就是大脑中用来抑制欲望的脑区），然而后者涉及的则是大脑中的奖赏系统，比如腹侧纹状体。

社交天性实验室

埃默里大学神经学家和人类学家詹姆斯·里林（James Rilling）组织了一项功能性核磁共振成像研究，这项研究的目的是，扫描正在进行囚徒困境博弈的被试的大脑，以便搞清楚人们在做出合作或者不合作决定时，各有关脑区的激活状态如何。虽然一直严格遵守社会规范可能会让你更频繁地进行并非心甘情愿的合作，但是，奖赏系统的活跃状态应该能够揭示你是否想获得更好的“财务结果”的真实偏好。即便出于某种义务感，你在之前 70% 以上的时间都选择了合作，但是只要在接下来的几次博弈中，当你为了让自己赚得更多的钱而选择不合作时，被这种自私行为激活的奖赏系统却会显示出更加强烈的激活状态。

然而在詹姆斯·里林的上述研究中，参加实验的被试的大脑活动却表现出了相反的模式。研究者观察到，在被试的博弈对手选择合作的情况下，被试自己选择合作时腹侧纹状体的激活程度明显高于选择不合作时；换句话说，虽然参加博弈的被试自己能赚到的钱更少了，但是，他们的奖赏系统的活跃程度却提高了。腹侧纹状体似乎对参加博弈实验双方的总收入的多少更加敏感，而不是对自己的个人收入更加敏感。而且，在这项研究中，当被试选择合作时，被激活的脑区并不包括外侧前额叶皮层区，这也就说明被试的合作行为是出于他们的真实偏好，而不是“迫于某种义务”。

然而，这项研究（它是詹姆斯·里林的一系列研究中的第一个）也有一个缺点，那就是，被试是重复地与同一个博弈对手进行博弈的。在重复博弈的情况下，信誉机制可能会起到一定的作用，因为被试可能会为了在之后的博弈中获得更大回报而策略性地在之前的博弈中采取合作，从而导致奖赏系统的激活。不过，几年后，詹姆斯·里林又发表了另一项研究结果。在这项研究中，参与博弈的被试彼此只进行一次博弈，这就有效地排除了建立自己的信誉这类长期策略的影响。然而，他仍然得到了相同的结果——相互合作时，大脑腹侧纹状体的激活程度最高。詹姆斯·里林还组织了另一些实验，在实验中，躺在功能性核磁共振成像扫描仪里的被试被告知，他的对手是一台计算机。在这种情况下，相互合作并没有激活奖赏系统。这就说明，我们的奖赏系统会对与他人的合作有选择性地做出反应，即使在这个过程中我们会因此赚到更少的钱。

关于“我们到底是谁”的理论告诉大家，人类合作的目的是为了让我们自身最终获得更好的结果。但是，我们再一次发现有关人性的这个理论是有误导性的，因为它没有考虑到与我们非常熟悉的自私动机并存的社会动机。**相互合作激活了人类大脑的奖赏系统，因为合作本身就是目的。**

大脑更喜欢给予而不是索取

在艾萨克·阿西莫夫（Isaac Asimov）的科幻名著《永恒的终结》（*The End of the Eternity*）中，主人公安德鲁·哈伦（Andrew Harlan）是一个能够改变现实的时间旅行家，他爱上了一个来自未来的名叫诺尔的女人。哈伦知道，他不得不去做一些事情，而这些事情将会改变未来，从而导致诺尔根本无法出生。为了避免这个悲惨的命运，哈伦把诺尔藏在了一个非常遥远的未来时空里，在那里她可以安然无恙。当他对她透露了自己的所作所为，并且向她承认，对于一个时间旅行家来说，这些行动无疑已经构成了犯罪。诺尔震惊了——他居然为了她甘冒风险，不惜断送自己的职业生涯。“你是为了我吗？安德鲁，是为了我吗？”她问道。

他的回答是：“不，诺尔，我是为了我自己，我无法忍受没有你的日子。”

这个故事的启发是：有没有这种可能——我们观察到的所有利他行为本质上还是自私的？从历史上看，这个问题确实一再被提起，然而又一再被轻轻松松地放下了，而且，怀疑利他主义的人似乎总是占据了上风。利他主义的定义是，以如下这样一种方式去帮助他人：从长期的实际结果来看，帮助他人对助人者毫无益处。

当迈克尔·盖斯林（Michael Ghiselin）写下“抓挠‘利他主义者’，然后看这个‘伪善者’怎么出血”这句话时，他的言外之意是，“经过仔细观察……表面上看来似乎是利他主义的行为实际上都是经过乔装打扮的自私自利的行为”。或者，那些获得帮助的人很可能会直接给予帮助者回报；或者，在旁观者看来，帮助他人的人其实是有利可图的，他（或她）将有可能因此而收获更多。我们有时确实会想知道，人们是不是希望从他们看似利他的行为中获得什么。

利他主义

以如下这样一种方式去帮助他人：从长期的实际结果来看，帮助他人对助人者毫无益处。

理解他人的心理动机是一件非常困难的事，因为通常情况下，即使一个人愿意向你谈论他的动机，结论往往也是空口无凭。现在，不妨假设参加某项实验的某个被试约翰主动表示愿意与伊莱恩互换位置——伊莱恩在实验中扮演的角色要忍受电击之苦。在此之前，约翰从未在实验中受到过电击，而如今他也因此经受了这种痛苦。约翰取代了伊莱恩的位置后，伊莱恩便退出了这个实验，而且再也没有出现过。因此似乎可以肯定，约翰的行为必定是利他主义的。

然而，心理学家丹尼尔·巴特森（Daniel Batson）却证明，约翰之所以愿意与伊莱恩交换位置，或许是因为一个隐藏的自私动机在起作用，就像阿西莫夫《永恒的终结》里的男主角一样。

社交天性实验室

为了证实自己的猜想，巴特森设计了一个精巧绝伦的实验。在这个实验中，一个人（观察者）必须观看另一个人（受害者）受到电击时的痛苦情景。很明显，这种电击给这个受害者带来了极大的痛苦，他甚至已经忍受不住，一度询问能否停止电击。然后，实验人员问这位观察者，他是否愿意与受害者互换角色，代他承受余下的电击之苦。一些观察者可以在互换角色与继续留下来观看受害者遭受电击之苦两者之间作出选择；而其他一些观察者则可以在互换角色与马上回家（不用再观看任何一次电击了）两者之间作出选择。与那些如果拒绝互换角色就可以直接回家的人相比，那些如果拒绝互换角色就必须留下来继续观看电击的人更有可能愿意跟受害者互换角色。换句话说，如果能够轻易摆脱这种令人不愉快的境地，那么人们便会想办法摆脱；但是如果很难摆脱这种令人不愉快的境地，人们就会更加倾向于选择做“正确的事”（即代人受苦），而不是观看他人忍受电击之苦。只要不强迫观察者观看这一切，他们是愿意让受害者继续遭受电击之苦的，这表明他们的动机并非是纯粹的利他主义。

然而，这项研究的精巧之处并不仅仅体现在这里。在实验中，除了上述两组观察者之外，还有另外两组观察者，他们可以作出的选择是一样的——互换角色/留下来继续观看，以及互换角色/离开；唯一不同的是，在受害者开始被电击之前，实验人员会一直设法诱导这些观察者同情受害者，试图令他们对受害者感同身受。当可以作出的选择是留下来继续观看受害者承受更多的电击之苦或与受害者互换角色时，这些被激发起了同情心的观察者选择互换角色的概率非常高。然而，即使是在如果观察者不想继续观看受害者忍受更多的电击，就可以马上退出实验的情况下，这些具有共情的观察者仍然愿意与受害者互换角色，而且可能性相当高——事实上，在这个实验中，那些有机会逃离现场的具有共情的观察者同意互换角色的可能性高达 91%。

由此，我们只能得出这样一个结论：那些具有共情的人愿意互换角色的动机真的是出于对他人的关爱，而不仅仅与他们是不是必须留下来观看他人忍受电击之苦有关。这些结果还表明，**共情是利他主义行为的催化剂**。关于这个观点，我们将在第 7 章中详细讨论。

在考虑利他主义行为是否真的无私时，思考一下为什么我们会喜欢性爱这个问题将会带来有益的启发。我们至少可以从两个层面来思考性行为的动机。首先，作为一个物种，性行为具有进化上的动机，因为通过性爱，我们才能得以繁衍生息。在进化的历史中，性行为倾向更加强烈的人——具有更强性欲的人，更有可能得到繁殖，从而把他们的性偏好基因传递给自己的后代。然而，繁殖激励并不是个体喜欢性行为的唯一动机，甚至也不是首要动机。没有人会比青少年更加迷恋性行为，然而在他们心里，繁殖后代通常是最不愿意考虑的事情。事实上，对怀孕的恐惧是青少年性行为中最大的障碍。大多数人之所以进行性行为，是因为这件事本身就让他们感觉非常美妙，这种感觉不仅体现在肉体上，而且还体现在情感上。进化的动机或许是繁殖，然而我们的心理动机却是快乐。事实上，那些发现性行为让人快乐的人也更可能成功地繁殖后代，因为他们经常会在“很不小心”地享受性爱带来的快乐的过程中把自己的基因传递下去。

同样的分析也适用于利他主义行为。虽然一群人相互合作、相互支持确实有更多机会将自己的基因遗传下去，但激励人们无私地帮助他人的动机却可能是，人们在帮助他人时能够体验到真正的快乐。如果帮助他人能让我们感到快乐（也正因为如此，某些人把这种快乐称为利他主义行为的“温暖的光辉”，说这是一种“光热效应”），那么它是不是应该算作一种自私的行为呢？当观察到某个表面上看似利他的行为时，我们总会不自觉地倾向于去寻找隐藏在它背后的自私动机——行为者将会获得的一些从长期来看最终不利于他周围的人的物质利益。然而在研究自私行为的根源时，当我们发现“他之所以帮助你是因为这种行为让他感到愉快”，而且很肯定他会继续不求回报地帮助他人时，难道我们可以指责他说“他是一个多么自私的混蛋”吗？确实，我们也可以把这种行为描述为一种自私的行为，这或许不无道理，但是很显然，这种自私在道德上应该是没有问题的。正如一位绝代高僧在劝诫我们时所说的：

> 即使你想成为一个自私的人，你也应该用一种非常聪明的方法来做一个自私的人。世人在成为自私的人的过程中所用的方法实在太愚蠢了，他们只知道追求自身的幸福，结果却让自己的生活变得越来越悲惨。聪明的方法是在追求自利的过程中，为他人谋福利。

原因很简单，因为这会让人从心底里感受到无上快乐。囚徒困境博弈研究第一次证明了，人类大脑的奖赏系统除了会对自己的收益及估值做出反应，还会对他人的收益及估值做出反应。有人或许会争辩，这些研究并未充分地证明这一点，因为当参加实验的被试选择合作时，他们仍然能够获得一定回报，只不过比他们选择不合作时赚得少了一点而已。幸运的是，后来的一项功能性核磁共振成像研究结果回应了这个质疑，并提供了更加令人信服的证据，证明大脑的奖赏系统对他人的福利更为敏感。

社交天性实验室

美国国立卫生研究院（National Institutes of Health）的乔奇·莫尔（Jorge Moll）和他的同事一起完成了一项功能性核磁共振成像研究，他们的目的是观察人们做出慈善行为时大脑的活动情况。实验中，躺在功能性核磁共振成像扫描仪里的被试需要做出一系列经济决策，这些决策不仅与他们本人的“财务状况”有关，而且与某个慈善机构有关（不同的决策涉及不同的慈善机构）。在实验的部分轮次中，被试需要回答是否愿意收到 5 美元（而且不用将这 5 美元捐献给任何一个慈善机构）。毫不奇怪，所有被试都很爽快地同意了这种意外的“奖励”。而在另一些轮次中，被试则被问及是否愿意放弃部分获得的钱（比如 2 美元），如果愿意的话，某个慈善机构就能够收到 5 美元的捐赠。这个实验最令人惊讶的结果是，与不带任何附加条件地收到更多的钱相比，被试在做出放弃自己部分收入去帮助他人的决定时，他们大脑的奖赏系统的激活程度反而更高。根据这个结果我们可以推测，原本被认为“自私”的大脑奖赏系统似乎更喜欢给予而不是索取。

伊娃·特尔泽（Eva Telzer）、安德鲁·福利格尼（Andrew Fuligni）和我以青少年为被试（你很可能会认为，青少年是我们这个星球上最自私的一个群体），重做了莫尔等人的实验，并得到了同样的结果。我们要求青少年被试为自己的家庭做出一些捐献（没有提到慈善机构）；我们还规定了参与这项研究的一个前提条件：这些青少年以及他们的父母亲必须承诺，他们一家在收到捐赠后，一分钱都不会花在做出捐赠的这个孩子身上。参加实验的绝大部分孩子都说，当他们在日常生活中帮助了自己的家人后，他们会感到很快乐。而实验结果也显示，当被试把钱捐给自己的家庭时，他们大脑的奖赏系统的活跃程度也提高了。

类似的，特里斯滕·稻垣和娜奥米·艾森伯格也对恋人之间的相互支持行为进行了研究。他们让女方躺在功能性核磁共振成像仪里，而她们的男朋友则坐在旁边（就在功能性核磁共振成像仪之外）。在实验的部分轮次中，男方被试会遭到一次电击；而在另一些实验轮次中，他们并不会遭到电击。在这两种情况下，躺在功能性核磁共振成像仪里的女方被试都很清楚发生在她们男朋友身上的事情。在部分实验轮次中，躺在功能性核磁共振成像仪里的女方被试会收到指示，她或者可以抓住男朋友的手，或者可以握住一个小球。我们预计，身体接触应该比握住一个小球在更大程度上激活奖赏系统，当然，实验结果确实证明了我们的预测。

不过，更令人惊讶的是，实验结果还表明，在男朋友遭受电击的实验轮次中，当女方被试与他们进行身体接触时，她们大脑的奖赏系统的活跃程度最高。也就是说，女方被试在知道男朋友很可能陷入困境时去触摸他们的身体以表示支持，比在男朋友不需要支持的情况下去触摸他们的身体，更能让她们觉得值得和有益。因此，为他人提供社会支持的行为得到了大脑内部的奖赏系统的强化，尽管我们在这样做时会让我们更加深切地体会到他人的痛苦。帮助那些我们关心的人，会让我们觉得快乐。通常情况下，当考虑拥有一个良好的社会支持网络的好处时，我们会想象自己也将成为一名受益人，从他人那里得到帮助。这个发现表明，我们对他人的帮助也能够为自己的幸福做出极大的贡献。

人类是一种复杂的动物，无可非议我们是自利的。现代经济学的创始人之一亚当·斯密（Adam Smith）敏锐地写道："我们每天所需的食物，不是出自屠夫、酿酒师和面包师的恩惠，而是来自于他们自利的打算。"他们通过索取费用的方式帮助我们把食物摆上我们的餐桌，由此他们才能够为自己赚到食物。不过，除此之外，斯密又更加明智地指出：

> 人，无论被认为是多么自私，在他的天性中显然还存在着其他一些本性，它们促使他关心他人的命运，把他人的幸福视为自己幸福的必备条件，虽然除了看到他人幸福自己也觉得快乐之外，他不可能从他人的幸福中得到任何其他好处。

我们往往倾向于认为，奖赏多半都是物质性的东西（比如，食物、住所、手机，等等），而且我们一般还认为这些东西都是有客观价值的。10 美元总比 5 美元要好，而 5 美元总比 0 美元要好。但是，物质奖励之所以能够成为一种奖赏，只不过是因为进化让我们的大脑认为这些物质性的东西是值得的。我们也同样能够从与他人合作以及帮助他人的过程中获得快乐的感觉。我们当然也可以把这称为是"自私自利"的，但如果我们真的这么做了，"自私自利"这个词也就不再是一个贬义词了。这些关于合作行为和慈善行为的研究排除了一个典型的怀疑利他主义的问题（"我们曾经是利他主义的吗？"），并代之以下面这两个新问题：为什么我们天生就会因为做出了利他主义行为而感到快乐呢？为什么没有意识到作为一个利他主义者本质上是值得的，是对我们有益的？下面就让我们依次来解决这两个问题。

催产素，助人行为的催化剂

正如我们已经看到的，存在着两种社会奖赏：当他人希望我们知道他们喜欢、尊重和关心我们时所获得的社会奖赏；以及当我们关心他人、照顾他人、友好对待他人时，我们所收到的社会奖赏。这其实有点类似于母亲 - 婴儿关系的两面性。当陌生人告诉我们他们喜欢我们时，我们会感到快乐；在某种程度上，这是人类会把被母亲照顾的积极情绪推而广之的缘故。实验证明，当得到了母亲或同伴的细心照料时，许多哺乳类动物大脑的激活模式都与给它们服用了阿片类药物类似。但是对人类来说，大部分照料都仅仅体现在语言上，而不是身体上。当他人用语言告诉我们他会照料我们时，也就表明我们是安全的，并得到了他人的关心与照顾。鉴于人类“不成熟”的时间确实很长，这就是我们可以收到的一个非常强烈的激励信号。

被他人善待对我们来说是极大的收获，这并不奇怪。被人喜欢、受人照顾会让我们感觉良好，因为这是一个信号，表明当群体成员之间有什么物质性的东西可以分享时也会把我们算在里面。但是，以下这个事实应该怎样解释呢？很多时候，在没有任何物质利益可以享受的情况下，为什么我们也会产生帮助他人的动机，甚至会乐于帮助完全陌生的人呢？又该如何解释这种真实存在的利他主义情绪呢？对于这个问题的最佳解释或许是，这可能与进化决定的哺乳类动物父母的照看方式有关。

她（它）们的后代一出生，所有哺乳类动物的“母亲”都会立即启动照看模式。老鼠在它们的孩子出生后的几天里都会与其生活在一起，并不时喂养它们；母羊也会在自己的孩子出生后的两个小时内与孩子寸步不离；而人类则是在孩子出生之前就与孩子有了精神上的连接。在所有这些情况中，一种神经肽——催产素（oxytocin），可能是促使我们产生照看动机的关键驱动力。催产素最主要的生理作用是，在分娩过程中帮助生育，在哺乳期间促进乳汁的分泌。在大脑的奖赏系统中，催产素也会激励我们去亲近自己的孩子，给孩子以幸福感；它还会让我们在接近陷入痛苦中的他人时，减少自己通常会感受到的痛苦感。

因此，前述两种社会奖赏取决于不同的神经生化过程。被关心、被照顾促发了大脑内部的类阿片愉悦感受过程。与此相反，催产素的效应则可以这样描述：它调节或改变了多巴胺过程，而多巴胺则会促使我们做出接近他人的行为。我们之所以要吃士力架巧克力棒，是因为大脑内部的多巴胺信号告诉我们，如果吃了这个士力架巧克力棒，我们会感到很快乐。简而言之，如果我们被某件事物所吸引，大脑就会分泌出多巴胺。然而，哺乳类动物的大脑天生就不喜欢接近陌生的东西，因为陌生代表着威胁或危险。例如，对于一只母老鼠来说，一只刚出生的小老鼠无疑是一个非常陌生的东西。哺乳类动物的父母因此会觉得有点困扰，这是因为，一方面，刚出生的子孙后代对它们来说是完全陌生的，是它们想避开的东西；而另一方面，年幼的孩子要想存活下去，得到父母的照看是必不可少的一个条件。催产素似乎会改变哺乳类动物对自己的孩子的多巴胺反应，在使母亲从逃避到亲近的过程中起到决定性作用。

有人说，催产素是一剂会使人上瘾的“春药”，也有人把催产素称为“信任激素”，但是我更喜欢把催产素看成是一种护士神经肽（nurse neuropeptide）。大学毕业后，我曾在新泽西州新布伦瑞克的圣·彼得医院（St. Peter’s Hospital）工作过一年，在那里，我每天都与护士们一起工作。这些护士所做的工作确实非同寻常。她们的工作非常辛苦，但是一点都不起眼，而且通常不容易被人感激——她们的工作更像是父母亲对子女的养育照看。除了每天照顾许多病人之外，她们还要应付一大堆心理状况极差的病人家属。看到病人呕吐，我们的胃也会痉挛翻腾；看到伤口和鲜血，我们会忍不住闭上眼睛，但与普通人不同，护士们必须立刻冲上前去，完成她们必须完成的工作。之所以这么做，并不是因为她们爱或者信任这些病人。通常情况下，她们并不认识病人，这么做是因为她们有帮助他人的动机，帮助他人就是她们的目的。当孩子需要我们的照顾时，催产素让我们变成了一个英雄，而护士们每一天对病人们都是如此。

以往的研究已经证明，哺乳类动物对于自己的子孙后代的亲社会情绪与大脑腹侧纹状体和腹侧被盖区的激活有关，这两个脑区都是奖赏系统的一部分，它们的奖赏反应过程都受催产素的调节。对此的一种解释是，腹侧被盖区分泌出的催产素导致腹侧纹状体分泌出多巴胺，从而使人们有更大的动力去寻求奖赏。与此同时，发生在隔区内部、与催产素有关的神经生化过程似乎会促使人们做出“大无畏”的行为（隔区毗邻于腹侧纹状体）。催产素和大脑隔区的作用是降低痛苦的生理强度，因此能够促使人们去帮助他人，即使情况比较糟糕或者情势相当恶劣时也是如此。换句话说，当我们看到他人需要帮助时，比如看到某人的伤口鲜血淋漓时，催产素就会在提升我们向这个人伸出援手这一行为的奖赏价值的同时，减少我们因接近这个陷入困境的人而产生的忧虑。

虽然催产素在促使父母亲关心、照顾自己的子孙后代这件事上，不同的哺乳类动物都表现出了极大的相似性，但在另一个方面，即在如何对待陌生人这件事上，催产素对灵长类动物和非灵长类动物的影响却有所不同。对于非灵长类动物来说，催产素的增加反而会增加它们对陌生人的攻击性。一般来说，我们对这种现象的解释是，这可能与非灵长类动物“母亲”试图保护自己的孩子，使之免受未知危险的威胁有关。母羊会攻击一只试图向它寻求照顾但与它毫无血缘关系的“别人家”的小羊羔。但是，当分泌催产素的过程受阻时，母羊就会去照顾这只与它毫无关系的小羊羔了。因此，对于非灵长类动物来说，催产素促进了它们对自己的子孙后代的直接照顾，这也包括为了保护自己的子孙后代而对他人发动攻击。这样就可以确保“母亲”的有限资源只用在自己的子孙后代身上，从而保证其基因一直遗传下去。

催产素引发的这两种行为倾向——照料他人以及攻击他人，都在人类身上得到了证实。一方面，许多实验证明，当人们在进行像囚徒困境这样的行为经济学博弈时，催产素能够增加人们的慷慨程度。另一方面，心理学家卡斯滕·德·德勒（Carsten De Dreu）在荷兰进行的多次研究也已经证明，同样在囚徒困境博弈实验中，使用催产素也会导致被试对来自其他“族群”的人做出更具攻击性的反应。

催产素既能促进小团体主义（所谓“小团体主义”，是指对自己所属的群体及属于该群体的个体的特别偏爱），同时又会增加对不属于同一个小团体的个体的敌意。至于如何判别某个特定个体到底是友还是敌，灵长类动物与其他哺乳类动物之间存在明显的差别。对于非灵长类动物来说，催产素会使它们把看到的所有“外人”都视为威胁，从而提高它们对“外人”的攻击性。相比之下，人类会先把“外人”至少分三类：自己喜欢的群体的成员、自己不喜欢的群体的成员以及陌生人（不知道他们隶属于什么群体）。对于人类来说，催产素一方面可以促使人们关心与照顾他们喜欢的群体的成员和陌生人，另一方面又会使他们对自己不喜欢的群体的成员增强敌意。

就人类而言，催产素有助于促进人的利他主义倾向，而且这种利他主义并不只针对自己的群体（因为从严格意义上来讲，群体内的利他主义并不是真正的利他主义），同时也能排除对自己不喜欢的群体的成员。**催产素对于利他主义的最大作用是，它能够使我们对完全陌生的人更加慷慨大方。**因此，催产素具有极大的魔力，它能够让陌生人从相互关爱开始，然后团结起来，同心协力去做一些“大事”，例如建设家园、创建学校以及其他机构，而所有这些，正是一个社会的基础。

小赠品更能激发人们的捐赠行为

如果你在我吃加盐焦糖冰激凌时扫描我的大脑，那么毫无疑问，你会发现我的大脑的奖赏系统的活跃程度增加了。或者你也可以省下买一台功能性核磁共振成像仪的钱，只要问我是否喜欢吃加盐焦糖冰激凌就可以了。在谈到冰激凌时，我们的意识经验和大脑也会做出与我们吃冰激凌时相同的反应。那么，为什么社会奖赏就不一样呢？为什么得到了公平待遇的我们不会感觉良好呢？为什么我们不愿意承认，帮助他人实际上也会给我们带来一种内在的奖赏，且这种奖赏并不依赖于我们是否相信对方将来也会给我们带来某些物质利益呢？大量研究表明，其中一个很大的问题在于，我们觉得有必要对大家说自己是多么自私——尽管实际上我们并不自私。

最近，我参加了系里召开的一次社会心理学家会议，与会者包括许多教授和研究生。会议主席特别感谢了一位名叫凯莉·格德斯利夫（Kelly Gildersleeve）的研究生，她在暑假花了大量时间把会议搬到了互联网上，从而精简了诸多官僚化流程。参加会议的每个人都由衷地称赞她所做的努力，凯莉脸红了，她马上脱口而出道，她自己也可以从这个精简后的流程中受益，因此她自己也是获益者。这完全是一个谎言。即使她在研究生院的最后一年里竭尽所能地挤时间，也无法弥补她为此付出的光阴。凯莉后来告诉我，在说这些话时，她自己当然也知道这不是真的。总之，无论如何，她还是说了一些目的在于让自己显得有些“自私”的话。凯莉之所以会帮助大家，是因为她是一个善良而体贴的人，她看到了问题，并且愿意伸出援助之手。凯莉帮助大家，是因为帮助身边的人这一行为本身就会给她带来内在的奖赏。不过出于某种原因，当有人问我们为什么要去帮助他人时，我们经常会说出一些听起来比实际更加自私的话。

斯坦福大学社会心理学家戴尔·米勒（Dale Miller）找到了这种“伪自私行为”的根源。米勒认为，霍布斯、休谟和其他声称自私是人类所有动机的根源的学者提出的假设变成了一种自我实现预言（self-fulfilling prophecy）。他们的理论以及追随者的一再重复已经影响了许多人的实际行为。因为一直被教导说人都是自私自利的，所以我们总是力图遵循这种“社会规范”，以避免自己显得过于“鹤立鸡群”。

戴尔·米勒已经通过许多实验证明，“他人”自私自利的程度实际上远比我们所假设的要低得多。在一项研究中，他问调查对象，他们认为在本科生中愿意为 15 美元的报酬而献血的人可能占多大比例？如果没有任何金钱鼓励，又有多少同学会献出自己的血？受访者估计，愿意免费献血的人大约占到为钱而献血的人的一半（32%：62%）。但是，对献血活动的实际调查结果表明，愿意免费献血者的比例高达 62%，仅仅略低于有偿献血者的比例（73%）。

由于错误地高估了他人的自私程度，人们往往倾向于避免让自己表现出利他主义倾向。我们不想让自己看起来像是在自我吹嘘，或者不愿给人以惺惺作态的感觉——如果你认为一般来说大家都认为并不存在利他主义，那么你就不太可能宣称自己的行为是基于某种利他主义动机的，因为这无外乎把自己捧上了某个高度。正因如此，当人们被问及为什么要从事亲社会行为时，他们倾向于把自己的行为归因于某种自私自利的动机（“我之所以去当志愿者，是因为我觉得太无聊了，它让我有事可做”）。当我们经常听到人们为自己的利他主义行为冠之以听起来像是自私自利的理由时，那只不过是他们表示自己认同所有的行为都是自私自利的这个“普遍信念”而已，而这反过来就更不可能让我们承认自己的行为具有利他主义动机了。这种循环具有自我强化性，随着时间的推移，它会变得越来越根深蒂固。

这确实是一件颇具讽刺意味的事。米勒的另一项实验更加清晰地突显了这一点。这项实验是在一群愿意向某个慈善机构捐款的一群人中进行的。实验组织者要求一部分人直接捐款，结果这些人发现很难为自己帮助慈善机构的行为找到一个“自私自利”的解释。另一部分人则被告知，他们在捐款后将得到一支小小的蜡烛作为回报。于是，这支小小的蜡烛便创造了一种交换的假象，有了它，捐款人就能够说“我并不是在做慈善事业，我只是买了一支蜡烛”。不出所料，与没有提供蜡烛作为交换相比，让人们得到一支蜡烛更有可能让人掏钱捐赠。在这种情况下，他们捐的钱也更多。以一个小玩意儿作为回报，人们就能用非利他的理由来掩盖自己的慷慨大方，从而更自在地做出更多利他主义行为。说到底，这实在是一种讽刺。

1835 年，法国学者亚历克西斯·德·托克维尔（Alexis de Tocqueville）写了一本关于美国的伟大著作《论美国的民主》（*Democracy in America*），在谈到美国人对于自己的好人好事的想法时，他表示出了极大的吃惊，他这样写道：

> 美国人……对于他们日常生活中的一切行动都喜欢用自利原则加以解释……我认为，在这个方面，他们对自己的评价往往有失公允，因为在美国也像在其他国家一样，人们也经常会出于本性自然而然地做出各种各样无私的（也就是说，非自私自利的）行为，但是美国人极少会承认，他们也会被这种情绪冲动所左右。

事实上，人类兼具自私和无私动机，而且这并非偶然。即便是哺乳类动物，它们的大脑也天生内置了关心他人的倾向；在灵长类动物中，这种关心进一步延伸到了非亲属身上——即使他们投入的这种关怀并不会得到物质回报。请记住，我们的大脑天生就是这样的：无论是否饥饿，当品尝一块美味的蛋糕时，我们都会觉得这是一种享受。**同样的，无论是否期望得到回报，帮助他人都会让我们拥有美好的感觉。**

现在，请试着想象一下，如果学校的老师也这么教育我们，即让我们很早就知道帮助他人的利他主义行为也是出于人类的天性，就像自私的行为一样，那么事情将会怎样？被强加于利他主义行为之上的这种奇怪的耻辱感一旦消失，或许就会促成更多的亲社会行为。

痛并快乐着的一生

我们看到，正是痛苦和快乐这两个重要的进化激励工具的共同作用，才确保了各种哺乳类动物走进各自的“社交圈”。痛苦和快乐是我们生活中的两大驱动力。能够在动物王国里生存下来的每个物种，都能够成功地避开那些威胁它们的东西，同时它们也总会被各种能够帮助其生存和繁衍的潜在奖励所吸引。例如，哺乳类动物天生就能避开掠食者，也能够记得自己上一次是在迷宫的哪个地方找到那块奶酪的。

真正令人惊讶的是，这些基本的痛苦和快乐动机竟然被同时选中，为我们的社交活动服务。对于一只年幼的哺乳类动物来说，最重要的需求是由成年动物持续不断地照看着。如果这一点得不到满足，那么年幼动物的所有其他需求都将无法得到满足，最终肯定难逃一死。因此，以各种方式确保个体间的相互连接是哺乳类动物进化过程中的核心问题。一方面，进化让各种可能危及我们的社会连接的潜在威胁带来疼痛的感觉，这样一来，大脑就会对这些威胁产生适应反应（举例来说，婴儿的啼哭声会引起照看者的注意）。另一方面，进化使得我们对孩子的关心与照顾成为一种可以带来内在奖赏，并且可以不断得到强化的行为，这样一来，大脑就能够确保，只要我们的孩子有需要（甚至在孩子有需要之前），我们就会守在那儿。

进化过程中常常会出现一些意想不到的适应后果。我们对社交和社会连接的需求、从照顾他人中获得的愉悦感有助于男女之间产生超越单纯的生育动机的灵肉交融的浪漫爱情吗？答案是肯定的。这些痛苦/愉悦的反应模式的最初出现，可能只是为了满足照顾婴儿的需要，然而，一旦出现之后，它们就将伴随我们一生，并从根本上塑造我们的思想、情感和行为，直到生命的终结。当然，这些社会动机也有缺点，那就是，如果它们得不到满足，就有可能会导致一些非常严重的后果。切断社会连接——无论是长期恋爱关系的终结，抑或是所爱之人的离世，常常是导致抑郁和焦虑的重大风险因素之一。虽然对于一个成年人来说，当他的社会需求得不到满足时，他也可以活相当长的时间（通常比物质需求得不到满足活得更长久），但是一个人的预期寿命依旧与其社会连接密切相关。**不甚理想的社会连接对一个人身体健康的危害很可能相当于每天抽两包烟。**

建立社会连接的动机从婴儿期开始就存在于每一个人身上。这是一种迫切的需求，是一种以大写字母“N”开头的需求。还有其他许多社会需求，它们是进化的附带结果，但是对于那些能够最小化自己的社会痛苦、最大化社会愉悦的人来说，它们构成了一项重大优势。建构和维护社会网络并不是一件容易的事，只需看一下真人秀节目就可以明白这一点；事实上，无论是哥伦比亚电视台的《幸存者》（*Survivor*），还是全球音乐电视台的《真实的世界》（*Real World*）节目，全都以此为卖点。幸运的是，进化赋予我们的不是一个，而是两个大脑网络，它们能够帮助我们理解周围的人，并且能够与他们紧密合作。连接是建立社交生活的基础，但它并不是进化的终点。为了确保我们能够充分利用我们的社交生活，进化远远没有结束。

第三部分

人类社交的三大驱动力之二：心智解读

如果我问我的顾客他们需要什么，他们会告诉我说“需要一匹跑得更快的马”。

|亨利·福特|

自始至终，我的思想永远都是为了我的行动服务的。

|威廉·詹姆斯|

05

SOCIAL

心智化，决定了你是理解还是误解他人

大多数人都认为，用抛硬币的方式能够快速而公平地解决让人难以决断的几乎任何问题。古罗马人经常说的“帆船或头像”（navia aut caput），指的就是这种方法（他们的硬币正反两面分别印着帆船和头像）。抛硬币看起来似乎是解决两难问题的一种合理方法，因为掷出正面和反面的概率正好一样。可惜的是，事实并非如此。在几年前的一项研究中，实验组织者让一群住院医生在严格的实验条件下抛硬币 300 次，并要求他们设法尽量使硬币每次都出现“头像”（正面）。这些住院医生并不是赌徒，更不是骗子，也没有太多的时间进行练习。然而，每位住院医生都能做到抛硬币的结果正面多于反面。其中表现最突出的一位住院医生在总共 300 次的抛掷中抛出 200 多次正面，命中率高达 68%——远远高于随机抛掷的概率。来自斯坦福大学的统计学家在细致地分析了“抛硬币”的各方面影响因素后得出的结论是，在抛掷者并非故意为之的情况下，硬币在落到地面时到底是正面朝上还是反面朝上，“极其微弱”地取决于抛

出时硬币是正面朝上还是反面朝上。硬币落地时与抛出时同一面朝上的可能性为51%，而另一面朝上的可能性为49%。如果这是真的，那么又有谁还会同意“抛硬币来决定”呢？

当旧金山49人队（San Francisco 49er）的乔·内德尼（Joe Nedney）听说了这个“抛硬币研究”的结果后，就建议在全美橄榄球联盟的每场比赛中决定到底由哪一队开球时不再采用抛硬币的方式，转而采用“石头-剪刀-布”猜拳的方式决定。没有谁能够清楚计算出，曾经有多少孩子因为输掉了“石头-剪刀-布”猜拳游戏而不得不硬着头皮到邻居那“可怕的”院子里去捡那个被踢飞的球？如果抛硬币方式真的已经被彻底淘汰，而“石头-剪刀-布”成为一种打破僵局的公平的新方式，那么，鲍勃·库珀（Bob Cooper）必定是这个世界上最幸运的人。2006年，他打败了496位选手，成为“石头-剪刀-布”比赛的世界冠军。

正如人们所熟知的，这个游戏非常简单。两位参加实验的被试同时伸出手，做出表示石头、剪刀或布的手势。石头能砸碎剪刀，剪刀可以剪破布，布又能包住石头。被试有三个选项可供选择，每个选项都能击败其中的另一个，同时又会被第三个击败（如果两位参加实验的被试都选择了同一个选项，那么就打成平局，再来一次）。在“石头-剪刀-布”冠军赛的决赛中，这位来自伦敦的销售经理（鲍勃·库珀）在前5轮中出石头对付他的对手出的剪刀，以5∶2领先。不过如果想要获胜，他还需要赢得更多轮次才行。在下一轮比赛中，他们两人都出布，然后都出石头，然后都出剪刀。三次都打成了平手。最后，在经过了15轮比赛后，库珀出了剪刀对付对手出的布，最终赢得了“石头-剪刀-布”比赛的冠军。

读者可以在YouTube上看到这次比赛的视频，出现在视频下方的第一个评论是一句非常讥诮的话：“很快，我就可以看到这个‘抛硬币’冠军了。”对于门外汉来说，“石头 - 剪刀 - 布”似乎是一个随机的游戏，每位参加实验的被试都有同等机会获胜。如果你真的是这样认为的，那么我也肯定，那些“石头 - 剪刀 - 布”高手将会非常乐意与你进行一场高赌注的比赛。**高手中的高手能够读懂别人的心思，在别人未出手之前便知道他们要出什么了。**

在诸多同类游戏中，都有一个显而易见的趋势——新手总是被老手占便宜。例如，对于第一次参加“石头 - 剪刀 - 布”比赛的新手来说，他在一开始比赛时会更经常出石头，而不是剪刀和布，这可能是因为在普通人的观念中，石头总是与力量联系在一起的缘故。另一个倾向是，他们会在连续两次出同样的手势后才做出改变。经验更加丰富的老手能够计算出新手的出招方式，这极大地增加了他们获胜的可能性。

当然，在“石头 - 剪刀 - 布”比赛中根本不会出现新手。经验老到的选手会进行一系列复杂难懂的攻击与反击。在加冕世界冠军后，鲍勃·库珀告诉记者，“石头 - 剪刀 - 布”猜拳游戏的精髓是“如何预测到你的对手对你出招的预测”。这就要求你进入对手的头脑中，弄清楚他认为你将会出什么招，并且搞清楚他将使出什么招来对付你，这样你才能反过来找到对付他的招式。毫无疑问，这就是心智解读。

但是，牛津大学数学家马库斯·杜·索托伊（Marcus du Sautoy）教授偏不信邪，他决定采用一种并非依靠心智解读的策略，一个任何人足以对付任何心智解读的策略。他的方法是，每一次出招都完全随机决定——随机数取自圆周率这个无穷连续小数（3.14159……）。他试图通过根本不使用任何策略，来保证对手不可能操控自己。尽管他的“不会输，不会赢”策略给他带来了诸多幸运的结果，但他却无法与鲍勃·库珀相抗衡。库珀连续 8 次打败了他。库珀可能发现了索托伊微妙的面部表情和身体语言，正是这些面部表情和身体语言泄露了他的下一步动作，这无疑是更高明的心智解读。

“我知道你知道我知道”

弗朗兹·布伦坦诺（Franz Brentano）这位德国哲学家虽然并不出色，但他却是20世纪一些最重要的哲学家和心理学家的先辈。他的学生包括现象学大师埃德蒙德·胡塞尔（Edmund Husserl），而埃德蒙德·胡塞尔又培养出了马丁·海德格尔（Martin Heidegger），他是现代现象学和存在主义哲学的巨擘之一。然后，马丁·海德格尔又教出了卡尔·斯顿夫（Carl Stumpf），而卡尔·斯顿夫则是第一批格式塔心理学家（格式塔心理学强调“整体大于各部分的总和”）以及库尔特·卢因（Kurt Lewin）的老师。库尔特·卢因被公认为是美国社会心理学的创始人之一（他是在第二次世界大战之初离开德国前往美国的）。

1874年，布伦坦诺出版了一部曾被长期遗忘的著作《经验主义视角下的心理学》（*Psychology from an Empirical Standpoint*），同年出版的还有威廉·冯特（Wilhelm Wundt）那本影响巨大的《生理心理学原理》（*Principles of Physiological Psychology*），这两本巨著可以称得上是第一批现代意义上的心理学教科书。

布伦坦诺认为，人类心理学的核心要点是，我们所有的思想和观念都是“意向性的”。布伦坦诺所用的“意向性”这一术语源于亚里士多德及12世纪的经院哲学家们，后者曾经讨论过对象的“意向的（或心理的）隐存”（intentional inexistence）。从本质上讲，意向性（intentionality）是指这样一个事实：对于其他事物，我们是有想法、信念、目的、欲望、渴望以及意图的。我们的思想既可以是关于世界上实际存在的某个事物的，也可以指向像霍格沃茨魔法学校的魔法师这样虚构的实体，甚至还可以是关于其他思想的，但是无论如何，思想总会“伸展”，总能超出思想自身而指向另外的东西。在已知的世

意向性（intentionality）
它是指对于其他事物，我们是有想法、信念、目的、欲望、渴望以及意图的。

界中，除了人类之外，没有任何其他东西能够拥有这个“关于性”（aboutness）的内在特征（比如，石头并不“关于”任何东西，它们就是它们自己本身）。

自布伦坦诺之后，又过了差不多半个世纪，关于我们的社会心理，与意向性相对应的另一个核心要点才得以确认，那就是我们拥有这样一种能力，或者更确切地说，我们不可避免地拥有这样一种倾向：**我们会根据他人有意图的（意向性的）心理过程去窥视和理解他人，看到别人时的我们总想知道他们在思考什么以及他们是如何思考的。**

为了证明人们在日常生活中的“试图把握他人的心灵”的读心倾向，弗里茨·海德（Fritz Heider）向人们播放了一小段动画视频，视频由四处活动的两个三角形和一个圆形组成，然后他问人们看到了什么（见图 5-1）。

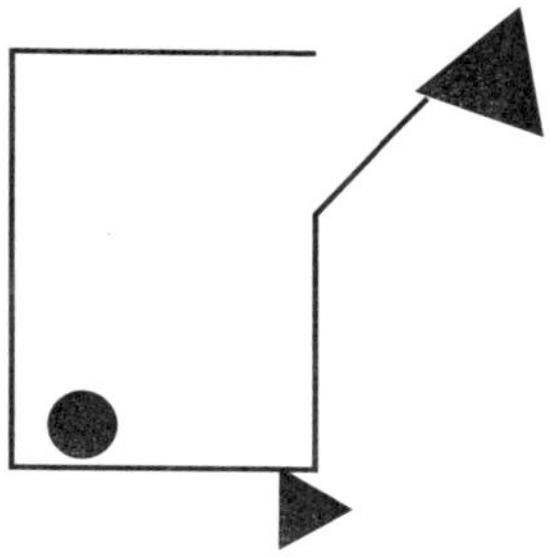

图 5-1 “战斗中的三角形”

资料来源：Heider，F.，& Simmel，M. (1944). An experimental study of apparent behavior. *American Journal of Psychology*，57，243-259.

有意思的是，在这个动画中，虽然呈现给人们的是两个三角形和一个圆形，但人们看到的却不是这些。相反，许多人看到的是这样一幕活剧：“大三角形是一个恶霸，它正在欺负小三角形和圆形，小三角形和圆形正满心惊恐地四处逃跑，不过它们知道怎样才能骗过这个大三角形，并且成功地逃脱了。”还有人这样描述："这个大三角形是这个圆形的男朋友，它正妒忌得发狂，因为他的女朋友圆形在与这个小三角形调情时被他抓了个正着。"

很显然，每个人都在这些图形中看到了思想、感情和意图，但是，这些图形显然没有思想、感情和意图。是啊，图形怎么可能有思想呢！我们看到的实际上是对我们周围事物的所思所想：我们认为周围的电脑、汽车，甚至空气都是有自己的思想的。人类为什么会如此"过于宽泛"地看到隐藏在物理世界背后的"思想"呢？我认为，这种倾向的好处是，可以确保我们不会在一不留神间忽视了他人的真实心理。说到底，真实心理毕竟是隐藏的，如果我们不是天生就会注意到它们，那么很容易就会错过它们。

1971 年，在布伦坦诺发出"意向性"宣言整整一个世纪之后，哲学家丹尼尔·丹尼特从心灵引导行为的角度对人类的上述倾向进行了解释。丹尼特认为，不管是否有理由推测其他心灵的存在，我们天生就会认为他人都是有意向性的生物。丹尼特把这种哲学立场称为意向立场。恰恰因为我们的心灵能够思考别人的思想（反过来，别人的心灵也能思考我们的思想），我们才会落入如下这个达菲鸭（Daffy Duck）与兔八哥（Bugs Bunny）之间的僵局中："我知道你是知道我知道的"。虽然在这个"高雅喜剧"中，达菲鸭和兔八哥的表演显得有些过火，但是这种"我知道你知道"的互动正是人类能够相互合作，实现举行足球联赛、创办学校、建造摩天大楼等宏伟目标的最主要原因。

意向立场无处不在，在日常生活中我们也会很轻易地运用它，所以几乎没有人注意到它，更不用说把它当作一项了不起的成就去欣赏它了。每个人都能读懂他人的心思。当你在阅读本书时，你不仅会认真理解每一行、每一个字的字面含义，还会努力去领悟我在写这本书时的想法。同样的，在写下这些句子的时候，为了让我的思想更容易被你理解，我也必须能够预测得到，当你在阅读页面上的这些符号时，你心中可能会有什么样的想法。限于科学技术的发展水平，你根本不可能制造出这样一台机器：它能够假设他人也有上述这些想法，并且能够全面地考虑它们。但是人类却一直都在这样做，只不过许多人完全没有意识到这一点。或许这就是为什么每个人都要花那么多时间思考才能认识到人人都拥有这种能力的原因——就像是一条鱼根本没有意识到自己是生活在水里的，因为水无时无刻不在包围着它。对我们来说，心智解读同样也是一种基本存在，以至于很少有人会注意到它。

试着想象一下，如果你不能理解他人的想法，或者你不指望他人能够理解你的想法，那么你将如何度过你的每一天。想想以下这个最简单的例子吧。每次乘飞机回到洛杉矶的家时，我都会先开车到一个地方，然后再搭机场班车前往机场。当我看到班车驶来时，我会挥手致意，这时司机便知道，我想让他停下车，这样我才能登上班车。当他把车停下来并打开车门时，我也立即知道了司机的意图——他在邀请我上车。这是发生在完全陌生的两个人之间的一件非常平常的事。

然而，如果不是每个人都能精确地理解他人行为的心理意图，那么我们将无法实现这种最简单的互动。再来考虑一下以下这些情况吧：某个咨询团队正与一家公司合作，共同开展一项新的招聘计划；或者，某位数学老师正在教一个班里的 20 多位学生学习正弦定理和余弦定理。在这些情况下，我们必须有敏锐的洞察力，搞清楚我们的行为是否已经被那些跟我们一起工作或学习的人完全理解了。在我们生活的这个现代世界中，如果我们没有能力去理解或者预测他人的思想，那么这个世界将会停止运行。我们的思考能力允许我们去设想一些丰功伟绩，但是如果我们没有能力去进行社会思考或者让他人参与进来与我们共享我们的宏大愿景，那么我们只能通过自己的努力将美好的愿望转化为现实了。

心理学家把这种理解他人行为背后的思想的能力看作一种拥有心智理论（Theory of Mind）的能力，把这种能力运用到现实中去的过程被称为心智化（mentalizing，也这就是说，当我们在推测和理解他人的心理状态时，我们就实现了“心智化”)。

科学家们有了适当的理论，就可以根据某些证据提出预测、进行推断；类似的，作为成年人的我们仿佛也拥有一种理论——心智理论：我们周围的人都有一个心灵，它会基于某些规则以某种有序的方式做出反应（比如，在比赛中落败，会让人感到悲伤而不是高兴）。正是因为拥有了这种非凡的能力，才能使我们的想法与他人的想法相结合，从而促成共同的目标与合作，否则大家就只是一盘散沙。

在过去的 30 年里，心智理论研究人员一直专注于两个互相关联的问题：谁拥有心智理论？他们是什么时候开始拥有这种能力的？提出“谁拥有”这个问题的目标是确定哪些非人类物种（如果有的话）与人类一样拥有这种心智理论。在地球这个星球上，真的只有人类才拥有理解他人思维的能力吗？或者，这种能力真的与其他能够把人类与动物王国中的其他物种区别开来的能力类似吗，比如使用工具的能力？

大卫·普瑞马克（David Premack）和盖伊·伍德拉夫（Guy Woodruff）是率先不惧挑战，勇敢面对这些问题的两位科学家。从基因角度来讲，黑猩猩是与人类关系最为密切的物种，因此，如果说有其他物种拥有心智理论的话，黑猩猩是最有可能的候选项。普瑞马克和伍德拉夫与一只名叫萨拉的黑猩猩一起“工作”了很多年。萨拉会使用一些技巧，因而给人们留下了十分深刻的印象。例如，研究人员会给萨拉观看一段视频，在视频中，某个男人正在设法做一些事情，比如努力想摘到一串香蕉，只可惜香蕉太高了够不着。在这个男人尚未解决问题之前，视频播放会暂停，这时研究人员会给萨拉看 4 张照片，分别显示这个摘香蕉的男人下一步可能会做出的动作。萨拉能够找到那张显示了正确解决方法的照片（拿来一个箱子，然后站在这只箱子上面）。虽然这样做对你和我来说只是小菜一碟，不过对于一只黑猩猩来说，它能够这么做，确实是一件了不起的事情。

普瑞马克和伍德拉夫认为，这只黑猩猩之所以能够这么做，唯一的原因是，它明白视频中这个人是一个有欲望和目标的人，而在当时这种情况下，这个人拥有的欲望和目标非常具体：摘得香蕉，填饱肚子。

那么，是不是可以据此认为，黑猩猩真的拥有心智理论呢？萨拉这个了不起的举动不但没有解决“谁有心智理论”的问题，反而成为争论的起点。丹尼特及其他一些学者认为，黑猩猩萨拉的这个举动虽然令人印象深刻，但实际上与一只经过良好训练的鹦鹉以条件反射为基础的“行为”没有什么区别。很多鹦鹉都能够被训练到根据条件进行提问（例如，“我能做些什么呢？”），甚至解决问题；它们在这样做时，完全没有考虑过“他人”的想法。到了 1978 年，丹尼特设计了一个更加明确的用来测试“谁有心智理论”的“错误信念任务”（false belief task）。这个任务与 18 世纪的著名木偶剧《潘趣和朱迪》（*Punch and Judy*）有点关系：

> 在观看《潘趣和朱迪》视频时，当看到潘趣准备把箱子扔到悬崖底下时，年幼的孩子会像我们所预料的一样，发出兴奋的尖叫声。为什么呢？因为他们知道潘趣以为朱迪还在箱子里，而他们了解的情况比潘趣多——他们看到了，当潘趣转过身时，朱迪已经逃跑了。我们可以把孩子们的激动情绪看成是他们完全理解这种情况的极好证据——他们明白潘趣基于一种错误的信念做出了行动。

丹尼特的批评顺理成章地引出了第二个心智理论问题。这个问题的焦点是，人类在成长过程中，是从什么时候开始拥有这种能力的。正如丹尼特的例子所表明的，人类确实拥有认出他人的错误观念的能力，但是这种能力并不是与生俱来的。

社交天性实验室

20 世纪 80 年代中期，一些研究人员把丹尼特的“潘趣和朱迪”思维实验转化为现实问题。其中最著名的一个变体就是众所周知的“莎莉 - 安妮任务”

(Sally-Anne task)。在这个任务中，接受测试的孩子们会看到两个木偶——莎莉和安妮以及一只篮子和一个盒子。莎莉将一颗弹珠放进了一只篮子里，然后离开了舞台。等莎莉一离开，安妮就把弹珠从篮子移到了盒子里。当莎莉回来时，主持实验的人就会问这些正在观看表演的孩子们，莎莉会到什么地方去寻找她的弹珠。这个任务的“窍门”就在于，观看这部剧的孩子们对弹珠的所在位置拥有“正确的信念”，而莎莉拥有的却是错误的信念。莎莉认为弹珠还在原来那个篮子里，因为那是刚才她自己放在那里的。但是，她错了。如果孩子们是从以自我为中心的视角来看问题的，以为所有人都知道自己知道的一切，那么他们就会说，莎莉会到盒子里去寻找弹珠。然而，如果他们能够领悟到他人可能拥有与自己不一样的信念（以及不一定拥有与现实状况一致的信念），那么他们就会说，莎莉会到篮子里去找。许多类似的实验都得到了同样的结果，为我们提供了非常有力的证据。这个测试足以证明，3 岁的孩子在这方面的能力极端欠缺，而 5 岁的孩子则可以做得非常好。

自那以后，心理学家们又设计出了一些新的、不同于以往的实验。这些实验的结果证明，年龄更小的孩子（不足 5 岁）也拥有这种社交技能。另外，同样有证据表明，黑猩猩身上也显示出了这种能力的前兆，但是仍然没有证据能够毫不含糊地证明，黑猩猩能够跨过这道门槛，即它们可能无法识别“他人”的错误信念。**人类或许是这个世界上唯一有能力完全领会他人思想的物种。**

或许有人会说，孩子们能够去思考他人的心理状态，这又有什么了不起呢？何必如此大惊小怪！原因在于，心理状态是看不见的。你什么时候看到过思想、感情或者欲望呢？然而无论如何，人类已经学会如何去推断这些看不见、仅仅存在于他人头脑中，但却能引导他们去做自己想要做的事情的东西了。当我们看到一块石头从山上滚下来时，我们根本不会认为“它想滚到山脚下”。但是，当我们看到一个人从山上跑下来的时候，我们就会这么去想（“他想跑到山下”）。

随着时间的推移，我们形成了一个非常复杂的心智理论，即各种不同的情况和结果会怎样影响一个人的思想以及这个人又会做出什么样的行为。例如，假设比尔和泰德是一对非常要好的朋友，但是如果泰德开始花更多的时间与乔治待在一起，那么我们知道比尔会怎么想（他因被忽视而愤怒、嫉妒）以及他会做出什么样的反应（他要么设法笼络乔治加入到他们这个群体中来，使之形成一个朋友之间的稳定的三角关系，要么与乔治争夺泰德的感情）。我认为我能描述出任何一种情况，你也会非常自信地预测一个正常的人会如何做出反应。正是这种能够考虑到周围人心理反应的能力，让我们可以提早想象到这些反应；只有这样，才会提高我们获得社会奖赏的机会，并将社会痛苦降到最低限度。如果你能够预测到自己即将发出的这封电子邮件会遭到那个人的拒绝，那么你在写这封电子邮件时就会以更巧妙的方式把自己的观点表达出来。每一天，事无巨细，我们无数次这样做着——使用心智解读帮助自己实现社会连接。

一般智能系统

那么，我们是如何执行这个理解他人思想的任务的呢？最早的解释之一集中于人的一般抽象推理能力和“努力思考”的能力，它们都以前额叶皮层为支撑。众所周知，逻辑推理有两种形式：演绎推理和归纳推理。

演绎推理是指，如果一系列前提条件都被假设为真，那么就可以推断出一些必定为真的结论。现在，让我们考虑一下以下这两个前提条件：

1. 如果下雨，那么野餐将会被取消。
2. 下雨了。

如果这两个前提都为真，那么从逻辑上就可以推断，野餐必定会被取消。这就是演绎推理的一个例子，这种“如果 - 那么”推理就是解决问题的能力的其中一个核心组成部分。

相比之下，归纳推理是指，利用过去发生过的事实来预测将来也有可能会发生的事情。例如，我们相信太阳明天还会照常升起，通常是基于这样的假设：迄今，太阳每天都会升起，这是一个证明它将会继续这样下去的强有力的证据。与演绎推断的结论不同，即便是合理的归纳推理也无法保证结论的真实性。过去太阳每天都升起，并不代表将来太阳一定会升起；《十三号星期五》（*Friday the 13th*）电影续集拍得再多，也不能保证肯定还会再拍下一部。如果这个世界上的条件一直都保持不变，那么归纳推理得出的结论通常就是正确或可信的，这就是我们有理由预测太阳明天还会升起、未来还会拍摄更多的《十三号星期五》续集的原因。

演绎推理

指如果一系列前提条件都被假设为真，那么就可以推断出一些必定为真的结论。

归纳推理

指利用过去发生过的事情来预测将来也有可能会发生的事情。

大量功能性核磁共振成像研究已经证明，与不在进行推理时相比，我们在进行演绎推理和（或）归纳推理时，外侧前额叶皮层（lateral prefrontal cortex）和外侧顶叶皮层（lateral parietal cortex）——这两个脑区有时也被合称为外侧额顶皮层（lateral frontoparietal cortex）会表现得更加活跃（见图 5-2）。另外，进一步的研究还表明，尽管两种推理之间也存在着一定差异，但是从神经解剖学的角度来看，它们的相似之处更为明显，其程度远远超过了它们之间微小的差异。

一般而言，大脑外侧额顶区的各个脑区都是通过一种被称为工作记忆（working memory）的过程来为人类的各种思考提供支持的。工作记忆是一个心理过程，它通常与我们“心里”所掌握并且在不断更新的多条信息有关。如果我在电脑屏幕上向你展示一个由 7 个数字组成的数（8675309），然后要求你在数字从屏幕上消失后，记住它 10 秒钟，那么工作记忆会让这个数字一直活跃在你的头脑中。同样，工作记忆也可以用来思考某两个事物之间的关系，比如比较两个数字的大小。

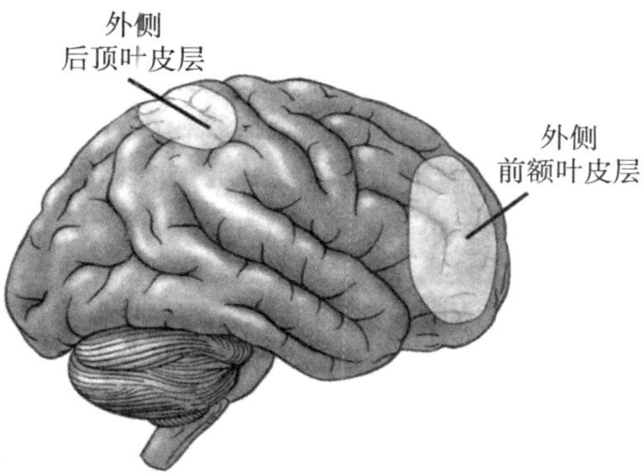

图 5-2　与智力、推理和工作记忆有关的外侧前额叶和顶叶

要想搞清楚工作记忆对你的日常工作的运行到底有多重要，只需要考虑一下阅读能力就够了。当你读到这个句子的最后一个单词时，你得依靠工作记忆把这个句子的开头部分记在脑中，这样你才能理解整个句子的意思。试想象一下，如果你只在阅读的那一瞬间才处理这个单词，读完后你便忘记了，那么你将永远无法领会前面读过的那部分句子所营造的语境，因而也就永远无法弄明白句子后面部分的意思。

无数功能性核磁共振成像研究都表明，工作记忆与大脑的外侧额顶叶皮层有关。当工作记忆的负荷程度不断增加时（例如，先要求你记住 5 个数字组成的一个数，再要求你记住 7 个数字组成的一个数，再要求你记住 9 个数字组成的一个数……），大脑的这些区域也会相应地变得更为活跃。这些脑区与逻辑推理和工作记忆都有关，这其实也是一个顺理成章的结果：进行逻辑推理必然需要我们在“脑海里”保有一些信息并对这些信息进行比较，而这种思考正是在工作记忆的帮助下完成的。

工作记忆和推理能力都与一般智能这一概念有所重叠。那些头脑中拥有更多信息并且能够有效地利用这些信息进行推理的人，常常被认为比那些没有更多信息且无法更有效地进行推理的人更聪明。因此，关于智力的神经基础的研究通常指向同样与工作记忆和推理能力有关的外侧额叶皮层。在测试积极思考能力的流体智力（fluid intelligence，指发现复杂关系和解决问题的能力）测试中得分较高的人，在完成那些需要努力思考和有效思考的任务时，他们脑中的这些区域的激活程度也更高。

这些研究的结果全都表明，所有类型的思考和推理都集中到了同一个区域。因此，人们提出的关于心智理论的第一个假设也自然而然地集中到了大脑中的这些脑区了。外侧前额叶皮层是大脑的全能抽象推理系统，它能帮助你处理税务问题、下棋，也能帮助你记住在电视购物节目中看到的电话号码。总而言之，既然这些脑区支持一般的推理活动，为什么它就不支持针对他人思想进行的推理呢？恰如一般的推理一样，社会推理的结构很可能也是演绎推理和归纳推理。

流体智力（fluid intelligence）
指发现复杂关系和解决问题的能力。

我们不必急于下结论，先来看看“莎莉 - 安妮错误信念任务”吧：

1. 莎莉把弹珠放在了篮子里。
2. 莎莉没有看到安妮把弹珠移到盒子里。

从这些前提条件推导出的逻辑结论是，莎莉并不知道这个弹珠已经被移走了，因此她对弹珠的安放位置拥有的是一个错误的信念。这是标准的演绎推理，人们在解决这一问题时所用的演绎推理与其他类型的演绎推理并没有什么不同。同样的，人们还会利用在社会环境中积累的经验进行归纳预测。例如，当人们在考试中获得了一个比较低的分数时，我们就知道他们一定会对自己感到失望。从这些观察结果出发，我们就能够预测，如果他们将来在考试中又得了一个低分，他们的感觉会如何。但是，尽管这个解释看上去非常简洁有力，但事实证明，把社会思考等同于非社会思考的理论是错误的，而且错得非常厉害。

社会智能系统

令人惊讶的是，虽然社会思考和非社会思考无论从结构上看，还是从经验上看，似乎都具有很大的相似性，但通常情况下，大脑在处理这两种思维时运用的却是截然不同的神经系统。

社交天性实验室

克里斯·弗里斯（Chris Frith）和尤塔·弗里斯（Uta Frith）等人在早期发表的一篇神经影像学论文已经证明了这一点。在研究中，他们让被试阅读三种不同的句子。一些句子可以连成一个段落，需要运用心智化能力去理解。其中一个段落叙述的是这样一个故事：一个小偷在逃跑过程中遇到了一名警察，恰恰在这时，他的手套掉了，于是这个警察喊道："嘿，你！停下来！"警察的目的是想把手套还给这个小偷，但是这个小偷却错误地以为警察已经发现了他的行径，因而立即不再逃跑，向警察坦白了自己的罪行。

为了理解这个小偷的行为，阅读者需要明白小偷心里存在着一个错误的信念——他以为警察喊住他是因为这个警察已经知道他犯了罪。在这项研究中，另外一些句子则不是在讲述一个故事，句子与句子之间也毫无关系，无须运用心智解读能力（比如，"机场的名字已经改了"和"路易斯打开了一小瓶油"）。

正如其他测试基本阅读理解能力的功能性核磁共振成像研究的结果一样，当被试躺在扫描仪里阅读彼此毫无关系的句子时，大多数人的外侧前额叶区域都被激活了（这个脑区与语言能力和工作记忆有关）。然而，当这些句子在某种程度上能够连到一起构成一个故事时，就会引发心智化过程；相对而言，被试的外侧前额叶区则显得相当"安静"。相反，另一组不同的脑区，包括背内侧前额叶皮层（dorsomedial prefrontal cortex，简称 DMPFC）、颞顶联合区（tempoparietal junction，简称 TPJ，或称颞顶交）、后扣带回（posterior cingulate）以及颞极（temporal poles）则显得更加活跃（见图 5-3）。

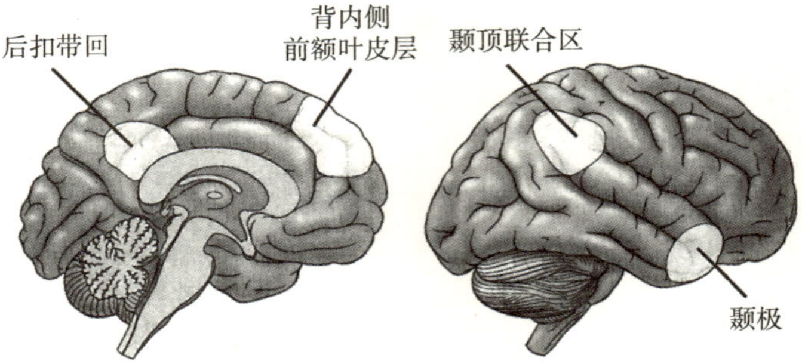

图 5-3 心智化系统

还记得前面提到过的那个以两个三角形和一个圆形为“主角”的动画情景剧吗？这些毫无生命的图形却引起了人们对有关这个图形的思想、感情和意图的思考。在另一项研究中，克里斯·弗里斯和哈佩·弗里斯（Happé Frith）等人发现，当被试在观看这些动画时，他们大脑的背内侧前额叶皮层和颞顶联合区出现有选择性的激活——与以往的研究结果一样。然而弗里斯等人还发现，与没有患自闭症的被试相比，那些心智解读能力有缺陷的自闭症被试的这些脑区的活跃程度显然更低。这就说明，正常被试在观察这些能够从社会性角度进行解释的几何图形时，激活了心智化脑区。（在实验过程中，实验组织者并没有要求被试对这些图形进行“社会化”解释。）但是，那些在日常生活中心智解读能力有缺陷的被试在观看动画时，这些脑区的激活程度并没有得到提高。

我本人最喜欢的一项关于心智解读能力的研究是最近由心理学家罗伯托·卡维萨（Roberto Cabeza）完成的。他和他的研究团队试图以一种更加自然的方式进行心智解读能力研究，因此，他们要求参加实验的每位被试都在胸前挂上一台能够定时自动拍照的照相机，而且在活动时也不要拿下来。等这个“自动拍照”过程结束的时候，每个人都拥有了成百上千张照片，记录着他们平凡的日常生活。然后，被试躺在核磁共振成像扫描仪里依次观看这些照片；他们同时也被要求观看另一位被试的照片。当看到自己的照片时，被试便会回忆起曾经的经历。但在观看其他人的照片时，他们就必须运用心智解读能力通过这些照片之间的联系来想象他人的经历（“这些人将要去哪里？”或者“她接下来想做什么？”）。与观看自己的照片相比，被试在观看别人的照片时，他们大脑中与心智解读能力相关的脑区显然更加活跃。

在过去的15年里，科学家们已经进行了数十项类似的研究，从这些研究结果来看，我们可以总结出两个稳定的模式。第一，当人们运用心智解读能力时，背内侧前额叶皮层和颞顶联合区几乎总是显得更为活跃（后扣带回和颞极的激活也表现出了相当稳定的规律性）。因此，我们可以将这些脑区称为心智化系统（mentalizing system）。第二，在这些研究中，从来没有观察到与工作记忆、非社会推理以及流体智力有关的脑区的活跃程度增加的情况。换句话说，神经影像学研究结果已经告诉了我们很多东西，而且，如果我们仅仅关注大脑内部的工作原理的话，很可能永远也不可能真正掌握这些东西：虽然社会思考与非社会思考的过程从我们自己的感觉来看似乎是相同的，但实际上，进化却创造出了两个完全不同的系统来处理这两种思考。

事实上，这并不是我们第一次遇到心智化系统。它第一次出现在第2章，不过在那里，我把它称为默认网络。功能性核磁共振成像研究表明，这些与理解他人思想有关的脑区大部分都与人们一休息就“打开”的默认网络脑区大致相同，它们与做梦时“打开”的脑区也相同。这些脑区作为一个网络，从我们出生那天起就开始“工作”。在前面的章节中，我已经指出，这些区域有助于促进我们对社交圈的强烈兴趣。现在，我们又从心智化的角度讨论了这个网络的功能，因此，关于这个专门网络能做些什么，我们已经有了更加清晰的认识。

为了搞清楚我们在休息时大脑里到底发生了什么神经生化过程以及这些过程

与我们关注他人思想的“社会化倾向”又有什么关系，罗伯特·斯邦特、梅根·迈耶和我最近又完成了一项研究。以往的一些研究已经证明，默认网络和心智化（能力）网络两者在结构上是重叠的。只要仔细观察这两个网络，任何人都能清楚地看到两者几乎相差无几。因此，最重要的一个问题是，我们所看到的在休息时出现的这些脑区的活动是否真的对社交和人的社会化有帮助？它们是不是也会服务于另一个重要的目标？或者，大脑在完成一个需要运用心智解读能力的任务时这些脑区所做的事情，也许与大脑在休息时这个网络所做的事情是不一样的。关于这个问题，以往的研究并没有给出清晰的结论。直到今天，绝大多数试图解释默认网络的功能的研究结果都表明，从总体上看，默认网络是一个“碍手碍脚”的东西——它会让我们更容易出错。

我认为，默认网络可能为大脑提供了数以千计个小时来练习如何处理社会信息。若果真如此，那么多年来更频繁地运用默认网络的那些人应该更擅长进行社会思考——毕竟，熟能生巧，更多的练习理应带来更好的结果。为了推进在这个研究方向上的探索，我们尝试着迈出了一小步：鲍勃（罗伯特·斯邦特）、梅根和我测量了人们在休息时大脑默认网络被激活的程度。我们的第一个假说是，如果某人大脑的默认网络被强有力地激活了，那么其激活程度应该可以折射出这个人大脑的默认网络在休息状态下被强烈激活的历史（而激活的历史则导致了这个人现在所拥有的已经增强了的心智解读能力）。为了测试这个假说，实验对每位被试大脑的默认网络的激活程度与其在完成一项独立的心智化任务时的成绩的相关性进行了分析。

研究结果表明，那些在休息时背内侧前额叶皮层激活程度更高的被试，在后来完成心智解读能力任务时的表现明显要好一些（他们完成任务的速度更快）。实际上，那些背内侧前额叶皮层激活程度最高的被试的速度比脑区激活程度最低的被试完成任务的速度至少要快10%。读者不妨想象一下，如果你在每一项社交互动中都完成得比别人快 10%，那会发生什么情况？这就像你在下一盘棋时总能做到比别人快一步。这是默认网络活动与社会思考之间的第一个连接。但遗憾的是，我们没有继续对这些人进行跟踪研究，因此无法确定在休息时默认网络的活动是不是真的会引起社会思考能力的加强。因此，我们进行了第二项更有针对性的研究。

我们的第二个假说是，默认网络使我们时刻准备着去进行社会思考。请读者回顾一下第 2 章曾讨论过的如下这个观点：在我们休息时，默认网络的活动可能发挥的一个基本作用是，它让我们做好准备——无论接下来发生什么，都优先从社会的角度，而不是从生理的角度去看待。或者说得更具体一些，默认网络让我们时刻准备着，透过心智化的“镜头”去观察别人的思想。

社交天性实验室

为了检验这个假说，我们让参加实验的被试完成三项任务，其中只有一项任务要求被试运用心智解读能力进行心智化，其他两项任务则没有这方面的要求。这些实验是打乱次序混合进行的，这样被试就无法猜到下一轮实验中要完成的任务属于什么类型。在每轮实验之间，我们还给了被试一段短暂休息时间（2 ~ 8 秒）。我们要测试的就是，在这段简短的休息时间里默认网络的活跃程度与被试在接下来的实验中的表现之间是否存在相关性。结果令人惊喜：休息时默认网络活跃程度更高的被试在随后进行的心智化任务实验中的表现，远远好于那些在休息时默认网络活跃程度比较弱的被试，而在非心智化任务实验轮次中则没有出现这种情况。换句话说，休息阶段的默认网络的活跃强度并不能预测被试在随后进行的非心智解读能力实验中的表现。尽管这项研究提供的证据仍然相当初步，但却非常令人信服，它们足以证明默认网络的作用就是帮助我们社会化，即让我们时刻准备着从周围人的心理状态的角度看待世界。感谢这个心智化系统，有了它，我们在看到一个人的身体时，不会只看到一具躯体，因为我们知道那是一个由思想指引和控制的知觉载体。当然，进化本来完全可能让别的什么系统在我们休息时“打开”，例如让我们时刻准备着从数学或其他任何角度看待我们生活的这个世界。但是，进化的“选择”是让大脑在休息时立即重置到社会思考“状态”，并隔绝非社会思考的影响——让大脑不放过任何一个进行社会思考的机会。

怎样打牌次次都能赢

为了尽可能准确地推测他人到底在想些什么，人们每天都要数以百计次地启动心智化系统。有时，这种活动只不过是内心深处的冥思苦想，因为我们天生就对“别人为什么要这么做”感到好奇。当然，在一定程度上，是上面描述的那些关于心智解读能力的研究给读者留下了这种印象，因为在这些研究中，所有参加实验的被试都与观察者之间毫无关系——观察者似乎超脱了一切。但在现实生活中，进化之所以赋予我们心智解读能力，并不是为了让我们变成不被人觉察的观察者。哲学家、心理学家威廉·詹姆斯（William James）有句名言说得好：“自始至终，我的思想永远都是为了我的行动服务的。”社会思考也是如此。我们在某件事情上成功与否往往与别人做得好不好交织在一起，或者我们的成功往往取决于与他人的互动。在这种情况下，能不能跟踪或预测他人的思想状态就至关重要了，成败尽在于此。

试着想象一下，假设你正在和朋友玩电子游戏，在游戏中，你们需要在一个迷宫中诱捕一只动物。因为迷宫里根本就没有死胡同之类的地方，所以单凭你一个人的力量是无法把这只动物赶到角落里去的。相反，你必须与你的朋友联合行动，从两面包抄才能让这只动物无路可逃。再想象一下，你和朋友玩的是网络游戏，两人实际相隔千里，因此你俩无法在一起讨论策略。当然，你能够看到朋友采取的每一步行动，且必须根据你对朋友下一步行动的猜测来决定自己的下一步行动。在神经科学家吉田光（Wako Yoshida）主持的一项功能性核磁共振成像研究中，被试需要完成的任务就与这个游戏类似——吉田光把他设计的任务称为“猎鹿”（stag hunt）。最后的结果表明，被试的合作伙伴的下一步行动越难以预测，其心智化系统被激活的程度就越高。值得注意的是，进入文明社会后，在日常生活中我们完全能够用语言明确地表达出自己的意图，但是我们的灵长类祖先却无法使用语言来促进合作。语言技能的缺乏意味着，如果一群原始人或灵长类动物合作狩猎（或者集体逃避捕食者），那么，许多协调工作都必须通过狩猎团体中的其他成员所发出的可以被直接观察到的简单信号来完成。

我们经常与他人合作，也经常与他人竞争，无论是合作还是竞争，准确地“破译”别人的目标和意图都是至关重要的，因为别人可能会有意无意地误导我们。在门外汉看来，像扑克这样的游戏似乎很大程度上完全是靠运气，因为所谓的“牌理知识”不但很少，而且非常浅显明了，任何人只要知道什么牌可以打败别人、拿到顺子或同花的概率是多少就可以下场玩一把了。确实，任何一位专业的扑克玩家都会告诉你，打牌所需的技巧确实不多。

第一个技巧是耐心。人们大多想亲自下场玩几手，并且每一手都想赢，自己参与游戏总比在旁默默观看更有意思，而且赢也总比输更有劲头。但在真参与其中时，大部分人在大部分时候都处理得相当糟糕，如果打牌时未经仔细推敲就匆忙出牌，那么你很快就会处于下风。打牌最大的诀窍是，你每时每刻都必须非常清楚什么时候应该果断“止损”。**第二个技巧是虚张声势。**当你抓了一手臭牌时，你能不能骗过其他人，让他们相信你抓了一手好牌？在这种情况下，你能迫使他人弃牌吗？关键是，你不能让别人发现你只是在虚张声势。**第三个技巧是辨别出他人是不是在虚张声势。**如果各玩家在第一个技巧上旗鼓相当，那么输赢在很大程度上将取决于他们虚张声势的本事以及识破他人虚张声势的本事。

在一定意义上，心智解读能力就像“军备竞赛”，是会“不断升级”的，因为每一方都会使用某种策略去制衡他人、智取他地。电视剧《陆军野战医院》（*M*A*S*H*）其中一集叙述了这样一个故事：温彻斯特是个贵族家庭出生的自大傲慢的医生，他非常不喜欢陆军基地，但是他很喜欢与霍克艾·皮尔斯（Hawkeye Pierce）和其他人一起玩扑克牌游戏。每一次，温彻斯特都能把他们打个落花流水，这个游戏已经让他们濒临崩溃。不过，到了那集电视剧接近尾声时，他们终于识破了温彻斯特虚张声势时的秘密：每当温彻斯特的牌比他自己预想中的还要糟糕时，他就会更大声地吹口哨。因此，到那一集结束时，温彻斯特终于输得一无所有了。在这部电视剧中，温彻斯特成了一个笑柄；但在现实生活中，他（或者与他类似的人）很可能会想到别人已经识破了自己的秘密，然后再策略性地利用这一点来保证自己可以获胜。他可能会改变吹口哨的时间以及吹口哨的方式，以便在拿到一副好牌时推高赌注、在拿到一手烂牌时虚张声势地把别人吓唬出局。而且，这种调整可以无休止地进行下去。

社交天性实验室

乔治·克里切利（Giorgio Coricelli）进行的一项实验研究很好地刻画了心智解读能力的“军备竞赛”现象。这是一个“猜数”实验，在实验中，被试要进行多轮实验，每个被试在每一轮实验中都要从 0 ~ 100 这些数字中猜某个数字，然后决出胜败。每轮实验的具体规则各不相同，不过有一个总原则：依据某个被试猜测的数字与其他所有被试猜测的数字之间的关系而定。例如，某轮实验获胜的规则是，如果某个被试猜测的数字最接近于所有被试猜测的数字的平均值的 2/3，那就胜出。这就意味着，每个人的猜测都会影响到最终的结果。总而言之，那些完全缺乏策略的人很可能会无视规则随机地在 0 ~ 100 间选择一个数字。而一个稍微懂点策略的被试可能会考虑到，也许其他人都会不讲策略地随机选择某个数字，并认定他们猜测的数字的平均值将会是 50，因此他自己会选择 33（也就是 50×2/3）这个数字。一个更具策略性的人可能会考虑到所有稍微懂点策略的人的策略，假设他们所选择的数字的平均值为 33，因此他们自己猜测的数将会是 22（也就是 33×2/3）。这种策略会一直运用下去，直到最终达到一个纳什均衡为止（纳什均衡为 0）。而在其他实验轮次中，获胜规则稍有不同，例如，猜测的数字最接近所有被试猜测的数字的平均值的 1/2 或 3/2 的被试胜出。克里切利提出了一个指标——策略智商（strategic IQ），它能够衡量个体在做出自己的猜测时在多大程度上考虑到了其他人可能采取的策略。策略智商的高低与背内侧前额叶皮层的活跃程度的高低有非常强的相关性，但与外侧额顶皮层的活跃程度的高低没有任何相关性（外侧额顶皮层与通常的非社会智能有关）。因此，策略智商看起来有点像社会智能，它与大脑内的心智化系统有关。

策略智商（strategic IQ）
衡量个体在做出自己的猜测时在多大程度上考虑到了其他人可能采取的策略。

好销售都是相似的

在成长的过程中，我从未认真考虑过音乐节目主持人（DJ）的工作，尽管我也经常在收音机里听到过他们的声音。但是，我在研究生院的英国朋友们却像我痴迷喜爱的乐队一样痴迷于这些特别的音乐节目主持人，这令我有些难以理解。后来，当我重新开始光顾洛杉矶的一些酒吧和俱乐部时（我已经很久没有去过了），我才终于明白了 DJ 的工作其实相当了不起。面对数不尽的音乐——各种流派、各种风格应有尽有，一般人根本不知道如何筛选。DJ 们花费大量的时间对这些海量音乐进行过滤，他们用耳朵去听、用心去体会、用大脑去判断，然后在适当的时间为特定的顾客奉献合适的音乐。普通人听音乐主要是为了个人享受，而 DJ 听音乐则是为了搞清楚哪些人能够与他们分享这些音乐，以及怎样才能最有效地与他人分享音乐。

从某种意义上说，互联网和社交媒体充当了所有人的信息“主持人”。每天都有数百万人在 Facebook 和 Twitter 上发布信息，希望自己感兴趣的东西也能让别人感兴趣。当我无意中发现了一个关于社会脑的最新研究报告或者在“小发明”（Gizmodo）网站上看到了一种很酷的技术时，我会把它们分享到自己的 Twitter 页面上，因为我知道有许多人在 Twitter 上关注我发布的科学研究动态，他们应该会对这些帖子感兴趣的。我并不会把自己儿子干傻事的照片放到 Twitter 上，因为这是一种“不恰当”的做法。想了解我儿子近况的家人和朋友会关注我在 Facebook 上的帖子（在这里，我要顺便对那些关注我的 Facebook，但并不想看到某个小孩的照片的朋友道个歉）。任何一个人，如果想成为一名合格的信息“主持人”，就必须知道哪些信息是值得与大家分享的，并且懂得如何把这些信息挑选出来；同时，他还必须非常了解自己挑选的信息的受众。只有这样，才能实现最有效的信息分享。

几年前，埃米莉·福尔克（Emily Falk）和我对如下这个问题产生了兴趣：作为最早接触到某些与他人有关的信息的人，我们会产生怎样的心理状态？我们会不会从一开始就以一种纯粹自利的方式来看待信息，只关注这些信息对我们是否有用或者能否让我们感到快乐？我们还想知道的是，人们会不会对新出现的信息进行适当的筛选，以便保证未来与他人分享这些信息时，他人能够因此而获益或感到更加快乐？我们猜测，传达一个好消息或者讲述一个优美的故事应该是建立更好的社会连接的一个很好的途径。

社交天性实验室

为了检验这些想法，我们进行了一项功能性核磁共振成像研究。在实验中，被试躺在功能性核磁共振成像扫描仪里，然后把一些电视试播节目的创意（即新电视节目的创意）播放给他们看。这些试播节目都是我们自己制作的，播放给被试看的内容是每个节目的标题、说明和标志性图像。当被试从功能性核磁共振成像扫描仪里出来后，我们又给了他们一次讨论哪些节目值得进一步改进、哪些节目应该被“雪藏”的机会。我们要求每位被试都把自己想象为一名在某家广播电视公司（例如，美国国家广播公司）工作的实习生，正在对一些电视节目创意进行分类，以便电视制作人能够把时间花在最好的创意上。而另一些被试则扮演制作人的角色，因为这些“制作人”没有看过试播节目的说明，所以他们是通过听取这些“实习生”的报告来了解节目创意的。最后，我们要求“制作人”说出他们听到每个节目创意并进一步说给“广播电视公司的高层主管们”听时，可能会达到怎样的兴奋程度。

我们最终感兴趣的是，在这些“实习生”——最先看到试播节目的有关信息的被试的大脑里到底发生了什么，因为这很可能关系到他们能否成功地分享看到的信息（以推动“制作人”最终“兴奋地”把这些创意进一步传达出去）。我们在实验中观察到，当这些“实习生”看到某个特别好、将要被他们在随后有效地传播出去并且确保能够被“制作人”再次传播给“高层主管”的创意时，他们的心智化系统就像一棵圣诞树一样被点亮了。除了极少数几个例外，所有被试大脑的其他脑区对某个节目创意能否成功地传达给“制作人”及其上级全都非常不敏感。

读者可能会猜想，被试大脑的推理系统或者记忆系统应该也会参与到上面这个过程中来，因为把好创意牢牢记住似乎有助于他们在后来传播信息的过程中更好地与他人进行交流。但是实验结果恰恰相反，我们观察到的只有心智化系统的激活。这也就意味着，即便在刚刚接触新信息的那一刻，我们就已经开始考虑这些问题了：哪些人能够与我们分享信息？怎样才能以一种更有吸引力、更有说服力的方式与我们所选择的人分享信息（以便引起对方的极大关注）？值得注意的是，这种效果并不是因为某些节目创意特别受欢迎、被几乎所有“实习生”青睐而导致的。事实上，每个“实习生”对节目创意的排名都不太一样，因此，我们所观察到的大脑激活方式确实与“实习生”在将他们对某个节目的看法有效地传达给“制作人”时表现出来的沟通能力有关。

我们还分析了所有“实习生”之间的差异。有些“实习生”会比别人做得更好，他们能够确保“制作人”认同自己推荐的所有试播节目。换句话说，这些“实习生”实际上也是更加优秀的推销人员。因此，我们又对这些“实习生”在观看每个试播节目时的功能性核磁共振成像数据进行了更细致的挖掘，结果在他们的神经反应中发现了一种“推销员效应”（salesperson effect）。这些更擅长将节目创意推销给他人的被试大脑内部只有一个脑区，即属于心智化系统的颞顶联合区，比其他被试更加活跃。总之，这些发现表明，心智化系统一直在对涌入大脑中的海量信息进行筛选工作，它能够将那些我们应该与他人分享的信息挑选出来，从而在帮助他人的同时，也强化了我们与他人之间的社会连接。心智化系统在这方面所做的贡献远远超出了我们的想象——此时，我们再一次看到，心智解读促进了社会连接。

在产品出来前挖掘客户需求

如前所述，心智化系统（心智解读能力）在我们与他人打交道方面发挥着令人难以置信的作用。它让我们有能力去窥视他人的内心世界，去考虑他们的希望、恐惧、目标和意图，使得我们更加有效地与之进行互动。它还让我们有能力去猜测他人的心理特征，使得我们能更好地预测出他们对未知情况的反应，避免产生不必要的摩擦。利用这些能力，我们成功地实现了与他人的合作，完成了单凭自己的个人力量永远也无法完成的事情；同时，我们也在利用这些能力与我们周围的人进行策略性竞争。心智化系统还让我们能够对接触到的所有信息进行筛选，筛选出最好的信息与他人分享，并且使我们知道如何与他人进行交流。如果没有这个全能的心智解读机制，我们将会一败涂地。

那么，心智化系统是如何毫不费力地完成了所有上述工作的呢？心智化系统是不是像记忆系统那样，只在我们有意识地努力利用它的时候才能工作？或者，心智化系统的工作方式会不会更像视觉系统——只要我们的眼睛处于睁开状态，就能在不经意间看到东西？这个问题的确切答案可能非常复杂。然而，我们有很好的理由认为，虽然心智化系统会自动开启，但是它的操作过程却更接近于工作记忆系统——或者，我们不妨称之为社会工作记忆系统。为了检验这个假说，梅根·迈耶和我做了一项研究，在这项研究中我们要求参加实验的被试完成一个工作记忆任务。不过，这次分配给他们的工作记忆任务虽然也是非社会的，但却并不是要求他们记住数字或者字母，而是去“想念”自己的几个朋友，想想他们是多么的有趣、执着或焦虑。

正如他们在非社会工作记忆任务中的表现一样，社会工作记忆任务越难，被试就越不可能做对，而且做题时所花的时间也越长。然而，与非社会工作记忆任务不同（因为在非社会工作记忆任务中，完成难度较高的实验时，被试的心智化系统会被关闭），在这次实验中，被试要完成的任务越难，心智化系统的活跃程度也越强。在一项后续研究中，我们还发现，从根本上讲，被试在社会工作记忆任务中的表现与他们在更传统的非社会工作记忆任务中的表现是毫不相关的。这表明，它的确是一个截然不同的心理过程。

因此，在大多数情况下，心智化系统似乎都需要“很努力”才能有效地工作。这一点很重要。因为人类总是不喜欢付出努力，所以在日常生活中，人们总是尽可能地不使用心智化系统。如果有一种方法能够让我们避免付出努力，那么我们几乎总是会立即照做。如果存在一条心理捷径可以让我们不必努力工作，那么我们就会采用这条捷径。这些捷径被称为“启发式方法”（heuristics）。我们一直在使用这种方法来简化我们的决策过程。总的来说，启发式方法表现为精确度和努力程度之间的一种合理权衡（在付出的努力不大的前提下，得到一个可以接受的精确度）。启发式方法之所以能够进化出来，就是因为在大多数情况下它们都表现得相当不错。不过有时，它也可能会给我们带来麻烦。

当我们在进行社会思考时，启发式方法运用得非常普遍。在实验中，当知道自己在进行心智解读能力测试时，几乎每个成年人都可以轻而易举地通过所有测试，但在日常生活中，他们并不一定能够充分运用这种能力。尽管我们有能力去做一些事，却并不意味着我们一定会自发地运用这种能力，这两者之间存在巨大的差异。在日常生活中，我们通常会使用不需要付出多少努力的启发式方法来代替需要付出辛苦努力的精确心智解读活动。我们常常以己度人，似乎我们能看到的东西别人也能看到，我们相信的东西别人也会相信，我们喜欢的东西别人也会喜欢。在看了一部新电影后，我们很少会根据朋友过去对电影的喜好，先仔细评估再确定朋友是否会喜欢这部电影；而是会假设自己喜欢的电影，朋友也肯定会喜欢。如果正在考虑的电影是《阿凡达》(*Avatar*)，鉴于它是有史以来最成功的电影之一，那么这种启发式方法不会给你带来太多的麻烦。然而，如果你跟我一样，是这个世界上认为《大开眼界》(*Eyes Wide Shut*)是一部值得一看的好电影的少数派，那么直接假设其他人的偏好与你一样，就不是一个好主意了。

社交天性实验室

芝加哥大学心理学家波阿斯·恺撒（Boaz Keysar）首创了一种研究成年人心智解读能力的有限性的实验范式，他的设计非常巧妙，其核心是一个导演任务（director's task）。试想象一下，你是一名参加实验的被试，正与另一名被试一起坐在一张桌子的两旁，在你们中间放着一个 4×4 网格的货架（见图 5-4）。货架的一些格子里放着一些小物品，比如，玩具汽车、瓶子、苹果，等等。货架的部分格子的一面是封住的，这样你能够看到放在格子里的东西，而你的搭档却看不到。每个货架总共有 16 个格子。你能够看见所有格子上的东西，而你的搭档则只能看到其中 12 个格子上放着的东西。这个任务的要求是，无论你的搭档（"导演"）要求你用什么方式移动物品，你都得照办（实验人员已经给了你的搭档一个"剧本"，"导演"根据它来向你发出指令）。比方说，你的搭档会要求你把汽车玩具向下移动一格——这当然是一件轻而易举的事情；或者把苹果向右移动两格也没问题。但是如果他提出了一些特别的要求，那可能就比较难办了。

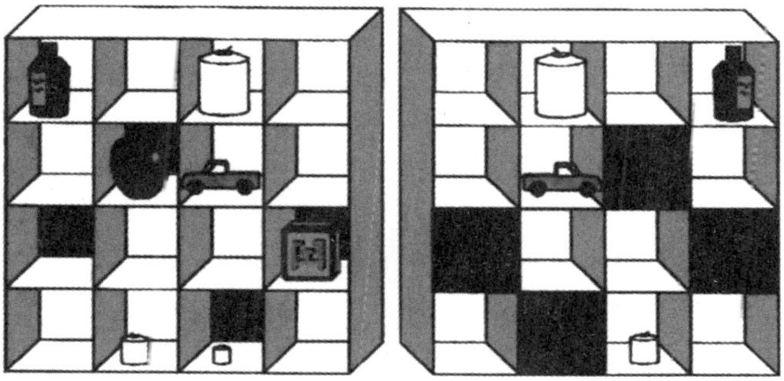

图 5-4 导演任务

资料来源：Keysar，B.，et al. (2000). Taking perspective in conversation. *Psychological Science*，11(1)，32-38.

请注意，在这个货架的三个不同的网格里分别放着三支蜡烛，虽然你能看到其中最小的那支蜡烛，但是你的搭档却看不到。当你的搭档要求你移动那支“小蜡烛”时，你应该怎么做？伊洛瓦兹·杜曼塞尔（Iroise Dumcntheil）和莎拉-杰恩·布莱克莫尔（Sarah-Jayne Blakemore）选了一些年幼的孩子、青少年以及成年人来完成这个任务。当面对这个“蜡烛测试”时，年幼的孩子移错的概率是 80%。通常情况下，孩子们会移动最小的那支蜡烛——也就是说，他们会移动他们的搭档看不到的那支蜡烛，而这不可能是他们的搭档所指的那一支。这种行为是以自我为中心的，因为孩子们似乎不是站在搭档的角度看问题的，而是以为他们能看到的，他们的搭档也能够看到。

成年人在完成这个“导演任务”时的表现要比未成年人好得多。当然，这也是他们应该做到的，因为成年人的心智解读能力比孩子们发展得更完善。然而值得注意的是，成年人做的仍然没有我们想象中的那么好。我们原本以为，尽管要完成这个稍微有点棘手的任务，成年被试需要的时间可能会相对较长（因为他们需要“多想一层”），但是每个人都应该会做对的。如果你知道你的搭档看不见这支最小的蜡烛，那你为什么还要移动它呢？然而，在杜曼塞尔和布莱克莫尔的研究中，面对这个稍有难度的要求时，大约有 45% 的成年被试犯了错。尽管成年人的心智解读能力确实要好一些，但正如这些研究所表明的，他们在日常生活中

却经常无法可靠地运用这种能力。这很可能是因为，精确的心智化系统要求支持这种能力的相关脑区付出更多的努力；无论何时，只要心存侥幸，我们就会成为一个心智懒虫（直接诉诸启发式方法）。总之，我们的心智解读能力可能确实绰绰有余，但这并不意味着我们总是能很好地运用它，当然，也不意味着我们无法学会把它运用得更好。

虽然我们在学龄前就已经开始发展理解他人信念和观点的能力，但直到成年之后，我们在运用这种能力时仍然显得不够高效。然而，尽管如此，心智解读能力仍然是人类大脑发育的一个标志性成就，它将人类与其他物种区别开来。心智解读能力再加上语言和抽象思维能力，是我们能够躲在家里开着空调通过微型无线通信设备与他人沟通的主要原因。没有这个神奇的心智过程，我们的工作、学习和友谊全都无从想象。心智解读能力不仅让我们有能力去想象他人此时此刻在想些什么或者感受到了什么，而且还允许我们去想象他人对发生的几乎所有事件的反应。它甚至还允许我们去思考当他人的人生道路、兴趣或者所在的环境发生变化时，他们的反应会发生怎样的变化。

苹果公司联合创始人史蒂夫·乔布斯（Steve Jobs）曾经说过，他对产品设计的看法与亨利·福特（Henry Ford）的观点非常相似。亨利·福特有句名言：“如果我问我的顾客他们需要什么，他们会告诉我说‘需要一匹跑得更快的马’。”亨利·福特强调的是，成功发明的精髓是在东西发明出来之前就弄清楚人们将来会需要什么。

对于人们将来需要什么这个问题的答案，史蒂夫·乔布斯比客户自己还要清楚。他在这方面无疑是高手中的高手。2001年，在苹果公司首次发布iPod时，许多观察家都曾公然宣布它的死期不久就会到来；然而到了2011年，苹果公司已经售出了3亿多部iPod，这还不包括iPhone和iPad以及无数受它启发而被制造出来的竞争性产品。iPod的创意可能并没有做到让大多数评论家眼前一亮，但是，史蒂夫·乔布斯却拿他的信念去赌整个苹果公司的未来，他的信念是，当人们用过苹果公司的产品后，一定会爱上它们的。

每一天，我们都在利用心智解读能力，以各种各样的方式去预测与我们的生活密切相关的他人的需求、欲望和忧虑，并采取行动让他们过得更好。如果我们足够幸运，那么别人也会将心比心，为我们付出。社会痛苦和愉悦只是一系列随机事件，它们之所以能够呈现出区别，就是因为我们拥有了能够带领我们趋向快乐、避开痛苦的心智解读能力。

06

SOCIAL

镜像神经元，使心智解读成为可能

有一次，我的一个朋友开玩笑地对我说，如果一觉醒来，发现他住在一个像金·凯瑞（Jim Carrey）主演的电影《楚门的世界》（*The Truman Show*）里描绘的一个虚构世界里，他的第一反应会是："啊～飞机！我怎么这么容易受骗，竟然相信300吨重的公共汽车真的能够飞起来？"看起来似乎确实不太可能，然而在现实生活中，飞机每天都在安全地起飞、降落，全球正常运行的飞机航班早就数以千计了。事实上，飞机是最安全的出行方式之一，其风险只比利用谷歌地图看世界略微高一点。当然，飞机也不是百分之百安全。以每小时数百英里的速度在空中飞行意味着，任何一个系统故障都是巨大的安全隐患，都可能会导致空难的发生，或者更准确地说，只有保证构成一架飞机的各个系统都有极大的冗余，其安全性才能得到保障。在每一架飞机上，发动机、飞行控制系统和通信设备等都是双份的，这就确保了万一其中一个系统坏了，备用系统也能保证飞机安全到达目的地。在高空飞行是一项高风险的事情，为了预防致命的系统故障而多投入一些资金，绝对是值得的。

飞机能否安全飞行，是一件生死攸关的事情；我们所拥有的理解他人内心想法的能力，虽然不像飞机坠毁事故那样可以直接决定一个人的生死，但是一个人能否弄清楚他人的思想和意图，也可能决定他一生的成败。心智解读能力的高低可能会导致人们的生活质量出现天壤之别——是社会连接越来越丰富、幸福感越来越强，还是一天比一天孤独、一天比一天抑郁？在这个意义上，我们完全有理由把进化赋予的用来弄清他人心中想法的心智化系统称为大脑的冗余系统。

在本章中，我们将研究第二个与理解他人内心想法有关的神经系统，这一系统与心智化系统的结构完全不同。与心智化系统不同的是，第二个系统是人类与其他灵长类动物共享的。那么，在这两大系统中，哪一个才是我们在理解他人思想和意图时更有效、更优先运用的系统呢？对于这个问题，科学家们众说纷纭。正如在科学界里通常发生的那样，每个"系统"的捍卫者都倾向于更多地研究自己"偏爱"的那个系统，他们总是最大化这个系统做出的贡献，而最小化另一个系统做出的贡献（尽管另一个系统的贡献也是显而易见的）。

在现实生活中，这两大系统实际上所承担的工作是不同的，而且通常具有互补性；两大系统都对作为社会动物的我们至关重要。两大系统都能帮助我们弄清楚日常生活中他人一举一动的意义，都对我们能否拥有共情能力、对不幸的人产生怜悯之心至关重要。如果某个人的这两大系统出现异常，他就会患上自闭症；患了自闭症的人很难理解他人内心的想法，因此也难以形成和维持极其重要的社会连接。

镜像神经元，10 年来最重要的科学发现

意大利帕尔玛大学的贾科莫·里佐拉蒂（Giacomo Rizzolatti）专门研究灵长

类动物的神经生理学。在整个 20 世纪 80 年代，他和他的同事们一直在实验室里专注于以下这个问题：当猴子（恒河猴）完成一个动作时，它的（单个）神经元会如何做出反应——某个神经元会不会被激活，或者说，会不会“放电”。他们发现，猴子把一个物品抓在手中时，运动前区皮层中的某些神经元会选择性地做出反应；当猴子把某个东西扔进嘴里时，另一些神经元会做出反应。他们还发现，一些神经元会在猴子看到一个它能够抓握的物体时做出反应，即使当时猴子并没有抓着它也是如此；而其他神经元在猴子看到这些物体时并不会做出反应，除非这只猴子对这个物体采取了某种动作。换句话说，对于灵长类动物来说，它们在完成某个动作时，与这个动作相关的各个方面都是由不同的神经元“负责”的，哪怕一个最简单的动作也概莫能外。

在进行其中一项研究的过程中，研究人员发现了一些意料之外的东西。在许多人看来，这个意外发现从根本上改变了“人类是如何成为一种社会动物的”这一问题的答案。贾科莫·里佐拉蒂的发现是，一些神经元不仅在猴子自己做某个动作时会放电，而且在它看到别人做出同一动作时也会放电。这就是说，当猴子自己手中抓着一颗花生时与猴子看到某个科学家手里抓着一颗花生时，某些神经元的反应是相同的。在猴子单独看到花生（而没有看到针对这颗花生采取的动作）时，这些神经元并不会做出反应；而且，当猴子们看到实验人员做出了捡花生的假动作（那儿根本没有花生）时，这些神经元也没有任何反应。

这些结果令人大吃一惊。它们之所以令人惊喜，是因为神经科学家曾经把大脑分成了多个不同的区域，并认为不同的脑区分别负责感知、思考以及动作。但就这些镜像神经元（mirror neurons）而言，感知和动作却是发生在同一些神经元“身上”的。自己捡起一颗花生与看到别人捡起一颗花生时，这些神经元做出了相同的反应。虽然一些心理学家以前就曾提到这种知觉 - 运动重叠现象，但是大多数科学家还是觉得非常意外。人们一直认为对动作做出反应的神经元并不会参与到感知过程中来，但是里佐拉蒂的研究却表明，这些神经元（镜像神经元）或许会！

镜像神经元的发现是一个相当令人兴奋的科学事件。学者们对镜像神经元的兴趣迅速高涨了起来，许多人都试图从镜像神经元入手，尝试解决当前心理学领域的一些最困难的问题。为了支持和倡导这种思路，著名神经学家拉马钱德兰（V. S. Ramachandran）热情洋溢地写道，镜像神经元是“这10年来最重要的……发现”，他还认为，“镜像神经元对于心理学的意义，相当于DNA对于生物学的意义：它们都为我们提供了一个统一的框架。镜像神经元有助于解释许多迄今仍然保持着神秘色彩且普通的实验方法又无法企及的心智能力”。事实上，正如他所预料的，自从镜像神经元被发现之后，心理学家已经认定，我们的语言能力、模仿能力、心智解读以及同情共感等诸多能力都离不开镜像神经元的贡献；甚至认为人类社会的制度、文化都与它相关。这实在让人激动不已——一个神经元就能够用来解释人性中的所有这些奇迹。

人们对许多科学上令人兴奋的新发现的认识过程都要经历一个黑格尔式的“辩证过程”，这类似于华尔兹三步舞曲：首先，人们希望这个新发现可以用来解释所有无法解释的现象（第一阶段：正题），随之而来的是对上述信念的动摇，认为大多数现象都无法用这个发现来解释（第二阶段：反题），最后才最终认清了现实——这个发现在某些方面或许很有用，但在另一些方面则可能没有什么用（第三阶段：合题）。在今天，对镜像神经元的研究可能仍介于第一阶段与第二阶段之间的某个位置。在某些情况下，一些人仍然认为镜像神经元可以解释一切，但是越来越多的人却开始直言不讳地对这种看法提出了批评。就我个人而言，我认为自己大体上倾向于第二个阶段，但与此同时，我也热情地期待着第三阶段的到来。归根结底，我认为在以下两个方面，镜像神经元发挥着非常重要的作用。第一，镜像神经元在我们模仿他人的能力中扮演了重要的角色；第二，镜像神经元对于心智解读是必不可少的。不过我认为，在这个方面，镜像神经元扮演的是幕后英雄的角色，这与通常的看法不同。

模仿

在距今约20万年以前，远古人类的大脑重量就已经与现代人类差不多；然而，几乎没有证据能够证明，人类在5万年以前就已经拥有了先进的文化（例如，复杂的工具、语言、宗教信仰和艺术）。有证据表明，也是在那个时候（距今大约5万年以前），人类身上出现了一些微小的基因变化，把我们推到了一个临界点，引发了“文化大爆炸”，使人类社会进入了一个不断加速、不断自我强化的级联式文化发展过程。有的学者认为，这种基因变化加强了我们的工作记忆系统，允许我们的大脑同时考虑多种更复杂、更抽象的想法。但是，拉玛钱德兰则反驳道，使一切变得如此不同的关键可能是一个影响了镜像神经元的基因变异，他把它描述为“人类进化‘大跃进’背后的根本驱动力”。

从文化的角度来看，人的技能和习惯的进步和发展依赖于模仿能力。考虑到如下这个事实，镜像神经元看上去似乎是一个支持模仿以及基于模仿的理想学习机制：镜像神经元只有存在动作以及对运动的感知时才会做出反应（然后根据“看见”的东西对自己的动作进行微调）。特别是在前语言社会，通过模仿进行学习的能力可能是人与人之间、上一代与下一代之间传播创新的主要途径。每个人都可能对某种技能，如狩猎或者建造房子做出小小的创新，然后这些创新又可以传播给他人，而他人又会进一步增进创新，这样就会使创新以有益的螺旋式上升的方式向前推进。或许，镜像神经元是最早的社交媒介？——在我们能够大声地用语言说出来、用微博或博客将信息发布出来、在云端进行更新之前。答案似乎是肯定的。镜像神经元在模仿中扮演着一个关键角色。

社交天性实验室

1999 年，我的同事马可·亚科博尼（Marco Iacoboni）发表了一篇论文，第一次证明了人类大脑中同样存在着一个镜像神经元系统。不过，与此前人们以猴子为对象的研究不同，亚科博尼关注的并不是具体的动作以及对动作的观察，而是模仿。在他的研究中，接受功能性核磁共振成像仪扫描的被试要观看一些关于手指动作的视频，他们可以只观看，也可以模仿看到的动作。亚科博尼发现，无论是在只看不动时，还是在模仿视频中的动作时，人类大脑中位于外侧前额叶和外侧顶叶的一些脑区都会被激活，它们与里佐拉蒂曾经在猴子脑中观察到的脑区相同（见图 6-1）。这就表明，这些外侧前额叶和顶叶脑区的镜像功能类似于在猴子身上观察到的镜像神经元。因为功能性核磁共振成像无法直接观察到单个神经元的活动，所以仅凭这些研究并不能断言在人类身上也发现了镜像神经元。因此，人类大脑的这些脑区通常被称为“镜像系统”，而不是“镜像神经元系统”，具体地说，它们包括大脑前额叶的运动前区皮层、前顶内沟（anterior intraparietal sulcus）和下顶叶小叶（inferior parietal lobule）。需要提请读者注意的是，虽然镜像系统和工作记忆系统都位于额叶和顶叶的外侧皮层的某些脑区中，但是实际上这两个系统却是分开的，位于这些区域的不同地方。

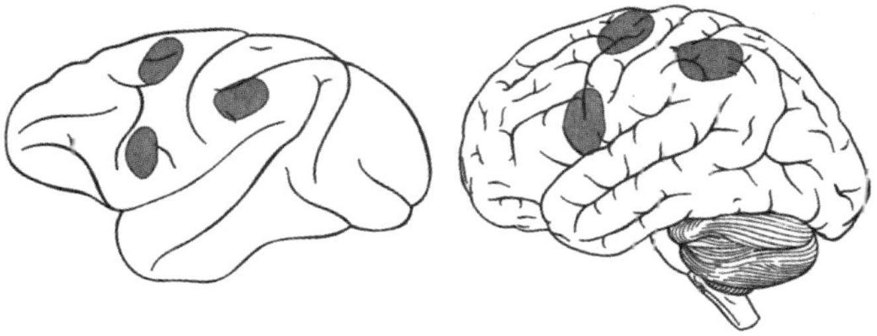

图 6-1　恒河猴的镜像神经元系统（左）和人类的镜像系统（右）

虽然，上述第一个针对人类大脑的功能性核磁共振成像研究的结果表明，镜像系统在模仿中起到了一定作用，但要真正把模仿这个问题阐述清楚还需要更多的证据。在接下来的一项研究中，亚科博尼要观察的是，当镜像系统暂时遭受损毁时，模仿是否会受到影响。为此，他的研究团队使用了经颅磁刺激术(transcranial magnetic stimulation，简称 TMS)，让电流直接通过大脑皮层的某个特定的点，暂时让这些区域的神经元“受损”(从根本上说，是让这些脑区停止工作)。初听起来，经颅磁刺激术似乎是一种相当可怕的技术，不过只要运用得当，它其实是很安全的，不会损害大脑的健康，所谓的受损只是暂时性的。在这项研究中，亚科博尼等人对被试实施了经颅磁刺激术，同时要求他们模仿一个动作（按一定次序按下按钮）。实验结果显示，当经颅磁刺激术被应用到被试的镜像系统脑区时，他们在试图模仿他人的过程中出现了更多的错误；但是，当经颅磁刺激术被运用到非镜像系统脑区时，模仿的错误率并没有升高。这个结果表明，镜像系统在模仿中扮演着一个致因性的关键角色。

上面两项研究证明，当被模仿的动作是惯常的基本动作，而不是新奇的动作时，镜像系统发挥了重要的作用。在前来参加实验之前，这些被试（都是成年人）已经能够灵活地运用他们的手指。为了检验镜像系统是否支持基于模仿的学习，或者说，能不能把完成某些事情的新方法传播开来，我们还需要更多的证据来证明，在通过模仿习得新动作的过程中是否确实涉及镜像系统。里佐拉蒂的研究团队进行了这方面的功能性核磁共振成像研究，其中包括要求一些不是音乐家的被试按照他们所看到的吉他弹奏指法进行手指运动的模仿。正如之前预测的一样，镜像系统确实参与了对之前没有接触过的复杂的手指运动的模仿过程。毫无疑问，在各种模仿中，其他认知能力也扮演了重要角色，但是我们似乎可以相当肯定地说,单单就模仿这个角度而言,镜像系统确实是名副其实的,无愧于其“镜像”之名。

“偏爱”镜像神经元的研究人员的第二个主要论断是，镜像系统还负责理解他人的思想。对于试图理解社会“心灵”的人来说，这一断言无疑是最能引起大多数人的兴趣的。然而有些悖谬的是，正如克林顿总统在遭到弹劾时，他的命运几乎完全取决于一些文字游戏（比如说，对“性”和“是”这些字眼的确切意思的理解）一样，我们最终会不会相信镜像神经元有助于心智解读、能帮助我们理解他人的意图，在很大程度上也完全取决于我们对心智解读、目标和意图等术语的意思的理解。为了搞清楚镜像系统与心智解读之间的关系，我们必须稍微回顾一下历史，回过头去分析围绕着“我们是如何了解他人的思想的”这个问题而展开的哲学争论。

在 20 世纪 80 年代早期，发展心理学家们对心智理论这个概念的看法各不相同。通常来说，心智理论是指我们所拥有的关于他人心智的理论，而且根据这个理论我们可以合乎逻辑地推断出他人在各种情况下的思想、信念和欲望。许多哲学家，如丹尼尔·丹尼特和史蒂芬·斯蒂奇（Stephen Stich）都非常支持这种能解释我们是如何对他人的行为做出预测的方法。（其中，史蒂芬·斯蒂奇还是我在大学本科时的导师。）事实上，在一段时间内，心智理论一直是人们最关注的焦点。但在 1986 年，关于我们是如何理解他人心智的问题，哲学家罗伯特·戈登（Robert Gordon）提出了另一个理论。

心智理论（Theory of Mind）
指我们所拥有的关于他人心智的理论，而且根据这个理论我们可以合乎逻辑地推断出他人在各种情况下的思想、信念和欲望。

戈登的主要洞见是，在某种给定的条件下，我们可以通过多个可能的途径预测他人的意图。**第一个途径与心智理论有关。**根据对“大脑在一般情况下如何工作”的普遍看法，我们能够利用一系列“如果 - 那么”去合乎逻辑地推断出他人的可能意图。例如，如果我们知道某人在过去 8 个小时内没有吃过一丁点儿东西，那么我们就可以推断出他可能会饿；而如果我们能够推断出他饿了，那么我们也就能够推断出他现在拥有找东西吃的意图。

第二个途径则主要涉及想象力：我们可以想象，在这种情况下自己会怎样做。我们会在头脑中模拟出自己在同样的环境中的反应，然后以这种自然反应为指导，去想象他人可能会有的想法、感觉和行动。例如，如果我想知道某人在收到情人的分手短信后的心理感受，那么我就可以试着在内心重构这个场景，并把自己想象成其中的主角。通过让同样的场景展现在我的脑海里看看自己会做出什么反应，从而帮助我搞清楚其他人可能会做出什么反应。

通常这两种方法会导出同样的结论，但却是通过不同的过程。在运用第一个途径时，我们是在逻辑上思考当时的情景以及一般人将会对此做出什么样的反应。而在运用第二个途径时，为了搞清楚自己会做出什么样的反应，我会想象自己正处于这种情景之中。在第一种情况下，结论的准确性取决于我的逻辑推理能力以及他人的思想与我正在推断的一般人的思想的相似程度。在第二种情况下，结论的准确性则取决于我所重构的场景的正确与否以及目标对象的思想与我自己的思想的相似程度。我们可以把戈登对第二个途径的解释称为模拟理论（simulation theory）。毫无疑问，至少在某些情况下我们是会推己及人，即把自己的想法投射到他人身上的。

但是，就本书所关注的问题而言，这里的关键在于，镜像神经元是否与上面这些解释有关？镜像神经元的最初发现者之一——著名学者维托里奥·加莱塞（Vittorio Gallese）认为，镜像神经元（系统）就是模拟理论得以实现的神经系统。此外他还认为，在正常情况下，人们正是通过这个途径去理解他人思想的；他的结论是："我们能够直接从经验角度理解和把握他人思想的基本机制并不是概念性的推理，而是通过镜像机制对被观察的事件的直接模拟。"

我对戈登和其他一些学者描述的这种心理模拟过程进行了仔细思考，结论就是，心理模拟的难度相当高。他们认为，心理模拟类似于建造风洞对机翼的质量进行检测；或者类似于构建模型进行复杂的计算机模拟（目的同样是对机翼的质量进行检测）。在戈登等人讨论的社会模拟中，在通过模拟结果看到他人将会做出怎样的反应之前，人们必须在心中建构出有关场景的所有因素，这项任务的工作量未免显得太大了一些。但是，如果如加莱塞指出的，仅仅通过对他人的感知，我们就能够直觉地、自动地理解他人的体验，那么，前述模拟理论就更有可能是通过镜像系统实现的。

接下来，就让我们来看看加莱塞的观点吧。事实上，当你看到他人“伸手去拿”东西时，你自己负责“伸手去拿”的神经元也会变得活跃起来，这个事实意味着，你大脑中的神经元的状态与你观察的那个人的神经元状态实现了匹配。当你看到一个人“把手伸向”一个杯子时，你和他的“伸手去拿”神经元都会呈现活跃状态。加莱塞和其他一些学者把这种情况称为你与那个人之间的“动作共鸣”（motor resonance）。如果你与另一个人正经历着同一个“运动状态”，那么从根本上讲，这就意味着你的大脑正在模拟对方大脑活动的状态，因而你就能自发地理解与其行为和活动有关的心理状态。我的大脑正在映像着你的大脑，因此只需要了解我自己大脑的状态，我也就知道了你大脑中的想法。换句话说，镜像神经元似乎提供了一个非常神奇的读心设备，不管我们是否试图理解他人，它都会自动地运作。

“反镜像”神经元

但是，越来越多的批评者指出，拥护镜像神经元的阵营并没有提供足够的证据来证明镜像系统是人类心智解读的核心。还有一些批评者则干脆明确地宣称，现有的研究已经给出了足够多的证据——足够我们下一个清晰无误的结论了：镜像系统并不是心智解读的核心。可贵的是，这些批评者自己也在从事大量的理论和实证研究工作，以确保我们对镜像系统及其作用的最终理解是正确的——他们这种行动无疑是符合“既科学又民主”的精神的。

镜像神经元的研究人员一直认为，镜像神经元对心智解读的重要性体现在它们拥有一个非常重要的品质——对他人行动的抽象意义非常敏感。试着想象一下你看到某人剥开了一颗花生壳时的情景吧。看到这个动作就意味着你获得了一些与这个动作相关的视觉信息，而且同时也会听到一些与之相关的声音。但是，不管是看到还是"听到"这个动作，心智解读所关注的只是意义——有人想剥开花生壳，把花生取出来吃掉。

一方面，如果某个神经元之所以做出反应是因为它"看到"了这个动作而不是"听到"了声音（或者，如果某个神经元之所以做出了反应，是因为"听到"了声音而不是"看到"了动作），那么这种反应就只是一种镜像感知而已（也就是说，最终只停留在了感觉层面上）。另一方面，如果镜像神经元的活动是对另一个人的动作的意义的响应，那么它应该与我们究竟是听到还是看到这个动作无关。2002 年，里佐拉蒂及其研究团队发现了符合这种要求的镜像神经元——部分镜像神经元在"听到"这个动作和"看到"这个动作时都被激活了。这一结果表明，这些镜像神经元的活跃程度的增加是对动作的意义的反应，而不仅仅是针对动作的视觉呈现或声音做出的反应。

格雷格·希科克（Greg Hickok）是"镜像神经元阵营"最直言不讳的批评者之一，他指出了上述视觉 - 听觉研究的一个重要缺陷。里佐拉蒂及其团队在研究中是从识别出一些拥有标准镜像神经元特性的神经元开始的（也就是说，他们先识别出了一些在"看到"和完成动作时会激活的神经元）。然后，他们又对同样的神经元进行了研究，以搞清楚它们是否同样会对动作的声音也做出反应。

在一开始就作为镜像神经元被识别出来的神经元中，只有 15% 的神经元在"听到"动作的声音时也做出了反应。这就意味着，85% 的镜像神经元只会对动作的视觉特征做出反应。同样，它们也无法对动作的意义做出反应。一方面，猕猴的一些镜像神经元似乎确实是对动作的意义而不只是对它的视觉表象做出了反应。然而另一方面，绝大多数镜像神经元却并不是这样的。1∶5 的概率非常重要，因为在功能性核磁共振成像扫描中，我们无法观察单个神经元的活动，相反，我们所观察的只是大量神经元的活动的总体表现。这就是说，当人们运用功能性核磁共振成像研究的结果来为“镜像系统代表行为的意义”这一论断进行辩护时，我们其实根本无法保证，这到底是不是因为那些“对意义有反应”的镜像神经元的活动所导致的结果。这种分析并不意味着镜像神经元不支持人类的心智解读，但它确实意味着，我们很难利用功能性核磁共振成像研究来评估这种能力。

当然，“镜像神经元阵营”也不甘示弱，为了证明镜像神经元表征的是抽象行为的意义，而不是行为的感觉层面，他们又提出了第二个证据。这个发现是，镜像神经元能够对那些对象不可见的动作做出反应。在一项研究中，里佐拉蒂的研究团队先把一个物体展示给猴子看，然后在猴子和这个物体之间放了一堵墙，使猴子再也看不到这个物体。当猴子看到实验人员伸手去拿一个它看得见的物体时，它的镜像神经元有了反应；然后，当猴子看到实验人员伸手去拿那个被隐藏掉的物体时，同样一些镜像神经元也做出了反应。据此，里佐拉蒂争辩道，如果镜像神经元只对看得见的行为动作做出反应，那么当猴子看见某人伸手去拿那些被隐藏着的物体时，它的镜像神经元就不应该有所反应。

但是希科克指出，这种论证同样是有缺陷的。猴子可能已经利用工作记忆在脑海中保存了隐藏物体的形象。人类肯定拥有这样的能力：在看到一个物体后把这个物体记住，然后在即使看不到这个物体时，仍然能在脑海中想起它的形象。或许猴子跟人类一样，也拥有这种能力。**镜像神经元也许并不是对行为的意义做出反应，而是对脑海中的视觉表征做出反应。**

牛津大学心理学家塞西莉亚·赫耶斯（Cecilia Heyes）则从另一个完全不同的角度对“会读心的镜像神经元”理论提出了批评。她认为，镜像神经元的作用不可能是在对动作共鸣的引导下去理解他人；因为从根本上讲，这些神经元并不是天生被用于对观察到的行为动作进行映射或对被执行的动作进行意义建构的。相反，赫耶斯认为，当我在执行和观察一个“伸手去拿”的动作时，“伸手去拿”

神经元之所以被激活的原因是过去的经验，而不是某种内在的镜像功能。赫耶斯认为，镜像神经元实际上就是一些运动神经元，只不过随着时间的推移，它们已经变得“习惯于”在看到自己的动作时做出反应（到了后来，这些运动神经元的条件反射式习惯也扩展到了看到别人做出同样的动作时）。赫耶斯指出，即便是海蛞蝓也会条件反射式地学会将一件事情与另一件事情联系起来，因此这种条件反射并不意味着对意义的理解。自婴儿期开始，我已经成千上万次地看见自己伸手去拿调羹了，出现这种条件反射并不奇怪。

不过，不管镜像神经元是专门为了动作共鸣而存在的，还是仅仅是一些条件反射地将动作与“看见行为”联系起来的运动神经元，赫耶斯和“镜像神经元阵营”依旧能够在以下这点上达成一致：当我看到别人用调羹时，我的“拿调羹”镜像神经元也会“启动”。只有在某些特殊的情况下，赫耶斯和“镜像神经元阵营”才会给出不同的预测。

社交天性实验室

为了检验自己的理论，赫耶斯设计了一个巧妙的“反镜像”（counter-mirroring）实验。在这个实验中，被试需要做出一个与自己看到的动作不一样的动作。请想象一下这种情形：当你看到一只手在移动时，你必须移动你的脚；动作共鸣机制倘若真的存在的话，它应该对这种行为反应很迟钝才对。然而赫耶斯却发现，当被试学会做出一个不同于他们看到的动作时，他们的镜像系统被激活的程度与直接模仿那个动作的情况完全一样。这个结果表明，虽然镜像系统经常会在看到和完成同一个动作时都被激活，但是这种反应并不是其固有的功能；它也能够学会在看到某个动作和完成另一个动作时做出反应。如果镜像神经元能够把我的脚的移动与你的手的移动联系起来，那么就很难说这种反应构成了某种动作共鸣，也很难断定它促进了心智解读。

在另一项研究中，科学家们试图搞清楚，当被试观察到了某个动作后，不是直接进行模仿，而是做出另一个与这个动作有互补性的动作时，镜像神经元的活动情况是怎样的。试想象一下，桌子上放着两个物体：小的那个物体你可以用拇指和食指“拈”起来（例如，一粒方糖）；较大的那个物体呈圆柱状，你可以像握杯子那样把它拿起来（例如，一罐饮料）。在其中一些实验轮次中，被试被告知要模仿录像中那个人的动作，并用与之相同的方法抓握桌子上的物体；而在另一些实验轮次中，被试被告知要做好准备用另一种方法抓握桌子上的另一个物体（以表示与录像中看到的人的行为的“互补性”）。在后面这种情况下，如果你看到录像中的人用“拈”的方法去拿这块方糖，那么你就只能用握杯子的方法去拿这罐饮料。实验结果表明，镜像系统在互补动作情景下比在模仿动作情景下更加活跃。当我们做出了一个与自己看到的动作不一样的动作时，动作共鸣机制反而更加活跃，这显然是毫无道理的。这项研究连同前面的研究都表明，镜像系统并不是专门为了让我们的心理状态与另一个人的心理状态相匹配而存在的。

镜像系统 VS 心智化系统

在模拟理论的启发下，已经涌现出了几十个探讨镜像系统对心智解读的作用的研究；同样的，在心智理论的鼓舞下，也出现了数十个以心智化为核心的研究。这两类研究关注的是同一个核心问题：一个人究竟是如何理解他人的心理状态的？有的读者可能会认为，无论研究人员信奉哪一种理论，大家所观察的都是同样的人类大脑，因此上述两类研究的结果必定都会收敛于一点，告诉大家同一个“故事”；虽然激发这些研究的理论不同，但最终它们都将殊途同归，因为大脑并不关心我们各自相信什么理论。它只会告诉人们什么才是正确的。

然而事实却并非如此。尽管分别专注于镜像系统和心智化系统两大“阵营”的科学家已经完成了许多功能性核磁共振成像研究，但是他们的研究结果却几乎从来没有真正融合到一起过。如果只看不同研究的大脑扫描结果，你可能根本猜测不到他们都是在从事心智解读的研究。这两大阵营的研究人员的研究结果——他们确定的脑区从神经解剖学的层面上来看一直都是不重合的，不仅如此，这两大阵营分别确定的脑区甚至呈现出了明显的负相关倾向。如果观察人们在休息时的大脑状态，我们就会发现，心智化系统越活跃的人的镜像系统越不活跃。因此，这两大阵营的对抗和争论并没有仅仅停留在理论层面上，事实上，他们正在研究的似乎也是两个相互对立或活跃程度此消彼长的神经系统。双方都认为，自己拥护的这个神经系统是解决心智解读问题的终极答案，而另一个系统则毫无用处。

这两大阵营研究的内容从表面上看完全相同，那么为什么他们都只观察到了自己优先关注的那个神经系统（那些脑区）的激活呢？这里可能存在两个主要原因。第一个主要原因是，两个阵营使用的研究心智解读的方法截然不同。“心智化系统阵营”倾向于使用语言材料和卡通图画，换句话说，他们使用的素材（刺激物）都非常抽象。“镜像系统阵营”要在“看到”实际的动作时才会被激活，在关于心智解读能力的研究中，由于通常不会向被试呈现任何真正的动作，所以一般也不会导致镜像系统脑区的激活。从这个角度来看，这些研究忽视了镜像系统对心智解读的贡献也是可以理解的。

除此之外，专注于心智化系统的这些研究需要巧妙处理的主要是一个人是否正在试图理解他人的心思，因此，在一项心智解读能力研究中，被试通常都要阅读一段文字，它暗示了某个人的心理状态，而在读完这段文字后，他们常常会被问及这段话所描述的主人公的信念、动机和个性等问题——被试只有在适当地进行了心理推导后，才可能正确回答这些问题。而另一方面，在镜像系统研究中，被试从来不会被问及有关心理状态的问题，这或许是因为当被试只看到一只光秃秃的手臂时，问一些与信念或个性有关的问题并没有太大的实际意义。因此，镜像系统研究最小化了心智化系统的参与程度。

第二个主要原因则与一些术语的含义有关。克林顿总统被弹劾后，他的命运在很大程度上取决于文字游戏；同样的，目的和意图这些术语的具体含义也影响了我们对心智解读的研究。比如，某天，你在早上 8 点看到一个朋友正在喝一杯纯麦芽威士忌，然后你问他为什么要喝酒。如果他的回答是“我只是为了喝上一杯”，虽然从严格的字面意义上讲，他也算回答了你的问题，为你提供了一个目的（“喝一杯”）；但是他的回答肯定无法完全令你满意。虽然他之所以喝酒只是因为他想喝，这种解释不可能会有错；但是你真正想知道的是，是什么特定的动机导致他产生了这个不同寻常的“目的”——想在早上的这个时间喝酒。纯粹从字面上看，“只是为了喝一杯”和“我想借酒消愁，因为我失业了”都是对你这个问题的回答，但这两个“目的”的意义却完全不同。“目的”这个术语的具体含义的重要性由此可见一斑。

20 世纪 80 年代，罗宾·弗拉切（Robin Vallacher ）和丹尼尔·韦格纳（Daniel Wegner）对这类差异进行了系统性研究。他们的系列研究结果表明，我们能够运用完全不同但却同样精确的方法理解同一个动作。我能够把自己此刻正在电脑键盘上进行的动作描述为“我所有的手指都在轻轻地上下移动”，也可以将之描述为“打字”，或者“写一本书”，甚至还可以描述为“我正在努力试图把我所学到的东西与他人分享”。需要注意的是，我在列出上面这些选项时的先后次序不是随意的，事实上，这些选项是有等级层次的。第一个回答是对这个特定动作的较低层次的描述，后面这些回答则描述了一些更高层次的长期目标，显然，后面这些回答更具意义。没有人会说自己人生的终极目标是“我希望更多地上下移动我的手指”，但是我们可以想象有人会说自己人生的终极目标是“我希望有时间把我所学到的东西更多地分享给大家”。

我们都活在一个由无数充满意义的动作建构而成的世界，同一动作既能用低层次的目的来描述，也可以用高层次的目的来描述，但通常我们一次只能关注一个层面，具体关注哪个层面则取决于我们的兴趣。一个刚刚开始学习打字的打字员会集中关注于移动哪根手指可以找到那个特定的字母，而经验老到的打字员更有可能关注他们试图输入的东西所包含的思想。

在“镜像系统阵营”与“心智化系统阵营”之间的各种差异中，不同阵营的研究者各自试图解释的目标之间的差异，无疑是最重要、最明显的差异之一。属于“镜像系统阵营”的研究人员主要关注人们是如何理解他人低层次的动作意图的（“他之所以去按电灯的开关，是因为他想打开电灯”）；而心智解读能力的研究人员更感兴趣的是更高层级的意图（“他之所以开灯，是因为他想复习准备考试”）。当然，两种说法都可以用来描述他人的意图，但是我认为，公平地说，在日常生活中我们通常会对第二种意图描述更感兴趣。

动作共鸣这种说法就非常适合解释我们是如何理解他人的低层级的动作意图的。我看到你去按电灯的开关，这一行为激活了我的“电灯开关 - 按”镜像神经元。但是，我们不能直接用这些神经元解释一个人打开电灯的高层级意图（这是不合适的）。我想让电灯亮起来有无数个理由，其中许多理由是建立在某种信念的基础上的（“半夜时听到楼下传来一阵吵闹声，因此想打开电灯看看是否有人在那儿”或者“想到了一个极好的故事，因此我想打开电灯把这个故事写下来”）。在每一种情况下，我们开灯时的动作却往往是不一样的，因此，动作共鸣无法为我们提供有关这些更高层级意图的线索。要想弄清楚他人的高层级意图，大脑的心智化系统是必不可少的。然而问题在于，在帮助我们理解周围人的更高层级的动机和意图时，镜像系统到底扮演了什么样的角色（如果它真的扮演了什么角色的话）？

为什么做比做了什么更重要

当我们看到另一个人做出某种特定的行为时，有三个问题可能是我们感兴趣的。在弗拉切和韦格纳的研究中，这三个问题刚好对应于分析的不同层级。第一，一个显而易见的问题是，这个人（或动物）到底在做些什么？对于这个问题，可以用来回答的最通用的动作语言可能是“她在过马路”、“他在打字”、“这只猫在吃我的剩饭剩菜”。这种诠释日常行为的方式实在太过普通，以至于我们常常意识不到自己是在对行为进行解释，除非某人真的做了什么不同寻常的事情（“他是在用力刮擦墙壁吗”）。在回答了这一问题后，根据我们的目的，可能还会继续问自己以下两个问题（或其中的任何一个）。如果我们对这个人产生了想要进一步了解的兴趣，大多数人可能会想知道这个人为什么要做他正在做的事情：“她过马路是为了去上班”或者“他打字是为了完成论文”。不过，有时我们对行为的当事人并不怎么感兴趣，而更在意行为本身，那么我们想知道的可能就是如何去完成某个特定的动作，比如，在吉他课上的学生观看指导老师的示范动作正是为了弄明白老师的那些动作究竟是怎么做到的。

罗伯特·斯邦特和我完成了一系列研究，来考察镜像系统和心智化系统是如何有助于我们弄清楚有关他人行为的“怎么做、做了什么和为什么做”的三大问题。大脑中用于处理这些问题的系统真的是不同的吗？大多数人都认为，人类大脑处理“看”和“听”的脑区应该是不同的，因为我们在日常生活中对“看”和“听”的体验是完全不同的。不过，我并不确定看着别人做出某种行为和询问别人怎么做、做了什么以及为什么要做是否涉及的是不同的脑区，这也是我们进行此项研究的原因。

在这些研究中，我们的主要思路是，如果你观察到了某个特定的行为（例如，一个会循环利用一只空瓶子的妇女），然后问了一个问题“为什么她要那样做”，你的回答可能会包含一个需要用到心智化系统的具有高层级意义的答案（例如，“她是一个认真负责的人”、“她想保护环境”，或者“她想给别人留下懂得回收利用的印象”）。然而，如果你只是想模仿这个行为，你可能会问“她是怎么做到的”，那么对这个问题的回答只包含一些并不需要运用心智化系统，但却需要依靠能够实现动作共鸣的镜像系统的具有低层级意义的答案（比如，“她把玻璃瓶和塑料瓶收集在这个蓝色的箱子里”)。这也是我们在多项关于“为什么做-怎么做”的研究中看到的结果。无论被试是在观看日常的行为（动作），还是在观察他人强烈的情感体验，只要他们问了一个关于“怎么做”的问题，镜像系统就会被调动起来；同时，一个关于“为什么要做这事”的问题则会将心智化系统启动起来。

此外，我们还想搞清楚的是一个人在回答“做了什么”这一问题时，大脑会做些什么。对于“为什么要做”和“怎么做”这两个问题，我们只是直接要求被试给出答案。但考虑到在日常生活中，大多数人都能不假思索地回答“做了什么”的问题，我们才意识到，如果让人们停下来思考这一问题的答案，反而可能导致无法捕捉到这一“自然过程”。为了解决这个问题，我们采取的方法是，在被试回答实际上是“为什么要做”或者“怎么做”的问题之前，对他们是否需要自动地回答“做了什么”这一问题先进行一种巧妙的处理。例如，我们会让被试观看某人执行一项任务时的视频（例如，一个女人正在给一本教科书的某些段落加着重号），这样，无论是回答“为什么要做”还是“怎么做”这些问题，当被试看到这个视频时，需要做的第一件事便是弄清楚那个人到底做了些什么。与此不同，如果某个动作是用语言来表达的，那么对动作的描述就已经包含了对“做了什么”的描述——而这自然也就是对“做了什么”问题的回答。通过比较有关动作的视觉呈现和语言描述，我们能够确定到底是哪些脑区支持了隐含的对“做了什么”的解码过程。

我们还进行了其他一些实验，密切观察大脑以便搞清楚人们在观看动作视频时哪些脑区的活跃程度比他们在听到有关动作的语言描述时更加强烈，在这些实验中，我们得到了两个基本事实。首先，我们看到大脑后部的视觉皮层很活跃。这是可以预料到的，因为对于有关动作的信息，视频剪辑所包含的内容肯定要比文本内容更多。其次，被试在观看动作视频时，其镜像系统的活跃程度也更高。

无论一个明确的任务里包含的问题是“为什么做”还是“怎么做”，当动作以视频的形式呈现出来时，镜像系统的活跃性都提高了。实际上，即便参加实验的被试在完成“为什么做 - 怎么做”的任务的同时，还要背诵一串 7 位数数字（这是专门用来让他们分心的），情况依然如此。让被试分心是一种常用的实验技巧，经常被用于识别那些“自动化”程度非常高的过程——这些过程的自动化程度如此之高，以至于尽管被试被打扰，它们依旧会发生。即使在被打扰的情况下，被试看到动作视频时的镜像系统仍然会变得活跃起来，这一事实表明，镜像系统对于“到底发生了什么”的解码过程是一个自动化程度相当高的过程。相比之下，在人们处于“认知负荷”的情况下，心智化系统的活跃程度就会明显下降，这也就表明，当人们注意力不集中时，这个系统往往做得不够好。

这项“为什么做 - 怎么做”的系列研究为我们揭示了镜像系统与心智解读之间的关系。镜像系统本身并不会产生高层级的心智解读，也不会援引某人的个性特点和动机去解释他为什么要在早上 8 点喝杯纯麦芽苏格兰威士忌这一特殊行为。**只有在我们想知道这个人为什么做这件事时，心智化系统才是关键。**

然而，在大部分日常生活情境中，镜像系统所完成的事情是心智解读能力的重要前兆。在看到一系列身体动作后把它们理解为一个连贯一致的行为，并用三言两语将之描述清楚，这是大脑的一项了不起的成就。威廉·詹姆斯曾经提出过一个非常著名的观点：有序世界给我们留下的印象要比“杂乱无章的景象”更加深刻。这个世界上没有任何东西（包括人）能够准确无误地告诉我们这个物体的终点在哪里、另一个物体的起点在哪里。（那是一张上面放着一只杯子的桌子，抑或是一张桌面上突出了一块像杯子形状的东西的桌子呢？）考虑到这一点，以下这个事实将会令人大吃一惊：人如此轻易就能够把某个物体辨识出来。根据芸芸众生的行为（actions）的意义而不是根据他们的动作（movements）的内容去辨识、观察他们，同样是一项了不起的成就。

每一个动作都能用无数组动作参数（角度、方向、扭矩、加速度）进行描述，但是，这些动作参数是不可能自动、自觉地组合到一起的，也不会告诉我们任何关于这个动作背后隐含的思想。只有通过把这些复杂的动作整合成一个简单的行为，我们对另一个人的目的、意图、欲望和恐惧的心理分析才可能开始。动作并不属于心理学范畴，它并不包含任何特定的意义（如手指的上下移动）。相比之下，行为则属于心理学范畴（如打字），虽然行为本身并不能为我们提供任何更高层级的意义，但是它们却能提示人们，行为背后隐藏的特定的意义和动机，等待人们去发掘。辨别出某人正在“做什么”的能力是通往理解他“为什么这样做”的第一步。从本质上讲，镜像系统为心智化系统能够从逻辑上回答“为什么”这个问题提供了前提条件。也就是说，多亏有了镜像系统，我们才能活在行为世界中，而没有沉溺在动作世界中；只有生活在行为世界中，我们才有机会生活在一个意义世界中。

说到底，镜像系统让我们有机会体验到一个社会性世界，这同时也是一个行为世界，每个行为都包含着他人的心理状态。虽然心智化系统也能够在没有镜像系统帮助的情况下从文字描述中去理解他人的心理，但在人类的进化历史上基于语言与文字的心智解读是最近才出现的。在人们的生命旅程中（当然也包括在孩子们语言能力未发育完全的过程中），镜像系统为大脑进行心智解读不断做着准备工作。镜像系统把我们所生活的这个世界中的动作砍成碎片，融入心理元素后对它们进行重组，在此基础上，心智化系统就能够进行工作了。这个过程很低调——就像是白宫幕僚长，他做的大部分都是幕后工作，但是，总统若要履行职责非有他的协助不可。灵长类动物就已经拥有了镜像系统，但只有人类才拥有更高级的心智化系统。在灵长类动物生活的世界中，关键的问题是他人在做些什么；只有人类才真正生活在一个可以追问为什么的世界中，在这个世界中，周围的人的行为充满了意义和特定的内涵。

07

SOCIAL

共情，利他行为的催化剂

1992年，我满怀喜悦地从大学毕业，结交了几个好朋友，并且进入了一所优秀的大学攻读博士学位；同时，已经维持了三年之久的恋爱关系也显得更加稳固了。然而，就在短短几个月之后，我却一个人待在宿舍里，形单影只，困惑不已：怎么一切都不对劲了？本来一切都好好的怎么这么快就全变了样？对我来说，从大学生过渡为研究生并不是一件轻松的事。事实上，我正等着我的导师给我下一个“判决书”——招我进研究生院这件事本身就是一个错误，因为似乎所有其他研究生都比我更聪明、更有效率。当时，在研究生院我甚至没有一个可以说得上话的真正朋友。在那段日子里，连续好几个星期我都没有去过餐厅用餐，因为我与同宿舍的其他同学的关系处得并不好。最糟糕的是，我的恋爱关系也触礁了，而且又身无分文。这无疑是我一生中最灰暗的时期。我唯一可做的事情就是，一小时接一小时地呆呆地看着电视上的重播节目和广告，试图以此来对抗自己内心的沮丧——如果这种做法也可以称得上是一种对抗的话。如果

《星际迷航：下一代》(*Star Trek: Next Generation*) 马拉松式地一直播放到凌晨4点钟，那么我会怎么样？我会一直坐在那里看到最后。如果接下来播放的是推销乔治·福尔曼烤炉（George Foreman Grill）的电视购物节目呢？我还是会继续看下去。

然而，正是在这无数个悲伤又孤独的夜晚中的一个夜晚，一个电视节目改变了我的生活轨迹。那是一个呼吁人们为拯救一个年幼的非洲孩子的生命而捐款的节目，大约一个半小时。如果没有人捐款，这个孩子就会饿死，或者因某种完全可以预防的疾病死去。你很可能已经看过无数个同样的节目，事实上我也是。但是不知怎么，就是在那个晚上，我在夜深人静之际打电话过去捐款时竟忍不住流下了眼泪。我似乎清晰地看到，这个孩子的处境比我更加困顿，既不开心，又穷苦无依，这个画面令我感触良多，激励着我设法为这个远在另一个半球的人做一些可能会对他有所帮助的事情。那些孩子遭受的痛苦暂时把我从顾影自怜中拯救了出来，让我对那些境况明显比我更加糟糕的人产生了同情。

从表面上看，我的行为是非理性的。我根本没有什么余钱，事实上，我自己也非常需要钱；我从没见过那些可能会受到我帮助的人，而且以后也很可能永远见不到，他们也不可能当面感谢我或者把钱还给我。我也从未告诉过任何人自己曾在如此窘迫的情况下捐过款；同时，对于这次捐款经历，我也记不起当时的自己是否感到过一丝愉悦，是否觉得心灵上有所收获；或者是否曾经想过自己是一个多么善心的人。鉴于我只为这个非洲儿童捐了一次款（第二年我没有再捐），因此，我自己也没有把这段插曲当作可以证明我的“美德”的一个证据。现在，当我回想起那段经历时，我只能说，我觉得自己当时不得不那么做。我的共情之心迫使我伸出援手，即使我自己的力量也是那么的微弱。

“我感受到了你的痛苦”

共情（empathy）这个词是在一个世纪之前才被引入英语中的。“empathy”

由德语“einfühlung”翻译而来，意思是“感觉代入”（feeling into）。在19世纪，“einfühlung”一词通常出现在美学著作中，美学家用它指代人类拥有的一种能力，即从心理或精神上进入艺术作品营造出来的美妙世界，从被观察者的角度去感受并获得第一手体验。共情的含义与“感觉代入”相近，但是它们的不同之处在于，共情指的是我们与另一个人相互连通的能力，而不是指我们可以“进入到”他的内心深处。

前面的章节已经讨论过帮助他人是如何激发出类似于社会奖赏的感觉。然而，共情则是一个更为复杂的过程，其作用是让我们时刻做好帮助他人的准备。共情是一个“前端”过程，它激发我们去帮助他人，而社会奖赏则是“后端”的结果。

至少要有三种心理过程同时起作用才会产生共情（同情共感）状态：心智解读、情感共鸣（affect matching）以及移情动机（empathic motivation）激发。为我们进入同情共感状态提供入口的，既可能是镜像系统，也可能是心智化系统，这依赖于具体的情境。正如第6章已经讨论过的，当我们所观察到的视觉场景构成了对所发生事情的“直接解释”时，镜像系统允许我们把观察到的动作当作一个心理事件去理解，同时也允许我们把它当作一个情感事件去理解。我们知道，让镜像系统对来自他人的情感线索保持敏感性的一个方法是，让自己成为他人的“镜像”，即做出与他人的体验相一致的动作反应。

例如，当你看到某人的前臂被狠狠地电了一下时，你很可能会握紧拳头，并且会像是自己被电到了那样把手缩回来。在一项研究中，研究人员让被试观察手、脚受到电击的人。当被试看到这些人的手、脚被电击时，他们自己的手和脚也出现了对“触电”的反应，这正是对他们所看到现象的镜像反应。当看到其他人的手被电击时，他们的大脑会把信号传输到自己的手上；当看到某人的脚被电击时，他们的大脑也会把信号传输到自己的脚上。同样的，当观察到另一个人正在经历某种情感体验时，我们自己的脸部肌肉马上就会以一种微妙的方式模仿这个人的表情。如果一个人因为最近注射了肉毒杆菌而无法模仿这些面部表情（因为面部富有表现力的肌肉被麻痹了），那么这个人可能就无法很好地体察他人的情绪。

因此，当看到他人的情绪表现时，我们做出的模仿反应实际上有助于我们即时地理解他人的情感体验。考虑到镜像系统与对他人动作的心理意义的理解以及对他人动作的模仿有关，那么在关于共情和情绪模仿的研究中关注镜像系统也就不足为奇了。

有时，只看到某个人的情绪表达并不能让我们完全理解这个人的经历，并对他产生共情。试想一下这样一个情境：当你看到一个人满面笑容地走向你时，你的镜像系统可能会帮助你直观地理解那个人的感觉（他觉得满心欢喜），但是它并不能让你知道这个人为什么会有这种感觉，因此你很难对他产生共情，于是也就很难与他分享喜悦。他的笑容那么灿烂，是因为在考试中取得了很好的成绩吗？抑或是因为他刚刚订婚了呢？在许多情况下，要想理解一个人为什么会有某种特定的情绪，最终还要取决于心智化系统。由于心智化系统的灵活微妙，人类才能够对他们没有观察到或者没有经历过的事件产生共情。你的母亲可能告诉过你，你的叔叔没有如他所愿得到晋升，那么心智化系统就是理解你叔叔的心理体验，甚至是小说中人物的“心理感受”的关键所在。事实上，那些喜欢阅读小说的人倾向于拥有更强大的心智化系统，这表明融入小说的思想情境能够加强这个系统。

不管我们理解他人经历的能力是来自镜像系统，还是来自心智化系统，抑或是两者兼而有之，也都只是冰山一角，它们并不能使我们完全进入同情共感状态。我能够不带一丝感情地进行模仿，也可以不带任何感情地进行理解。我能够理解一个独裁者在其政权摇摇欲坠时所感到的恐惧心理，但在这种情况下，我的理解更有可能导致我的幸灾乐祸之心——因为看到另一个人遭遇不幸而感到高兴，而不是共情。只有当信息通过镜像系统或者心智化系统汇集到了大脑中，并导致了情感共鸣以及移情动机激发时，我们才会产生共情。

社交天性实验室

为了探究共情的神经基础，研究人员花了很多精力研究作为共情的构成要素的情感共鸣过程。事实上，使情感共鸣因素进入科学家视野，可能是迄今最为著名的一项关于共情的神经学研究。当时仍在伦敦大学学院工作的塔尼娅·辛格（Tania Singer）模仿了最初是在猴子身上所做的镜像系统研究，以高度相似的方法完成了一项关于人类共情的研究。唯一不同之处在于，辛格并没有观察当某个人伸手拿花生或者看到别人拿花生时的神经反应，而是检验人们在遭受电击时或者看到别人遭受电击时的大脑状况。她要求一些女性被试躺进脑扫描仪里，而她们的男朋友则坐在旁边（在扫描仪外面），所有人的手臂上都会连上一些电极。在这项研究的不同实验轮次中，要么是躺在扫描仪内的女性被试，要么是坐在扫描仪外面的男朋友，会被连接到他们手臂上的电极电击。当某位女性被试的男朋友被电击时，她能够看到他的手臂。与以往的镜像神经元研究类似，辛格和她的同事试图确定的是，当女性被试遭受电击以及当她们看到对她们来说非常重要的人（男朋友）遭受同样的电击时被激活的是哪部分脑区。

辛格发现，不管是否受到痛苦的刺激（电击），女性被试大脑中位于背侧前扣带皮层以及前脑岛的痛苦悲伤网络（pain distress network）都被激活了（见图 3-2）。这些女性被试可能会紧绷着一张脸对她们的男朋友们说："我感受到了你的痛苦。"自古以来，很多人都曾说过，人天生就拥有共情能力，但这是否只是一种社会姿态却无从考究。而现在，辛格终于证明，当看到所爱的人遭受痛苦时，我们自己确实也会感同身受。这种痛苦感并不只是隐喻性的，而是一种与自己所感受到的物理疼痛一样的痛苦。

你会向慈善机构捐款吗

情感共鸣是一种非凡的能力，它能够改变我们的本性，但是仅就这种能力本身而言，它还算不上是一种完全的同情共感状态。从共情的神经基础来看，大部分脑区都集中在对痛苦与悲伤产生情感共鸣的神经网络上。鉴于我们对他人痛苦的强烈反应，把这个神经网络作为研究的出发点是一件极其自然的事。然而，所有关注痛苦的共情研究也有一定的局限性。

首先，当我们看到某个人处于痛苦中时，情感共鸣并不总是会导致亲社会的移情反应。在本章的开头部分，我描述了自己是如何被那些遭遇不幸的非洲儿童所感动，然后为他们捐款、帮助他们的事情。但是我没有提到的是，在那之前我早就看过无数次类似的广告，不过每次看到时都直接转换频道；原因很简单——因为这类节目太让人悲伤了。虽然我与他们拥有了一致的情感（也就是说，他们的不幸让我也感觉到了痛苦），但我关注的是如何减轻自己的痛苦，而不是减轻他们的痛苦。换句话说，情感共鸣有时导致的只是回避行为，而不是帮助他人的移情动机。无论我关心的是自己的痛苦还是别人的痛苦，大脑中的痛苦悲伤网络都有可能会被激活。人们普遍认为，只有在出现了适当的情绪反应，并且持续地关注他人而不是我们自己的境况时，共情才会产生。因此，共情比情感共鸣更难达到。

其次，在实际的神经成像研究中，只关注由痛苦引起的共情这种研究思路还有第二个局限。负责情感共鸣的神经系统的活动情况，应该会随着引起共鸣的情感类型的变化而变化。继辛格的开创性研究之后，几乎所有后续研究工作的关注焦点都放在了与物理疼痛有关的共情上，因此，综述这方面的文献似乎并不是一件非常困难的事情，甚至有人因此而得出结论说，背侧前扣带皮层以及前脑岛就是支持共情的核心神经机制。事实真的如此吗？有没有另一种可能性：科学家们之所以经常观察到大脑中的这些区域比较活跃，不过是因为它们都与痛苦相关联，而大部分研究都集中关注痛苦？

最后，在所有已完成的研究中，没有任何一项研究能成功地把移情状态时的神经反应与实际帮助他人的行为联系起来。共情的其中一个意图似乎是激励我们去帮助那些处于痛苦中的人，然而，大脑是如何把理解过程和情感共鸣过程转变为能够促使我们做出实际助人行为的移情动机的呢？现在仍不得而知。

为了克服上述三个局限，西尔维娅·莫雷利（Sylvia Morelli）、丽安·拉梅森（Lian Rameson）和我进行了一项功能性核磁共振成像研究，希望能够同时捕捉到构成共情的所有三个元素：心智解读、情感共鸣以及移情动机激发。首先，为了让被试更好地理解实验中涉及的关键事件，我们对实验情境做了一些改变。在一些实验轮次中，我们给被试看的是一些图片，图片中的人正经历着某种痛苦，且让他们痛苦的事件非常直观，参与者一眼便能明白（例如，在图片中，一个人的手被汽车门夹住了）。而在另一些实验轮次中，给被试看的图片中的人看起来既可能是快乐的，也可能是焦虑的，需要结合特定的情境才能理解（例如，“这个人正等着拿他的医疗检查结果”）。第一类事件会调动大脑的镜像系统，而依赖情境的第二类事件调动的则是心智化系统。此外，虽然导致人们高兴和焦虑的事件都与一定的情境有关，但是它们需要的情感共鸣是不一样的，因为两者涉及了不同的情绪活动。焦虑事件和痛苦事件都能激活痛苦悲伤网络，但是快乐事件激活的却是腹内侧前额叶皮层区域，这个脑区通常是在执行奖励任务时才会被调动起来的。

也许最重要的是，应该设法找到上面提到过的所有三种共情事件（痛苦、焦虑和快乐）都能激活的脑区。我们的想法是，在这三种情况下，尽管理解和情感共鸣过程可能不同（因为它们依赖于驱使人们产生共情的具体情境），但最后的结果却是一致的，即导致人们做出助人行为的移情动机。在所有这三种共情事件中，只有一个脑区全都被激活了，这个脑区就是隔区（见图 7-1）。而且，除了在每一种情境下都被激活之外，隔区的激活似乎还是移情动机的标志。连续两个星期，我们每天都让接受功能性核磁共振成像扫描的被试填写关于他们每天做了什么事情（或没有做什么事情）的调查问卷。我们每天都会问的一个问题是，那一天他们是否做过帮助他人的事。

通过对他们在这两个星期内的回答进行分析，我们能够度量出哪些人在日常生活中更倾向于帮助他人。在功能性核磁共振成像仪中完成共情任务时大脑隔区活跃程度更高的人，在日常生活中也更倾向于帮助他人。这个结果也符合我们的猜测，即来自其他脑区的与共情有关的信息都汇聚到了隔区，并且在这里形成了一种帮助他人的“冲动”。那天晚上，到底是什么促使我一改过去一看到呼吁捐款的节目就转换频道，而去捐款帮助那个非洲孩子的呢？也许就是隔区让我这么做的。

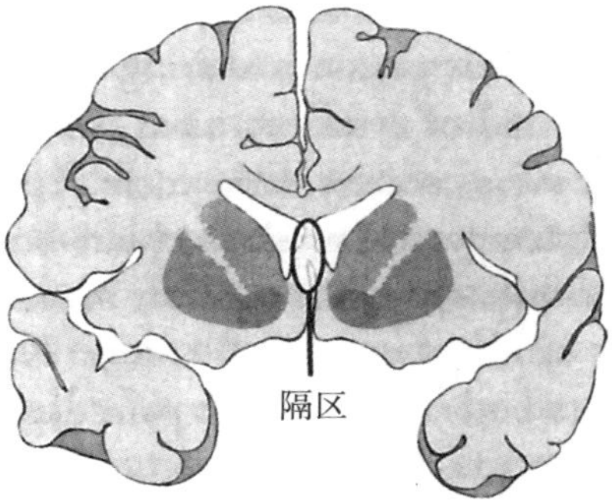

图 7-1 隔区

让人“快乐”又“害怕”的隔区

如果非要让我猜测最被今天的社会神经学研究人员忽视，但在接下来的 10 年中却可能会成为最热门的研究对象的脑区究竟是哪一个，我会说那非隔区莫属。在灵长类动物的进化史上，这个脑区不成比例地变大了；而且它直接与背内侧前额叶皮层相连接——后者是大脑心智化系统的总指挥。迄今为止，绝大多数有关大脑隔区的研究工作都是在啮齿类动物而不是人类身上完成的，部分原因是因为这个区域太小，以至于我们很难利用功能性核磁共振成像技术把它清晰地识别出来。

但是，以啮齿类动物为对象的研究有一个很大的缺点，那就是我们无法得知它们的经历，或者说，我们甚至根本无法核实它们是否经历过某些事件。当然，这类研究也有一个很大的优点：为了检验啮齿类动物的隔区是如何对外界刺激做出反应的，我们可以进行一些“侵入性”极强的研究；或者，还可以施行手术，切除它们的隔区，再观察其行为会有什么改变。

隔区到底是做什么的？动物研究已经为我们提供了许多线索，但是这些线索似乎把我们引向了不同的地方。有关隔区最早的研究集中关注愉悦和奖赏。虽然现在我们通常认为腹侧纹状体与奖赏的关系更加直接、紧密，但在历史上，最早被认定为与奖赏过程有关的脑区却是腹侧纹状体的“邻居”——隔区。

大脑的奖赏系统第一次被发现是在 20 世纪 50 年代，当时流行的研究方法是，把电极植入老鼠大脑中各个不同的脑区，并把这些电极连接到一个控制杆上。这样一来，如果某只老鼠按压某根控制杆，这只老鼠的某个脑区就会受到电刺激。当研究人员把电极放进大脑的隔区时，这些老鼠仿佛发狂一般，有只老鼠按压控制杆的频率达到了每小时 2 000 次——平均不到两秒钟一次，而且连续不停地持续了一个多小时。20 年后，科学家们又进行了一项类似的研究，在这项研究中，他们把电极插入了一个人的三个脑区内，并且给了他一个带有按钮的控制盒，让他自己通过按下特定的按钮选择让这三个脑区中的哪一个进行电刺激。像之前实验中的那些老鼠一样，这位被试也选择不停地按下按钮，让自己的隔区受到“电击”。这就表明，电击隔区给他带来了极大的愉悦感。在实验中，每当电击告一段落，实验人员要拿走控制盒时，他都要抱怨一下。

与此同时，研究人员还把隔区与奖赏系统联系了起来。他们证明，这个脑区与人们的恐惧心理有关，或者更确切地说，它的作用主要体现在减轻对恐惧的敏感程度。目前用来衡量焦虑或恐惧的一种方法是所谓的“惊惧反应”（startle response）。如果有人在你完全不知情的情况下在你背后突然很响亮、很猛烈地击掌，就会在你身上引起一连串的神经、生理和行为反应，你会把这种吵闹声看成一种潜在的威胁，并迅速做好给予必要反应的准备——最典型的反应是“应战”或逃跑。通常来说，你很可能会吓一大跳，条件反射般地转过身来，或许还会发现自己的心跳突然加快了很多。这些反应都受大脑内部的杏仁核（amygdala）控制。杏仁核是一个与通常的情绪反应相关联、已经有千万年历史的古老的大脑结构。被摘除了隔区的老鼠表现出了更强烈的惊惧反应；大量证据表明，它们对威胁的反应更为敏感。这表明，完好无损的隔区可能有助于抑制我们碰到威胁时的痛苦感。

杏仁核（amygdala）
一个体积相当小的大脑结构，它对发生在日常生活中的事件的情绪强度进行编码，并做出反应，且更倾向于优先指向消极的情绪表达。

最后，研究还表明，隔区对母亲般的看护行为至关重要。在大老鼠、小老鼠以及兔子身上所做的脑损伤研究表明，隔区受到损害的动物会变成非常糟糕的父亲或母亲。隔区受到损害后，这些动物就不会再充当它们孩子的保护神，而且它们给孩子喂奶的次数也会明显减少，它们的婴儿的死亡率也会变得更高。

隔区为什么会拥有如此多样化的功能——奖赏、害怕和母亲般的看护呢？对此，我们应该怎样解释呢？特里斯滕·稻垣和娜奥米·艾森伯格最近的研究表明，将以往有关的研究结果协调起来的一种方法是，把隔区描述成一种平稳机制，它让我们（以及哺乳动物）在“靠近”动机和避开“动机”之间找到一个适当的位置，从而有利于促进积极主动的父母式照看。

虽然人类在自己的孩子出生前的几个月，甚至几年前就已经未雨绸缪地为孩子做了准备，但是大多数哺乳类动物很可能无法理解它们与新生儿之间的关系。对于大多数哺乳动物来说，由于缺乏这方面的知识，所以当它们听到婴儿的哭叫声时总会感到左右为难。当婴儿大声啼哭时，是应该立即跑去帮助它们呢，还是应该离它们远远的呢？哺乳类动物天生就有害怕吵闹与不确定事物的倾向，但是，隔区却能安抚它们（以及人类）的恐惧心理，激发它们（以及人类）产生帮助处于困难中的他人的动机。隔区让我们无私地冲向火场的最前线，而不是自私地躲在后面。因此，隔区似乎是把我们的情感反应转变为帮助他人的动机的关键所在。

在之前的章节中我们已经看到，在社会奖赏的情境下，催产素可以被解释为一种护士神经肽，隔区也有类似的作用，这并非偶然。隔区富含催产素受体，对于许多哺乳类动物来说，大脑中这个脑区的催产素受体的密度最高。有趣的是，这种密度还会受到早期父母对子女的抚育经历的影响。在啮齿类动物中，接受过更多亲代抚育的幼仔长大后，它们隔区的催产素受体密度也更高；而从小就与父母分离的幼仔长大后，它们隔区的催产素受体的密度则明显更低。

共情可以说是我们大脑的社会认知成就的顶峰，或者说是社会脑成就的最高峰。它要求我们去理解他人内心深处的情感世界，然后以有利于他人以及与他人之间关系的方式行事。它能够激励我们去减轻他人的痛苦或祝贺他人的好运。为了使这个惊人的成就成为可能，我们需要把所有讨论过的神经机制全都协调起来。我们需要镜像系统和（或）心智化系统根据不同的情况去理解他人的经历；需要各种支持社会痛苦和社会愉悦的机制产生情感共鸣，让我们去感受，而不仅仅只是了解他人的经历。最后，我们还需要支持母亲般的看护行为的隔区以积极的方式推动我们真正地介入到周围人的生活中去。

成为一个社会异类

1992 年，也就是我从罗格斯大学毕业的那一年，是我一生中最糟糕的一段日子。长期以来我一直对人类的心智问题有着浓厚兴趣（对现实世界是如何在大脑中建构起来的这个问题尤其感兴趣），同时也对像菲利普·迪克（Philip K. Dick）

等以创作改变现实的作品而著称的科幻作家描绘的虚拟世界很感兴趣，这些兴趣推动我积极地思考与年轻人心智变化有关的问题。这或许是一个不可避免的结果。如果人的心智是有弹性的，而且现实也会因心智的变化而改变，那么我又怎么能错过亲身经历的机会呢？再想弄清楚那天下午我到底服用了什么药物已经没有什么意义了，因为事实是你永远也不会知道自己从那件事中到底得到了什么。在从罗格斯大学毕业前的几个星期，我和同住的几个舍友一起去库克学院参加一个午间庆祝会。在去的路上我们全都吃了同一种药物。除了我之外，所有人都玩得很开心；而我却经历了一次终生难忘的“糟心之旅”，真不知道当时的我是怎么熬过来的。

我曾经无数次地在脑海中重演那一天的经历，目的是为了提醒自己：药物并不是我们的朋友。但是，当我想起这次可怕的经历时，我从来没有仔细考虑过当时的我在别人眼里是什么样的这个问题。他们也不可能告诉我，我的内心感受是什么。大部分人都不知道我摄入了一种比劣质桶装啤酒更差的物质，而那些知道真相的人却忙于找乐子，根本无暇顾及我。当时的我给人的感觉一定是非常的古怪、别扭以及“反社会”（希望其他时间的我并没有给人留下这种印象）。我远离人群，寡言少语，而且不敢与人进行眼神接触。我甚至怀疑，那天的我看起来会不会有那么一点点自闭。

自闭症（autism）是一种非常严重的疾病，它影响了全世界将近 1% 的人口，其主要症状包括人际交往障碍、言语发育障碍以及行为刻板古怪。亚斯伯格症候群的症状比典型的自闭症稍轻，它是指在没有语言障碍的情况下出现人际交往方面的困难；目前在临床上通常把亚斯伯格症候群诊断为一种泛自闭症谱系障碍（autism spectrum disorders，简称 ASDs)。如果说共情是社会心智的顶峰，那么自闭症便是社会心智的低谷。为了解释自闭症患者为什么会在社交圈中出现如此严重的困难，近年来已经出现了许多种不同的理论。然而，正如我们将会看到的，有时，事情的本质几乎与表面上看起来的恰好相反。

就在为心智解读理论而设计的第一个“莎莉 - 安妮任务”完成后的短短两年，英国心理学家西蒙·巴伦 - 科恩（Simon Baron-Cohen，他是萨莎的堂兄弟）、艾伦·莱斯利（Alan Leslie）以及尤塔·弗里斯提出，患有泛自闭症谱系障碍的人可能缺乏心智解读能力。你能想象出这些患者生活在一个怎样的世界中吗？在这个世界里，你无法根据他人的信念、目的和情感去理解他们的行为。你可以尝试着在自己的下一次社交经历中努力体验一下。事实上，你可能很难做到像缺乏心智解读能力的人那样去看待一切，而这恰恰表明这种心智能力是正常人的“基本操作系统”的一部分。如果你真的这么做了，那么你很可能会觉得自己有点像外星人——你周围活动着的所有“人”在你看来只不过是一堆堆没有任何意义的物品而已。如果你不能“看到”别人行为背后的思想，那么所有的行为都会变得随机且完全不可预测。如果持续用这种方式“看”世界，你还能保住一份工作、交到朋友，抑或维持住一段长期的关系吗？心智解读能力的缺失似乎可以解释自闭症患者在日常生活中所碰到的所有困难。

巴伦 - 科恩及同事们用“莎莉 - 安妮任务”对三组人进行了测试。这三组人分别为患有自闭症的 11 岁儿童、患有唐氏综合征的 10 ~ 11 岁儿童以及发育正常的 4 ~ 5 岁儿童。发展心理学家们常用的一种衡量标准是“心理年龄”（mental age），利用这种方法就可以根据孩子们的整体心智能力把实际年龄不同的孩子们放到一起比较。研究结果表明，患有自闭症的 11 岁孩子的心理年龄是 5 岁，相当于那些实际年龄比他们小得多，但心智发育正常的 4 ~ 5 岁的孩子。

与过去的研究结果一样，发育正常的 5 岁孩子在“莎莉 - 安妮任务”中的表现相当好，85% 的孩子的回答都是正确的；相比之下，在患有自闭症的孩子中，只有 20% 的人通过了测试——这一结果与发育正常的孩子相差太大了。自闭症儿童在测试中表现不佳是因为他们对任务的一般认知出现了困难吗？如果事实真是如此，那么患有唐氏综合征的孩子在测试中的表现也不会好到哪里去，但实际上，他们的通过率与发育正常的孩子一样。此外，在回忆在“莎莉 - 安妮任务”

中所发生的事情时，三组孩子都表现出了同样的能力。因此，患自闭症的孩子并不是因为自己记不住所发生的事情而无法通过“莎莉 - 安妮任务”测试。这些研究结果表明，患有自闭症的孩子就是在心智解读能力上存在特定的缺陷。后续一些研究进一步证明了，这个群体还存在着其他心智解读能力缺陷，包括无法理解他人虚张声势、挖苦讽刺、嘲笑以及失礼等行为。

自闭症患者也几乎不会从角色的心理状态或心理特征（包括信念、情绪和个性等）出发，去描述第 5 章讨论过的“战斗中的三角形”动画（见图 5-1）。耶鲁大学心理学家阿米·克林（Ami Klin）报告了心智发育正常的人与自闭症患者对这个“战斗中的三角形”动画的描述。这些描述可以让我们更加全面地认识心智解读能力缺陷的具体表现。首先让我们来看看心智发育正常的孩子的描述：

这个动画说的是，较大的那个三角形就像一个大孩子或者一个恶霸，在两个比他小的孩子（一个小圆形和一个小三角形）参与到游戏中之前，他一直独来独往，好像全世界只有他自己一个人一样。小圆形不仅有点害羞，而且有些害怕，稍小一些的三角形则站出来保护自己和小圆形。于是，大三角形就妒忌了，并开始捉弄小三角形。小三角形觉得很难过，它说了一些类似于这样的话：“怎么了？”“你为什么要这么做？”

当你读到这些描述时，你很容易就能想象到那里发生了一些社会事件；你也可以体会到参与这场“活剧”的每位参与者的感受。这种描述充满了心理状态语言，因此也就使这些动画图形具有了“思想”，并表达出了它们的内心世界。毫无疑问，以这种方式描述这个情景其实非常自然；同样，当我们听到有人用这种方式描述时，也觉得很自然。

然而，与此相反，患有自闭症的孩子的描述却是这样的：

这个大三角形走进了这个长方形里。还有一个小三角形和一个小圆形。

这个大三角形又走了出来。这些图形弹来跳去的。后来这个小圆形又走进了这个长方形里。这个大三角形和小圆形都在盒子里。小三角形和小圆形围绕着彼此走了好几次，它们似乎是相互吸引的，这可能是因为存在着某种磁力的缘故。之后所有这些图形都从屏幕上消失了。

如果你只读到了第二种描述，那么根本就无法搞明白整个“故事”是如何发展的。患有自闭症的孩子在描述这些运动着的图形时，不会考虑任何实际意义——无论是社会意义，抑或是其他方面的意义。严格地说，患有自闭症的孩子对图形的运动的描述其实比正常的孩子更加准确，这一点非常重要。在患有自闭症的孩子眼中，这个大三角形并不是一个恶霸，它当然也不会心存妒忌；那个小三角形并不会害羞，也不会害怕。它们就是一些图形，不带任何思想、情感和个性。

虽然患有自闭症的孩子的描述更为准确，但是他们的描述却很不实用。从这种描述中，我们无法得知那里正在上演着一场“活剧”；也无助于我们（以及患了自闭症的人）预测接下来会发生什么（一场法律诉讼？一番打斗？抑或一次催人泪下的团聚？）。我们要记住的是，在这个社交圈中，当所有其他人都拥有心智解读能力，能够以某种“心理视角”去看待周围的世界时，如果你不能这么做，那么对你来说将会是非常不利的。自闭症患者既然无法从“心理视角”看待这些图形的运动，那么，他们与其他人交流与分享对事物的看法的能力也就受到了极大的限制，因为其他人看待世界的方式与他们全然不同。

自闭症患者失去了什么

科学家们基本上已经一致认为，自闭症的发生与心智解读能力不完善或受损有关。现在仍然有争论的是以下几点。首先，在解释现实世界中与自闭症有关的症状时，是否真的可以把心智解读能力受损认定为“首要病因”；其次，自闭症是否真是由心智解读能力的缺陷导致的？或者，这种缺陷是否只是某种与心智解读能力毫不相关的发展过程的结果。换句话说，心智解读能力的缺陷到底是自闭症的原因，还是自闭症的结果？

利用心智解读理论解释自闭症并没有多少说服力，同样的，很少有研究能够把心智解读能力与实验室之外的现实世界中的自闭症联系起来。事实上，已经有越来越多的证据表明，心智解读能力的缺陷并不是引起自闭症的原因。这里有多个原因都可以用来解释这个问题。在患有自闭症的孩子中，大约有 20% 的人能够通过“莎莉 - 安妮任务”测试。换句话说，这也就意味着：在被诊断患有自闭症的孩子中，至少还有一些孩子通过了这个测试。如果自闭症真是由心智解读能力的缺陷引起的，那么任何一个患有自闭症的人的心智解读能力都必定是有缺陷的。“莎莉 - 安妮任务”测试并不是唯一或最难的测试心智解读能力的实验，但在现实世界中，有社交缺陷的自闭症患者确实有一部分人通过了难度更高的心智解读能力测试。这个事实足以证明，一个人可能患有自闭症，但是他可能并没有心智解读能力方面的缺陷。

社交天性实验室

还有一个问题是，患有自闭症的人通常还会同时出现其他知觉和认知障碍，而这些障碍很少与心智解读能力缺陷有关。在一项研究中，尤塔·弗里斯让一组自闭症患儿和一组发育正常的孩子参加了一个“嵌入图形”测试（embedded-figures test）。这个测试中使用的其中一幅图如图 7-2 所示：左边有一个三角形，在旁边的婴儿车中也“隐藏着”一个与它大小、形状、方向都完全一样的三角形。孩子们要完成的任务是，把这个隐藏着的三角形找出来。我猜你读到这里，很可能已经开始去寻找这个图形了。如果你是自己一个人去找的，你可能会发现这得花点儿时间（小提示：它藏在婴儿车的遮蓬内）。而如果你患有自闭症，那么你花的时间会比其他人少一些。在这类任务中，患有自闭症的人总是比其他人做得更好。他们在这类测试中能够取得更好的成绩，这一事实并不能说明他们的心智解读能力受到了损害，但是确实反映了一种认知 - 知觉失调。

图 7-2　嵌入图形测试的一个例子

在婴儿车的遮蓬内可以找到一个与左边的三角形大小、形状、方向都完全一样的三角形。

资料来源：Shah, A., & Frith, U. (1983). An islet of ability in autistic children. *Journal of Child Psychology and Psychiatry*, 24(4), 613-620.

正常人在完成这类任务时会花费更多的时间的原因是，我们的心智化系统关注的主要是看到的东西的整体“完形意义”（gestalt meaning），而不是具体细节；或者说，我们会把看到的东西进行整合，以便“升华”为更高层次的意义。我们看到的是一个草坪，而不是一片片的草。我们对“嵌入图形”测试的反应速度取决于以下这项能力：对图形的整体意义进行分解，然后在其中找到特定的非功能性元素。自闭症患者在观察事物、使用语言时都不会去关注更高层次的意义，他们在这方面有缺陷。因此，如果一个任务要求接受测试者关注的是具体的细节而不是整体意义，那么自闭症患者通常会表现得更好，胜过正常人。提炼我们所看到的事物背后的更高层次的意义，与推断隐藏在他人行为背后的目的和动机，这两者之间显然存在着某种相似之处。然而，这两方面的缺陷并不总是会同时出现在一个自闭症患者身上。判断某个人为什么会以这种方式（而不是以另一种方式）行事，与判断某个具体的事件为什么会发生，这两个任务依赖于相同的神经回路。总之，它们似乎是不同的过程。

不过，有人可能还是会坚持认为，自闭症患者在社交方面的障碍主要体现在心智解读能力的缺陷，而且对整体意义的认知能力不足（“格式塔过程缺陷”）也可以解释其他非社会性障碍。若果真如此，那么我们就不得不做出如下假设：只要对自闭症患者进行心智解读能力的训练，提高他们的心智解读能力，其社交障碍也就能有效地减轻甚至消除了。许多研究都已经表明，针对性的训练能够极大地提高自闭症患者的心智解读能力，然而令人遗憾的是，心智解读能力的改进并没有使他们在现实世界中的社交技能得到有效的提高。

这些研究结果表明，自闭症患者的心智解读能力明显存在一定缺陷，但同时也表明，这种缺陷可能并不是导致自闭症患者社交障碍的主要原因。如果我们能够证明，心智解读能力缺陷是存在于自闭症患者身上其他核心缺陷的一个继发性后果，而不是引发自闭症的根本原因，那么将会更有意义。为了理解这两者之间的区别，请想象一下这种情形：一个赛跑者在比赛训练时摔伤了左膝，那么在一个星期后她将有很大可能感受到右臀疼痛。因为左膝的疼痛会导致她跛行，即她会更多地用右腿行走；而这会使得她右腿关节过度受压，进而导致与受伤的左膝相对的右髋关节疼痛。在这种情况下，左腿膝盖的疼痛本质上是由最初的受伤引起的，然而臀部疼痛则是继发性的，由身体为了补救膝盖的疼痛而做出的“努力”所引发的。

重要性可以与心智解读能力相比的是一个人的成长过程。一个人成年后能否获得这种能力，部分取决于年轻时是否曾体验过各种各样的正面经历。看到或听到他人利用心智解读能力与世界互动有助于我们开发自己的能力。之所以知道这一点是因为我们发现，天生就耳聋的孩子在心智解读能力测试中的表现与患有自闭症的孩子一样不理想。那些耳聋的孩子既没有任何心智上的缺陷，也没有社交上的障碍。但是由于他们听不到人们的说话声，因此，他们生活在一种没有交谈，也无需运用心理状态语言的“社交贫困型”环境中。类似的情况是不是也可能发生在自闭症患者的身上呢？大量证据表明，自闭症患者出现社交困难的时间要早于他们表现出心智解读能力（不足）的时间，因此，或许是这些早期的变化改变了自闭症儿童能够接触到的信息。

通常，自闭症只有在儿童成长到三岁或者三岁以后才能被诊断出来。现在，由于许多家庭都有录制家庭影片的习惯，通过对自闭症患儿的家庭影片的分析，我们已经对这些孩子被诊断为自闭症之前的一两年的生活情况有了一个很好的了解。根据一些审慎、系统化的标准，心理学家们能够在确诊之前就辨识出那些天生患有自闭症的孩子与并非天生自闭的孩子之间的差异。

在社交互动方面，患有自闭症的孩子在未满一周岁时就会表现得比其他孩子“差劲”一些，他们很少会对他人做出社会反应。到了第二年（即当孩子长到两岁的时候），这些孩子倾向于对他人不理不睬，喜欢独处，继续表现出缺乏社交技能的特点。如果这些孩子表现得偏爱于生活在社会隔离的状态下，那么他们很可能会像那些失聪的孩子那样，得不到一些必要的社会信息——这些信息刚好是同龄的正常孩子发展出成熟的心智解读能力所需要的。如果事实真是如此，那么我们就应该对那些比心智解读能力系统成熟得更早一些的神经系统做一番考察。

破镜假说

鉴于猴子有镜像神经元，而没有心智解读能力，所以从进化的角度来看，镜像系统要比心智解读系统更加原始。一般来说，在一周大的婴儿身上，镜像系统就已经开始运行了，因为这个时候的婴儿已经表现出了模仿能力。如果我们试图寻找这样一种缺陷，那么镜像系统很可能是一个适当的选择：这种缺陷不但出现的时间比心智解读能力缺陷更早，甚至还可能是导致心智解读能力缺陷的原因。

镜像神经元可能给自闭症带来的第一个至关重要的线索是，那些患有自闭症的儿童模仿他人的能力存在很大的问题。40 多年来，科学家已经完成了无数项要求孩子们模仿各种行为和手势的实验。在这些实验中，被诊断为患有自闭症的孩子的模仿能力总是比发育正常的孩子差很多。在学术界明确地将模仿能力与镜像系统联系起来后，一些学者认为，模仿能力缺陷可能与自闭症有关。他们进行了一些神经成像研究，最终催生出了破镜假说（broken mirror hypothesis），即镜像系统的受损可能是造成自闭症的主要原因。

虽然从这些研究中得到的初步结果非常震撼人心，但是我们仍然不能肯定，它们到底在多大程度上支持了破镜假说。例如，其中一项以 μ 抑制（mu suppression）为焦点的研究结果就是如此。μ 抑制值是用脑电图（electroencephalogram，简称 EEG）技术检测镜像系统活跃性时得到的一种生物指标。不论在观察他人的手部动作还是自己用手做出一定的动作，发育正常的孩子都会出现 μ 抑制。然而患有自闭症的孩子只有在自己亲手做动作时才会产生 μ 抑制，而在观察别人的手部动作时却不会产生 μ 抑制。不过，令人奇怪的是，研究人员并没有报告这两组被试之间是否存在显著的差异。这看起来无关紧要（似乎不过是研究人员的一个小小疏忽而已），但是既然没有进行这方面的分析，他们直接得出的结论——自闭症被试的镜像系统的活动是不一样的，就显得有些无根无据了。

两项早期的功能性核磁共振成像研究还表明，患有自闭症的人的镜像系统是不正常或“非典型”的，只不过这种“非典型性”并不能通过自闭症的症状清晰地表现出来。镜像系统既包括一些比较靠前的属于额叶的脑区，即额下回后部（posterior inferior frontal gyrus）和运动前区皮层（premotor cortex）；也包括一些比较靠后的属于顶叶的脑区，即前顶内沟和下顶叶小叶喙侧（rostral inferior parietal lobule，见图 6-1）。

另一项功能性核磁共振成像研究还表明，自闭症患者在进行脸部表情模仿时，他们镜像系统中的额叶部分的活跃程度下降了，而镜像系统中的顶叶部分的活跃程度则上升了。还有一项研究则显示，在进行手部动作的模仿时，自闭症患者的镜像系统的顶叶部分的活跃程度下降了，而额叶部分的活跃程度则上升了。很显然，这两项研究表明，自闭症患者与发育正常的人在做模仿动作时，他们大脑的镜像系统的激活情况是不一样的，但是，这两项研究也都表明，自闭症患者与发育正常的人在做模仿动作时，他们大脑的镜像系统中的额叶部分和顶叶部分的活跃程度都有增有减，不过也存在着差异，即活跃程度增减的方向相反。但是，这两项研究都没有解决一个更重要的问题，即在实验中，患有自闭症的被试与正常被试模仿得一样好，因此目前尚不明确，到底是不是我们所观察到的这些神经系统的活动模式导致了自闭症患者在现实世界中的行为问题。

自从这些早期研究的结果发表以后，又出现了许多研究，得出的结果却与这些早期研究相矛盾。一些研究已经表明，自闭症患者和健康人群的 μ 抑制水平大致相当。类似的，许多功能性核磁共振成像研究也表明，自闭症患者的镜像系统活跃程度与健康人群相当，甚至比健康人群还要高一些。那么，为什么这些研究的结果会如此的混乱和不一致呢？如果自闭症患者的模仿能力真的存在障碍，那么他们的镜像系统也应该存在缺陷吧？然而，答案或许并非如此。

维多利亚·索斯盖特（Victoria Southgate）和安东尼娅·德·汉密尔顿（Antonia de Hamilton）提供了一个令人信服的解释，说明了对于自闭症患者来说，为什么不能过于简单地把他们在模仿行为中的表现好坏与其镜像系统的完善程度等同起来。他们指出，在现实生活中，甚至在实验室里，成功的模仿并不仅仅是“简单的模仿”。要想模仿成功，你必须知道模仿什么、什么时候模仿。

如果实验主试说“请你这样做”，然后从桌子上捡起了一支钢笔，这时作为被试的你打算怎么做呢？是只要跟着他捡起一支钢笔就可以吗？还是必须跟主试一样——如果主试用左手，你便用左手；如果主试用右手，你便用右手呢？或者关键在于，必须用同样的抓握动作、经过同样的空间路线拿到这支钢笔？主试有可能会因为以上这些环节中的任何一个没有做好，就把你归入模仿能力差的那组中。模仿者在模仿时需要知道什么是应该被模仿的，然后精确地模仿之。了解需要模仿的是什么，尤其是在实验中，其关键在于理解主试想要让你模仿什么。这是一个取决于心智解读能力的任务。正如我们已经知道的，自闭症患者的心智解读能力本身就是有缺陷的。

解决这个问题的一种方法是，在模仿过程中剔除心智解读能力因素。科学家们已经利用对无意识的模仿行为的检验实现了这一点。有时，我们会毫无意识，甚至是在知道不应该模仿的情况下去模仿他人。读者不妨试着想象一下这种情形。你看到有人（主试）用大拇指和其他手指做出了一个“U”形（见图 7-3）。当你看到大拇指和其他手指开始慢慢地收拢变成一个紧握的拳头时，你的手也会照着做出同样的动作。接下来，你又一次看到有人用大拇指和其他手指做出了一个“U”形，不过紧接着，这只手却变成了摊开的形状，你同样也会照做，把自己的手变成摊开的形状。到目前为止，一切都没问题。这是一个简单的模仿任务。接下来的事情就开始变得更有意思了。有时，主试会要求你模仿你看到的动作（也就是说，当你看到模仿对象握紧拳头时，你也握紧拳头）；而在其他时候，主试会要求你做出相反的动作（也就是说，当你看到模仿对象握紧拳头时，你必须摊开手掌）。

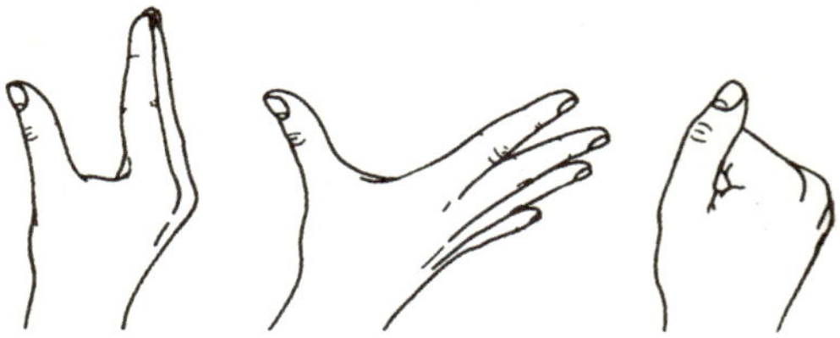

图 7-3　在自动模仿测试中所用的手势

左边：拇指和其他手指构成一个“U”形；中间：手指尽量伸展开来；右边：所有手指握成一个拳头。

做出与看到的动作相反的动作是有一定难度的，因为模仿更符合人的天性。因此，没有患上自闭症的人完成“矛盾的动作”（做出与看到的动作相反的动作）所花的时间比完成“不矛盾的动作”（做出与看到的动作一样的动作）所花的时间要长，这种时间差距是衡量自动模仿倾向的强度的一个指标。在第一项研究中，研究人员请一组自闭症患者作为被试完成上述模仿（反向模仿）任务，结果表明，这组被试不仅出现了自动模仿效应，而且他们自动模仿倾向的强度比正常被试高了将近 50%。而且，这并不是得到这一结果的唯一一项实验研究。在另一项研究中，科学家们运用另一种自动模仿倾向测试方法也得到了类似的结果——自闭症患者的自动模仿倾向超强。这些研究的结果表明，一旦剔除心智解读能力这个因素，情况就变得明了了：自闭症患者实际上根本不是不会模仿，反而是模仿能力超强的模仿者。

破镜假说仍然是一个比较新的理论，因此目前尚不清楚历史将会如何评判它。但是，一些比较有力的证据都是不支持破镜假说的。最近的一些研究结果表明，那些模仿能力超强的自闭症被试在被明确要求模仿某一动作时，其实他们并不知道什么时候应该模仿以及模仿什么。这就又把我们拉回到了自闭症患者的心智解读能力确实是有缺陷的这个已经得到确认的结论上。但是，我们仍需要弄清楚的是，为什么这些自闭症患者的心智解读能力会有缺陷？鉴于社交障碍先于心智能力的发展这个事实，从针对失聪孩子的研究中我们知道，心智解读能力会因为一个人在成长过程中一直生活在孤独中而发育不健全。无论如何，幸运的是，除了破镜假说之外，我们还有另一个假说可以尝试，希望这个假说能够把这个问题解释清楚。

激烈世界假说

还记得我在罗格斯大学的那次“糟心之旅”吗？其实上次我只讲了故事的一

半，接下来我要讲的是另外一半，关于我内心世界的那一半。我已经描述过自己当时的行为——周围的人可以看到我的所作所为。基本上，我与所有人都保持了一段距离，给人的印象是我对周围的社会环境漠不关心。很显然我从来不是一个患了自闭症的人，哪怕一会儿也没有。但是我的经历却是一个很好的经验教训，我把它称为“海飞丝效应”（Head & Shoulders effect）。

你可能还记得从 20 世纪 80 年代开始的海飞丝洗发水的广告宣传活动。在这些广告中总会出现两个人，其中一个人注意到另外一个人头上有头皮屑。看到对方有头皮屑的那个人会把对方的头皮屑指出来，然后说一些大致类似于“嘿，试试我的海飞丝”之类的话；再接下来，他会不失时机地拿出一瓶洗发水，递给那个受到头皮屑困扰的朋友。这个收到洗发水的人总是会说：“但是，你并没有头皮屑啊！”对此，第一个人则会露出一个胜利者的微笑，然后说“正是”。言下之意是，因为他使用了海飞丝洗发水，所以别人永远也不会知道他原本也是有头皮屑的。这个广告的心理学含义是，一个人的内心世界也许与他的外在行为表现是背道而驰的。我们往往倾向于假设人是内外一致的，但是因为人要对外部环境做出反应，并且总是会设法对自己的内在缺陷进行补偿或掩饰，所以人往往会内外非常不一致。

我在罗格斯大学度过的悲惨的那天里，人们是无法从我的外在行为表现猜测出我的内心体会的。我的行为和我的内心体会密切相关，但却是以一种极不明显的方式体现出来的。我的外在行为表现是反社会的，但这并不是因为我对社交活动、社交圈不感兴趣。事实上，我只不过是在面对社交圈时觉得不知所措罢了。或者说得更准确一点，我当时对几乎所有事情都感到无所适从，但是在那一天，在所有铺天盖地而来的令人局促不安的事情中，周围的社交圈是最让我不知所措的。

那天吃下的药物让我的所有感觉细胞都“热”了起来。通常情况下它们都是冷冷的，不过如果那天有人对我进行脊椎抽液，那么一定会发现我的感觉细胞的温度非常高。但是，这个变化让我难以承受。我身上所有平时隐藏在“幕后”的知觉能力一下子全都蹦到了“前台”，而且非常强烈地发动了起来。在这种情况下，静止不动的、冰冷的环境肯定会让我痛苦不堪，但是那天我被淹没在了密集人群发出的吵闹声、丰富的面部表情和运动姿势以及其他一些突如其来的动作中。所有这一切都强烈地刺激了我，让我感到了不可预知的惊讶，甚至让我感到恐惧。那天的我之所以是反社会的，并不是因为我不喜欢那些人，而只是因为他们都是人这个简单的事实。但对我来说，那一天最难以应付的就是人。

如果患有自闭症的孩子实际上并不是对社交圈不敏感，而是对社交圈太敏感了，那么又将会怎样呢？如果他们之所以会患上自闭症是因为在早期的社交互动中感受到了非常强烈的痛苦，以至于这些只有一两岁的孩子宁愿选择与社交圈隔离，那又将怎样呢？如果出生不久后所感受到的过分强烈的体验促成了他们的社会隔离，那么在接下来的 10 年里，这些孩子可能会持续地错过无数个把大脑训练成社交能手的互动机会。或许，患有自闭症的孩子之所以不愿意上学只是因为待在教室里让他们太痛苦了。去电影院看电影时，你可能有过这样一种经历，当工作人员在电影开始之前调试音响设备时，你会捂上自己的耳朵（我的妻子和儿子每次都会这么做）。如果你毕生都生活在这样的环境中，你会不会去找一个相对安静一点的地方呢？

我猜想，患有自闭症的成年人的社会情绪也许是极不敏感的，至少在某些方面肯定如此。但即使这是真的，问题仍然存在：他们是因为遗传原因而一直对社交圈不敏感吗？或者，这些患有自闭症的成年人之所以不愿意接触社会，会不会是他们在童年时期对社交圈过于敏感而导致的一种合理反应？这就是关于自闭症病因的激烈世界假说（intense world hypothesis）。早期生活的痛苦经历导致患有自闭症的孩子远离社交圈，从而使他们错过了能够锻炼心智解读能力的至关重要的社会信息。

激烈世界假说是一种相对较新、违反直觉的理论。那么，这种假说是否已经得到了一些证据的支持呢？在自闭症患者的群体内部，许多人都报告说，他们真的有这样的感觉。杰伊·约翰逊（Jay Johnson）是一位患有自闭症的博主，他在博客里写下了自己的感受，来解释为什么他不愿意与他人进行眼神交流：

> 人真是一种既吵闹又令人费解的生物……他们通常都会指望我与他们进行眼神交流吗？我真的不知道你对这种眼神交流有什么感觉，但是对我来说，当我看着另一个人的眼睛，而对方也看着我的眼睛时，我会觉得自己好像在触摸一只滚烫的火炉，我会因此而被灼烧受伤。对我来说，这是生命中的不能承受之重。

除了自闭症患者自己报告的这种几近于奇闻逸事的经历之外，还有许多实际的证据可以证明激烈世界假说的正确性——虽然实际上很少有研究人员在努力推进这个有些违反直觉的理论。考虑到所有人都有确认偏差倾向（指人们倾向于只搜索那些希望看到的东西），这种现象对激烈世界假说而言或许也不失为一个好迹象。

过去，人们普遍认为自闭症患者在情感上可能并不怎么敏感，部分原因可能是他们大脑的杏仁核的敏感性已经有所降低。正如本章前面已经讨论过的，杏仁核是一个体积相当小的大脑结构，它对发生在日常生活中的事件的情绪强度进行编码，并做出反应。对于人类来说，杏仁核似乎对于他人的情绪表达这类社会信息的输入特别敏感，特别容易做出反应。同时也有迹象表明，杏仁核在应对环境中一些非常积极或非常消极的情感线索时，总是更倾向于优先指向一些消极的情绪表达，如害怕和焦虑。甚至向一个处于潜意识状态下的人呈现一些他以前从未见过的令人害怕的图片，也能有效地激活杏仁核。

科学家们让患有自闭症的成年人和正常的成年人观看一系列面部表情图片（这些表情代表了各种各样的情绪，比如，害怕或者愤怒），并对他们的神经反应进行了比较，从而获得了一些能够证明杏仁核与自闭症之间存在一定联系的初步证据。从大量这类研究中发现的一个最一致的结果是，自闭症患者的杏仁核对具有威胁性的社会线索的反应比较不敏感。这个发现再结合以下这个事实，即杏仁核受到损害的非人类灵长类动物身上会出现一些与自闭症患者相类似的特征，似乎可以说明自闭症患者之所以对社交圈反应迟钝，是因为他们的杏仁核没有或较少接收到来自社交圈的信息，也没有把注意力转向社交圈。

然而，最近一些集中关注自闭症儿童（而不是患有自闭症的成年人）的研究结果却表明，杏仁核与自闭症之间的关系与上述截然不同。自闭症儿童的杏仁核比发育正常的儿童更大。这种现象在 2 ~ 4 岁的孩子，甚至一直到 12 岁大的孩子身上都能够观察到。很显然，2 ~ 12 岁是我们的一生中实现社会化的最关键时期，也是一段相当长的成长阶段，这些孩子的社会情绪的灵敏度在此期间会不断地增强，同时杏仁核也在不断地增大。

当看到一组被试的某一个脑区比另一组被试的同一个脑区更大时，我们通常会假设，无论这个脑区具体是做什么的，体积更大肯定意味着要做得更多。例如，爱因斯坦拥有一个异常硕大的顶叶——顶叶是大脑的一部分，它也是影响空间想象力和数学能力的关键部分，我们就知道，与其他人相比，他在某个方面拥有压倒性的优势——硕大的顶叶使得他拥有更强大、更优异的计算能力。当然，某个脑区的脑量更大并不必然意味着这个脑区能够把它通常分管的工作做得更好。但是，对于自闭症患者来说，他们的杏仁核比发育正常的人更大一些这个特点的意义确实类似于硕大的顶叶对于爱因斯坦的意义，那就是，更大意味着能够做得更多。

因此，自闭症儿童拥有一个比正常孩子更大的杏仁核这一点就意味着，这些孩子通常更容易显得焦虑不安，而这正是他们在环境面前表现得不知所措的一个迹象。自闭症儿童同时也表现出了比正常孩子更强的侦测、发现潜在威胁的能力，同时他们的杏仁核却无法像正常孩子的杏仁核那样习惯于去面对这些威胁（换句话说，正常的孩子在多次面对各种威胁后，能学会让自己冷静下来）。

研究中还有一个至关重要的发现，即一个孩子在3岁时杏仁核体积异常增大，就预示着他在6岁以后的社会适应能力将更弱。除此之外，把潜在的危险信息传递给杏仁核的视觉神经通路也为我们寻找患有自闭症的孩子通常也可能患上多动症的原因提供了一些线索。患有自闭症的孩子拥有的视觉信息处理过程是不同寻常的，他们在完成像图7-2所示的“嵌入图形”任务中可能会具有一定的优势。但这同时也可能促使输入的信息在到达杏仁核后使其变得过度紧张。还有一些证据则表明，除了视觉信息外，他们对听觉信息和触觉信息也过于敏感。

所有这些结果都与激烈世界假说一致。不过还有一点让人困惑不已，那就是为什么患有自闭症的成年人在应对表达特定情绪的各种面孔时，其杏仁核反而会更加不活跃？我们在跟踪患有自闭症的成年人观看各种面孔的照片时的眼球运动情况后，得到了一些重要线索。当正常人观察一张面孔时，他们会把大部分时间都花在观看眼睛和嘴巴这两个地方，不过，花在观看眼睛上的时间显然更多一些。这两个地方特别能表达和传递大量有关他人情绪状态的信息。而当一个患有自闭症的成年人观看一张面孔（面部照片）时，他们的眼球运动表明，他们的关注点与正常人完全不同。患有自闭症的人在观看面部照片时，其眼光通常都会非常随意地转动，他们通常会花大量时间去看那些只能表达和传递最少信息的部位。正常成年人花在观看目标对象的眼睛上的时间几乎是患有自闭症的成年人的两倍。

体现在社会凝视方式（即我们观看他人面孔的方式）上的这些差异表明，自闭症患者在观看他人的面孔时，之所以杏仁核的活跃程度低，是因为他们不去观看通常能够激活杏仁核的表现人的情绪的那部分面孔。威斯康星大学的里奇·戴维森（Richie Davidson）的研究团队对这个观点进行了检验。他们发现，当患有自闭症的成年人在观看那些表达了强烈情绪的对象的眼睛时，他们的杏仁核的活跃程度比正常人更高。

与之前的研究相比，在这项研究中，主试并没有关注被试眼球的运动。在成长发育过程中，自闭症患者可能并没有完全学会密切注意那些与情绪有关的信息来源，因为这些信息会令他们觉得痛苦。而他们在成年后之所以不怎么会对这些信息做出反应，是因为他们已经采取了某种应对机制。我的意思并不是说，这是自闭症患者的一种有意识的选择，但是我们都知道，许多人都会运用某种策略进行自我保护，这是从环境中习得的；事实上，几乎所有人都在不知不觉地运用着这种策略。

自闭症与任何大家熟知的心理障碍一样，非常复杂。要找到自闭症的病因极其困难，涉及许多潜在的致病因素和发病途径。不过如前所述，激烈世界假说似乎是一种很有前途的理论。这个假说是违反直觉的，因为它表明，从外表上看，自闭症患者似乎对社交圈非常不敏感，但是这种表面现象与自闭症患者的内心对世界的体验完全不同。这也就表明，自闭症患者对社交圈的厌恶和回避只是他们每次碰到让他们觉得不知所措的事物的一种应对机制，这种“事物”就是人——人确实是他们接触最多、互动最激烈，同时也是最不可预测的一种事物。由于在成长的早期阶段错过了无数次接触社交圈的机会，患有自闭症的孩子在大脑发育的关键时刻失去了增强心智解读能力的机会。于是，这些孩子永远也看不到（或者听不到）能够让社会心智变得更加成熟的各种信息了。

在这章我们已经看到，我们的社会心智是何等不可思议！当它正常发挥作用时，它所实现的功能令我们惊异；而当它无法正常发挥作用时，它可能带来的后果也令我们吃惊。共情堪称一种分享他人情感的完美的同情风暴；有了共情，就能够深切地理解他人的心理感受，知道别人需要什么帮助和安慰，并且会产生一种不惜一切代价、不计报酬地为他人的利益采取行动的亲社会动机。自闭症则是另一种意义上的完美的情感风暴，只不过它带着深厚的悲剧色彩；在这场情感风暴里，无所适从的孩子们可能会为了保护自己当前的幸福而彻底放弃各种有益的体验，尽管这些体验是极其难得的训练，能够使他们发展出健全的心理机制，让他们在成年后更有效地与他人进行沟通。

到目前为止，我们已经看到，社会痛苦和社会愉悦都是真实的，在所有哺乳类动物身上都存在，而且与物理疼痛和身体愉悦一样都依赖于同一些神经机制。这些痛苦和愉悦的感受促使我们产生渴望与能够帮助我们安然度过年少时光以及能够让我们以后的生活过得更好的人保持密切联系的强烈动机。我们也看到，确实存在一些能够让我们把对社会连接的强烈需求转变为朋友、亲人和同事之间既体贴又持久的关系的社会认知机制。因此，利用我们解读心智的能力，在如何与他人和睦相处这件事上，我们完全可以提早做出计划先行一步，而不是永远落在后面，被动地进行回应和防御。人类有运用镜像系统理解以及模仿他人心理与行为的能力，这一点与猴子和类人猿等灵长类动物都是一样的。相比之下，人类所拥有的最复杂的心智解读能力却只有一部分是与类人猿共享的，另一部分则是我们人类所独有的。

接下来，我们将转而讨论进化所下的第三个，也是最让人惊奇的一个赌注。建立社会连接的渴望以及理解他人的思想和感受的能力，对于创造一个高效的社会网络无疑是至关重要的。而其中最关键的是，进化已经塑造了我们，使得我们能够自然而然地适应所归属的群体，并让我们变成周围的人希望我们成为的那种人。这正是进化的狡诈之处。

第四部分

人类社交的三大驱动力之三：协调

只有为他人而活，生命才是值得的。

|**阿尔伯特·爱因斯坦**|

不要让自己内心深处的声音淹没在别人嘈杂的意见当中，而是要有勇气跟随你的内心和直觉。

|**史蒂夫·乔布斯**|

08

SOCIAL

自我，让你的大脑成为他人思想的跑马场

1641年，勒内·笛卡儿（René Descartes）出版了《第一哲学沉思录》（*Meditations on First Philosophy*），他在书中提出了著名的身心二元论（mind-body dualism）——后来又被简称为“笛卡儿二元论”（Cartesian dualism）。根据笛卡儿的说法，心智（意识）源于一个非物质的灵魂，后者完全独立于物质世界以及所有的物理过程；意识世界（精神世界）与物质世界两者永不相交。几十年之后，贝歇尔（J. J. Becher）出版了《地下物理学》（*Physica Subterranea*）一书，这本书同样关注看不见的实体。贝歇尔提出，所有的易燃物质之所以可以被点燃，是因为它们都含有一种“燃素”（phlogiston）。“燃素”是一种假想的物质，它没有任何可感知的属性，如颜色、气味、味道或重量等。就像笛卡儿对心智的描述一样，在贝歇尔的理论中，火似乎也是一种无形无质的存在。以上两种观点在当时的时代都得到了广泛的讨论，并被人们信奉。

然而，时代是会变的，这两种理论的命运也是如此。不过，身心二元论却算得上是过去 1 000 年里最根深蒂固的理论之一。今天的人们在讨论与克隆、堕胎以及在实验室中使用动物做实验等技术和惯常做法有关的政策和伦理问题时，仍会有人引用身心二元论；燃素说则只有属于科学界的“圈内人”才会偶尔提起，而且在被提起时，通常也只是被当作一个不具有任何科学价值的反面材料而遭受嘲笑。对于这种现象，有的人可能会自然而然地猜想，身心二元论之所以经久不衰，而燃素说早早地就遭到了唾弃，是因为前者赢得了科学证据的支持，而后者则遭到了科学的驳斥。但是，这种认识是错误的。

事实上，在科学界内部，这两种理论的声誉都不好。虽然科学家们（其中也包括我自己在内）仍然经常用一种带有二元论色彩的语言来报告自己的科学发现，即经常会独立地提到“心智”一词，似乎它真的是与身体相分离的。但是，现代科学有关心智问题的一个最基本的原理是，心智完全是生物性的，因而是物质实体。然而，大多数人却都固执地相信笛卡儿所描述的那个简单而又令人难以反驳的身心二元论。请你考虑一下以下这个两难问题吧。你愿意拥有一个没有心灵的身体吗？这个身体仍会像你现在这样四处走动，但是所有与“你”有关的经验体会都会消失。你将不再有思想、感情或记忆。或者，你是不是更愿意拥有一个没有身体的心灵呢？你仍然拥有感觉和体验，但却没有了身体与这个世界互动。对于这个问题的任何一种回答都是对身心二元论的隐性支持。这是不得不面对的一个事实，我们确实更容易这样想象：我们是身体和心灵的结合体，同时它们又是彼此截然不同的两种东西。

身体与心灵的分裂

笛卡儿关于人类的双重性——心灵和身体的信念，如果直接用于解释大自然的工作方式，那么无疑是大错特错的。但是，对于人类大脑如何表征世界这一问题，笛卡儿却给出了一个相当准确的答案。早在人类大脑内部的神经机制被揭示出来数百年之前，笛卡儿就已经意识到，人类如何看待自我这一问题的答案的两大组成部分（身体和心灵）之间存在着一种深刻的分裂。这是否意味着我们拥有两个自我呢？如果真的有两个自我，那么当我们看到自己的映像时，认出来的到底是哪一个自我呢？

社交天性实验室

1970 年，戈登·盖洛普（Gordon Gallup）做了这样一个实验：他把一面镜子放到了一群黑猩猩面前。他对黑猩猩是否拥有自我意识这个问题很感兴趣——它们是否拥有“自我”，是否知道自己拥有“自我”。黑猩猩无法谈论它们自己，但是盖洛普认为，看到镜中的自己的影像时的反应能够提供它们是否拥有自我意识的线索。黑猩猩是与人类亲缘关系最近的物种，因此如果想在人类之外，找到其他拥有类似人类所拥有的自我意识这种东西的动物，黑猩猩无疑是最佳“候选人”。

黑猩猩们在“研究”镜子时一般只会做出两类行为，这表明它们越来越清楚地意识到了镜子中的影像代表的究竟是什么。一开始，它们会对着镜中的影像做出各种动作，好像镜中站着另一只黑猩猩——仿佛出现在它们面前的“陌生人”一样。不过到了第三天，这种行为就急剧减少了，取而代之的是一些以“自我”为关注焦点的行为。例如，它们会利用镜子给自己剔牙。10 天之后，这个实验的关键时刻来临了。趁着这些黑猩猩睡着的时候，盖洛普在每一只黑猩猩的额头上涂上了闻不出任何异味的红色颜料。当这些黑猩猩醒来后，它们照旧再次去照镜子时，黑猩猩具有自我认知的证据便显得非常清晰了，因为当黑猩猩们在镜中看到这些红色颜料时，它们会用手去触摸自己的额头（进行检查）。与其他旨在探索社交互动与自我意识的关系的以人类个体为对象的研究结果类似，盖洛普还发现，在那些被单独喂养长大的黑猩猩们身上并没有找到它们拥有镜像自我认知的证据。

不过，对于这种做法，即用“镜像测试”实验的结果去证明黑猩猩、海豚和大象等动物都拥有自我意识，在学术界仍存在很大的争议。幸运的是，几十年后，当功能性核磁共振成像扫描技术流行起来后，科学家们就可以利用这种扫描技术来检验自我意识，并确定其神经基础了。对10多个研究自我意识的功能性核磁共振成像研究结果进行综合分析后，一种清晰的模式浮现了出来。与看到和辨认朋友、名人和陌生人的照片相比，当人们在看到和辨认自己的照片时，他们大脑中的额叶皮层右侧和大脑皮层外侧表面的顶叶皮层的活跃度更高（见图8-1）。此外，在人们看到自己的面部图片与跟踪自己的肢体动作这两种情况下，他们大脑的顶叶皮层都会有所反应。

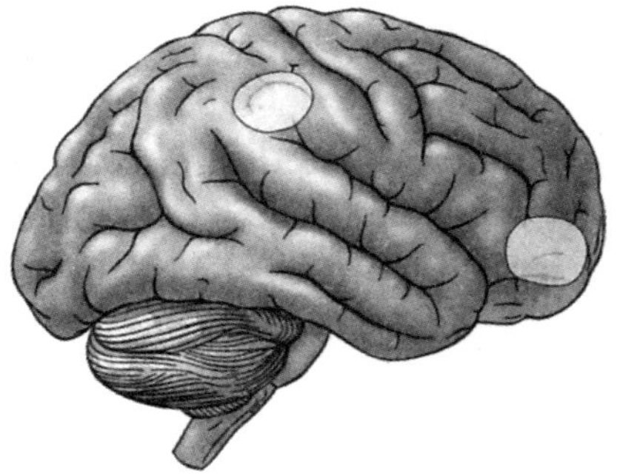

图 8-1　大脑右半球中与视觉自我认知有关的脑区

神经二元论

40年来，我们把能在镜中认出自己当作是其他物种也拥有自我认知能力的一个决定性标志，但实际情况则显得复杂得多。根据笛卡儿的观点，这类实验关注的无非是我们能不能把自己的身体认出来（“那是我的身体”），这无疑是不够的。在《第一哲学沉思录》中，笛卡儿认为我们的心灵具有不可还原性，并据此推导出了他的名言“我思故我在”。

在笛卡儿之前，德尔斐的神谕（Oracle at Delphi）就已经敦促人们去“认识你自己”，苏格拉底也告诫我们“浑浑噩噩的生活不值得过”。在过去的 1 000 年里，西方人一直在越来越频繁地重提这类呼吁。但当我们督促人们去认识自己时，我们所说的就是那种“自我认知”——知道镜中的那个影像就是我们自己吗？镜像自我认知是一种自我意识，但它真的能够代表我们所探求的那种更深层次的自我认识吗？

社交天性实验室

来自达特茅斯学院的三位著名社会神经学家比尔·凯利（Bill Kelley）、托德·海瑟顿（Todd Heatherton）和尼尔·麦克雷（Neil Macrae）给这个问题画上了一个圆满的句号。他们设计了一个非常简单但又非常精巧的功能性核磁共振成像实验——让被试看一些形容词（如“有礼貌的”、“健谈的”），然后观察他们大脑的激活情况。

在其中一些实验轮次中，被试们必须判断这些形容词是否恰当地描述了时任美国总统乔治·W. 布什的个性或特点；而在其他一些实验轮次中，被试则必须判断这些形容词是否恰当地描述了自己的个性或特点。他们的目的是检验这样一个假说：当人们断定可以用与形容乔治·W. 布什所用的词语完全相反的词语来形容自己时，有一些脑区应该会更加活跃。结果发现，只有两个脑区的活动遵循了这种激活模式。

正如在镜像自我认知研究中得到的结果一样，在这个研究中，被激活的脑区也属于前额叶皮层和顶叶皮层。但是，与人们在镜像自我认知研究中发现的不同之处是，他们发现，被激活的具体脑区是内侧前额叶皮层（medial prefrontal cortex，简称 MPFC）和楔前叶（precuneus）。楔前叶位于大脑中部，即大脑两个半球相连接的地方，而不是位于大脑外侧接近于头盖骨的地方（见图 8-2）。换句话说，从镜中认出自己与从概念上思考自己依赖于完全不同的神经回路，这也就意味着，看见自己与认识自己是两件截然不同的事。

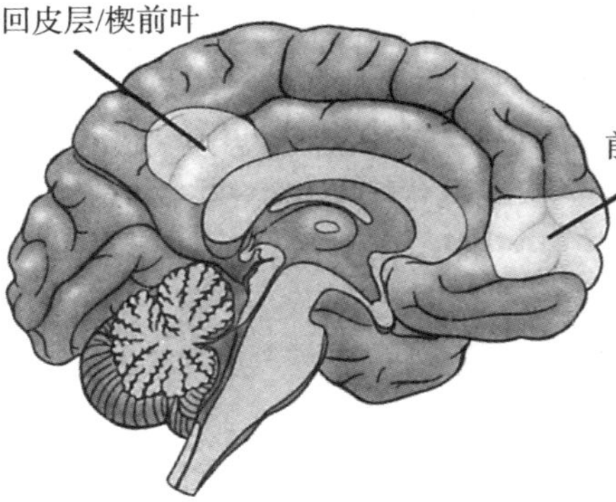

图 8-2　与概念性的自我意识有关的脑区

看见自己与认识自我之间的差异至少包含两层重要含义。首先，这两者之间的差异告诉我们，那些通过镜像自我认知测试的动物“认识”到的到底是什么。对于自己的“肉身”（corporeal identity），黑猩猩、海豚和大象都有一定的意识，它们都知道在镜中看到的那个身体是自己的。然而，功能性核磁共振成像数据表明，能够通过这些测试并不意味着这些动物拥有与我们一样的自我认知，会思考自己是否拥有某种特别的性格特征，或者想知道 10 年后的自己会是怎样的；而且，这也不意味着，这些动物会去回想自己过去所做出的决定是否明智；当然，这更加不意味着，这些动物能够进行内省性思考，因而拥有一种概念性的自我意识。

其次，用来表征对身体认知的神经回路与用来表征对心智认知的神经回路是相互分离的，这也可以解释为什么我们很难抛弃笛卡儿式身心二元论的原因。所有的迹象都表明，身心二元论对于“我们到底是什么”这一问题的解答是非常蹩脚的；但是，大多数人（的大脑）却像是一个真正的二元论者那样在运行着。我们不能禁止大脑这样做，因为毫无疑问，我们的“操作系统”天生就是这样，天生就要求我们从心智和身体相互分离的视角来看待世界。在我们的大脑中，有一个系统用来思考心智，同时又有另一个系统用来认识我们的身体，这两个系统在大脑中是独立的。在现实世界中，人的心智和身体并没有分离，但是，它们在我们的大脑中“注册在案”的方式却是不同的；而且，即使我们想在两者之间架起一座桥梁填补这条鸿沟，我们所能做的也极其有限。大脑对颜色和数字的感知完全不同，因为它们取决于两个毫无关系的神经系统；同样的，从大脑内部的表征的角度来看，我们的心智和身体之间也是永远相互分离的。

黑猩猩也有自我吗

在比尔·凯利等人的研究中，人们观察到内侧前额叶皮层被激活了；在后续进行的无数个研究自我反省的功能性核磁共振成像实验中，人们一而再、再而三地观察到这个脑区的激活。这些研究表明，人类概念性的自我意识与内侧前额叶皮层紧密相关。我也曾经发表过一篇有关这个领域的综述，在那篇文章中我指出，在所有关于自我反省的实验中，有 94% 的实验都观察到了内侧前额叶皮层的激活，而且它是唯一一个与我们对“我们是谁”这个问题的思考一直密切相关的脑区。

考虑到人类或许是唯一一个能够从概念上对自身进行思考的物种这个事实，我们有必要追问，内侧前额叶皮层是不是还存在其他一些特别的地方，使我们能够思考有关自身的问题？不妨先让我们从解剖学的角度来描述一下这一脑区。德国解剖学家柯宾连恩·布洛德曼（Korbinian Brodmann）在 20 世纪初时测定了整个人类大脑的细胞结构，然后辨识出了 50 个不同的大脑皮层区，每一个脑区都被认定为一个布洛德曼区（Brodmann area）。这种分类法在一个世纪后的今天仍然有效。前额叶皮层的内侧壁可以被分为三个区域（见图 8-3）。腹内侧前额叶皮层被认定为布洛德曼 11 区，对于这个脑区的功能，我们在阐述有关奖赏系统的内容时已经讨论过了；作为心智解读能力的中心结点的背内侧前额叶皮层，则被认定为布洛德曼 8 区和布洛德曼 9 区；内侧前额叶皮层被认定为布洛德曼 10 区

（也就是BA10），它位于腹内侧前额叶皮层和背内侧前额叶皮层的中间位置。当让你用手指着位于你前额内的“第三只眼”时（无论你这样做时是否带着某种自嘲的口气），你指的很可能就是这个内侧前额叶皮层区，正是这个区域让你产生了“存在一个自我”的感觉。虽然对于啮齿类动物是否也拥有类似的前额叶皮层这个问题，学者们一直争论不休，但是很显然，就算它们有前额叶皮层，也不可能拥有相当于人类的布洛德曼10区的脑区。从根本上说，只有与我们亲缘关系最接近的灵长类动物（即猴子和类人猿）才可能拥有这个脑区。

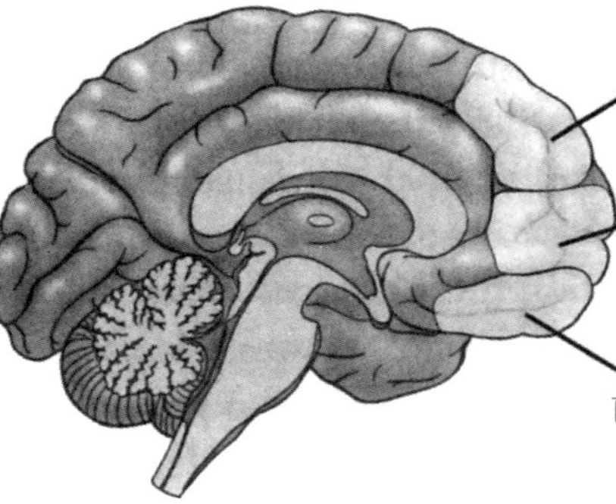

图8-3　位于前额叶皮层内侧壁的不同脑区

神经解剖学家卡特琳娜·赛门德费瑞（Katarina Semendeferi）测定了6种拥有布洛德曼10区的灵长类动物（其中也包括人类）的这个脑区的大小，结果发现，黑猩猩、倭黑猩猩、大猩猩、猩猩和长臂猿的布洛德曼10区的脑容量都低于3 000立方毫米，而人类布洛德曼10区的脑容量则在14 000立方毫米以上。

正如前面的章节中已经讨论过的，简单地直接比较脑容量的大小并没有多大的意义，因为通常而言人类大脑肯定要比其他动物大得多。更有意义的应该是比较布洛德曼10区占整个大脑的比例。在非人类灵长类动物中，布洛德曼10区占全部大脑容量的比例在0.2%～0.7%之间；而在人类大脑中，布洛德曼10区占到了人类全部大脑容量的1.2%。换句话说，人类布洛德曼10区占整个大脑的比例高达黑猩猩的两倍。与其他灵长类动物相比，布洛德曼 10 区是人类已知的所有脑区中唯一一个异常大的脑区。赛门德费瑞还发现，布洛德曼 10 区的神经元不如其他皮层来得密集。由于不怎么拥挤，这使得布洛德曼 10 区的每一个神经元都有足够的空间可以跟许多其他神经元进行连接。

毫无疑问，内侧前额叶皮层相当特殊，它使人类有别于其他灵长类动物。考虑到人类是已知的物种中唯一一个肯定拥有概念性自我意识的物种，所以我们有理由认定，这种能力与人类这个独具特色的脑区有关。那么这个脑区到底为我们做了些什么呢？西方人把大量时间都花在了思考“我们自己”上。毫不夸张地说，许多人甚至都对自己着了迷。

众所周知，我们所反思的自我是由个人的信仰、目标和价值观构成的。自我支撑着我们的希望和梦想，除了人类没有什么物种能够触及这个方面。中国古代哲学家老子在 2 000 多年前就已经阐述过有关自我的概念，他把自我视为真理的源泉，在《道德经》中写下了传诵千古的名句：“不出户，知天下，不窥牖，见天道。”诺贝尔奖得主赫尔曼·黑塞（Herman Hesse）也强调，任何一个自我都拥有不同于其他自我的特性，他说，每一个自我“都是独一无二的、非常特别的，它们总是意味深长又意义非凡地指向世界现象的某个特定的交叉点，而且只此一次，永不重复”。如果自我代表了人类独一无二的特性，那么内侧前额叶皮层似乎就是那条了解我们自身隐藏的真相的捷径，同时也是我们获得个人幸福的最佳途径。但是正如我们在前面已经看到的，事情往往不会像它们看上去的那么简单。

粉色的给男孩，蓝色的给女孩

维吉尔（Virgil）和荷马（Homer）都讲述过关于特洛伊的海伦（Helen of Troy）的神话故事。这个故事是这样的：

公元前13世纪，海伦被一个名叫帕里斯的特洛伊人从希腊带回了特洛伊，于是，海伦丈夫的哥哥阿伽门农和希腊诸王率领军队围攻了特洛伊，双方展开了一场大战。战争持续了整整10年。在战争期间，特洛伊人抵挡住了希腊联军的多次正面进攻，从来没有让希腊联军踏进城门半步。然而，希腊联军最后利用了著名的“特洛伊木马”之计扭转了局势，一举攻下了特洛伊城。在特洛伊城久攻不下的情况下，希腊联军佯装匆忙撤退，在城外留下了一具巨大的中空木马，特洛伊守军不知是计，把木马作为战利品运进了城中。夜深人静之际，木马腹中躲藏的希腊士兵打开了城门，特洛伊沦陷了，持续了10年的战争终于结束了。

为什么这种细枝末节的小插曲也能写进希腊的历史？特洛伊木马根本不像表面上看起来这么简单。它并不是什么战利品，而是希腊联军的一个精妙绝伦的诡计，利用这架木马，希腊联军得以潜进特洛伊城，最终导致了特洛伊城的沦陷。同样的，我认为，我们可以把自我意识描述为自我的特洛伊木马。

在西方，我们喜欢把自我当成一种使人与众不同的东西，认为自我代表着每个人独特的命运——我们一定要达成个人目标，实现自我！我们把自我以及关于“我们到底是谁”的意识想象成一个只有我们自己才能打开的密封着的百宝箱，一个只有我们自己才能进入的坚不可摧的堡垒。如果这便是自我的全部故事，那么有关自我的讨论就不需要出现在本书的社会脑部分了。但是事实证明，自我或许是进化为了确保群体生活的成功而采取的最狡诈的策略的体现。我相信，至少在一定程度上，自我是一种伪装得非常巧妙的诡计，它允许社交圈进入我们内心，甚至允许社交圈在丝毫不引起我们注意的情况下悄悄地“侵占”我们。

关于特洛伊木马，19世纪德国哲学家弗里德里希·尼采提出的观点可能是最愤世嫉俗的。他这样写道：

人们对于他们的“利己主义”想了很多、说了很多，但是无论他们怎么想、怎么说，终其漫长的一生，绝大多数人在“自我”方面都是全无作为的。

充其量，他们只能为自我的幽灵做些事。自我是形成于他们周围人的头脑中，然后再交付给本人的。

尼采认为，自我意识并不是一种我们与生俱来的内在固有的东西，或者说，自我并不是我们存在的真正核心，或我们一生的意义所在。恰恰相反，尼采指出，通常来说，我们的自我意识主要是由我们生活中的其他人构建出来的，而且自我还是一个“秘密特工”，它所服务的对象首先是他人，而不是我们自己。如果一个人认为，自我的目的就是通过“更好地了解我们是谁”来帮助每个人获得最大的个人奖赏、实现最大的个人成就，那么他将会悲哀地发现，实际上自我所做的事情与我们原来所想象的竟然完全不一样。

我们都会对所谓的“文化潮流”或流行趋势做出反应，反思一下这种反应，我们就可以理解上述这个过程是如何展开的。每当我第一次看到一件新潮时装时，我的第一反应通常是“那看起来有点可笑”，然而过了几个月后我往往会发现，这种流行的时装看上去其实还不错，甚至可能相当适合我。关于这类事情，还可以举出其他一些非常显著的例子，例如我们对于婴儿用品的颜色的态度（的变化）。

走进任何一家卖婴儿用品的商店，你都可以发现这些商店分别为女孩和男孩准备了各种各样粉色系列和蓝色系列的服装或其他器材（设备）。在一定意义上，我非常不喜欢男孩和女孩一出生就用这样的方式把他们区分开来。而从另一个方面来看，我又觉得这样做是可取的。为男孩们准备蓝色的衣物，为女孩们准备粉色的衣物，感觉上也挺不错。这种做法或许并不适合每一个人，但它应该是正确的——我本人就由衷地觉得这是对的。你可以试着想象一下，如果某个商店试图进行颠覆，为男孩准备粉色的衣物，而为女孩准备蓝色的衣物，那么这家商店的生意会不会永远也红火不起来？真的是这样吗？实际上，这种颠覆性的事情历史上已经发生过一次。100年前，婴儿用品的配色方案与现在的情况刚好相反。读者不妨看看如下这篇发表在1918年出版的一份贸易杂志上的评论是怎么说的：

> 一般公认的规则是，粉色是给男孩准备的，而蓝色是给女孩准备的。原因在于粉色是一种更果断、更强烈的色彩，它更适合于男孩子；而蓝色则让人感觉更加细腻纤巧，因此适合于漂亮的女孩子们。

不知怎么的，从1918年开始直到现在，我们的本能反应出现了完全的逆转。试想象一下，在20世纪20年代一些引导潮流的人决定安排蓝色给男孩、粉色给女孩时的情景吧。我敢肯定他们在一开始时肯定是被嘲笑的，然而不知怎么的，这种改变确实发生了，而且逐渐流行了起来。随着时间的推移，每个人关于性别与颜色的关联的习惯看法慢慢地发生了变化，直到有一天"蓝色适合于男孩子"的想法终于由大错特错变成了无比正确。因此，我们要追问的是，每个人都是独立地得出了这样一种结论吗？又或者，存在某种潜移默化的过程，它能够确保我们看待事物的方式与我们所感知到的周围人的信念保持一致？就像我们所秉持的大多数信念一样，对于婴儿适配的颜色这种本能反应是不知不觉地从外界习得的。我这样说的意思并不是指，在所有时候的所有人身上都会发生这种事情，并非这么绝对。但是，众所周知，我们的立场和态度是何等轻易而频繁地随着大众的"普遍看法"而发生转变的。这实在是一个非常值得注意的问题。

我认为，进化一直在推动着我们更加亲近于相互依赖的社交生活，因为"团结就是力量"；生活在群体中，我们可以通过集体行动实现效率最大化。若果真如此，以某种"秘密操作"的方式将外界的信仰与价值观注入我们身上，就能够使生活在群体中的人们更加和谐，进而实现人们的社会痛苦与社会愉悦之间更高层次的均衡。每个人都拥有各种各样的冲动和欲望，如果在错误的时间、错误的地点与错误的人一起采取行动，那就很可能会导致社会陷入瘫痪。

我要强调的是，自我的存在起到了一个重要的桥梁作用，它使我们所归属的各种社会群体（即我们的家庭、学校、国家，等等）能够用社会性的冲动来补充和完善我们的自然冲动。社交圈赋予了我们一个信念集，我们所秉持的关于自我、道德以及关于是什么构成了一个有价值的人生的信念都是这样来的。在日常生活中，我们依赖于这些信念；而且，由于自我观念的作用，我们会觉得所有这些信念都是自己得出且只适用于自己的独一无二的观念，是我们最隐秘、最深层的内心的产物——这正是进化的狡诈之处。她知道，仅仅让我们了解和认识群体的信念和价值观是不够的；如果要让这些信念和价值观指导我们的行动，那么就必须让人们从心底里接纳它们，再内化为自己的信念和价值观。换句话说，这就像特洛伊木马一样，自我意识的很大一个组成部分是在黑暗的掩护下悄悄地从外界潜入我们内心深处的。许多人可能会认为，自我的存在就是为了增强我们对抗外部压力的能力的，但是，这种关于“我们是谁”的理论是有误导性的，它忽视了大脑会以各种方式利用外部力量去建构和更新自我的事实。

在你眼中的我

现在，请试着想象如下这个扑克牌游戏。你坐在一间屋子里，里面共有 20 个人，每个人手上都拿着一张牌，这些牌是从一副标准的扑克牌中抽出来的。规则是，每个人都不能看自己的牌，相反，你必须把牌举到额头上让别人看；然后每个人都被告知，要设法“找到一个人进行配对，使你们两人配成一组牌面最大的牌”。刚开始时，你能看到每个人手中扑克牌的“价值”，但是你不知道自己手中的牌的“价值”。所以在游戏开始后不久，你就会心中有数。拿到红桃 A 的那个女人将会有一大批“追求者”，大家都希望被她选中；而拿到黑桃 2 的那个男人也很快就会意识到为什么自己得不到众人的“垂青”。

这个游戏看似简单，但是 20 世纪初两位非常有影响的心理学家，乔治·赫伯特·米德（George Herbert Mead）和查尔斯·库里（Charles Cooley）认为，在现实世界中，我们了解自己的方法与这个小小的扑克牌游戏有很大的类似之处。在一般情况下，我们是很难观察到自己的内心，并真正了解自己到底是谁的，因此每个人都倾向于通过观察别人找到自我——不管是有意还是无意。米德和库里提出了著名的“反映性评价一代”（reflected appraisal generation）概念。简单地说，反映性评价就是指“我认为你是怎么想我的”。每个人都会从他人那里得到许多关于自己的反馈信息，有时，这些反馈是用语言来表达的，但更经常的则是通过非语言行为和语气（或语调）的形式来表示。米德和库里认为，我们就是利用这些信息来搞清楚自己到底是谁的。他们强调，我们常常是通过观察他人，而不是审视自己的内心来了解自己的。

既然如此，那么一个人在形成自我的过程中肯定会积极主动地生成这类反映性评价，从而使自己的概念性自我意识更加充实、具体，因此，一个试图研究仍处于建构中的自我的心理学家应该去观察那些在这方面投入了大量的时间和精力的青少年。事实上，当珍妮弗·普法伊费尔（Jennifer Pfeifer）还是我实验室里的一名研究生时，她就是这样说服我的。

在这项研究中，我们要求一些刚刚进入青春期的青少年（一些年龄为 13 岁的年轻人）和成年人报告他们对自己的直接评价（例如，“我认为自己很机敏”）和反映性评价（例如，“我的朋友们认为我非常机敏”）。我们希望通过这项研究发现一些东西。首先，我们猜测，直接评价应该能够激活内侧前额叶皮层，比尔·凯利和其他人已经在数项研究中证明了它们之间的联系。实验结果证实了我们的猜测：不管是青少年还是成年人，情况都是如此（同时，我们的研究还表明，青少年的这个脑区比成年人更加活跃，这个结果与刚刚进入青春期的青少年更加关注自我这一现象是相一致的）。其次，我们猜测，反映性评价应该能够激活心智解读系统，因为这意味着被试想弄清楚他人对自己的想法。这一点在青少年和成年人身上都被观察到了。

这个结果让人兴奋不已，因为我们触及了未知的领域。在这项研究之前，没有人曾经检验过一个 13 岁大的青少年在评价自己时，他的大脑是如何“搞懂自己”的。当青少年被试在对自己进行直接评价时，他们的整个心智解读系统都非常活跃；但是成年人并非如此。请读者回想一下，本书前面的章节中已经指出，心智解读系统通常与对他人心理状态的考虑相联系。这些结果表明，即使在我们询问这些青少年被试对自己是怎么看时，他们也会不由自主地想到那些反映性评价，即他们自己所认为的别人对他们的看法。这也就意味着，这些青少年被试不是通过直接进行内心反思来回答我们的问题的。事实上，这些青少年被试在回答我们提出的直接评价问题——他们对自己的看法时，很可能在不知不觉中转而关注他人的想法了。

这项研究还有另一个全新的发现，它进一步支持了外部信息在自我意识和自我认知的建构过程中发挥了至关重要的作用这个假说。在这项研究中，青少年被试不管是在对自己进行直接评价时，还是在叙述反映性评价时，他们的内侧前额叶皮层都被激活了。这一点很重要，因为从表面上看，直接评价和反映性评价的心理过程大相径庭。反映性评价是我对所相信的东西的评价——这是一个标准的心智解读任务，很可能与内心深处的体验毫无关系。与此不同，直接评价则似乎能够触及只有我自己才能接触的隐藏着“个人的自我真理”的内心深处。

然而，在这个实验中我们看到，在这两种情况下都出现了内侧前额叶支层的激活。或许前额叶皮层与心智解读系统“保持一致”，都把我们对他人对自己的看法的评价当成了自己对自己的看法（的一种代表）。如果事实真是如此，那么与其说内侧前额叶皮层是通往个人真理的捷径，还不如说它提供了各种各样来自内部和外部信息的总映像；我们就是根据这些信息来了解自己的——有些是个人的、内省的，而有些则是源于我们所认为的周围人对我们的看法。这也就意味着，自我的社会建构可能还涉及了内侧前额叶皮层。但是，他人能够影响我们、改变我们的信念，这真的跟内侧前额叶皮层有关吗？

人天生就易受他人影响

20多岁时的我是蓝人乐团（Blue Man Group）的狂热粉丝（我现在仍然是这个组合的铁杆粉丝，不过我的狂热劲头已经过去了）。我在纽约、波士顿、拉斯维加斯和好莱坞等地都看过他们的演出，前后共看了十几遍，而且被我带去看他们演出的人至少已经有好几百了。当我在读研究生时，有一段时间做什么事情都不顺利，那时的我甚至还曾去这个舞台剧试镜，想让自己真正成为蓝人组合中的一员。我真的像许多叛逆的年轻人一样，曾经尝试过逃离乏味的生活，加入某个马戏团环游天下。如果你还没看过它的演出——那就快去看看吧，我会等着你的。蓝人们根本就是降临在我们这个星球上的外星人，他们试图让我们弄清楚我们到底是谁，并试图通过各种各样的方式与观众沟通。但是蓝人们都是“哑巴”，他们有自己独特的处事方式。

在这个舞台剧中，我最喜欢的一部分是，他们会把观众席中的一位女性带上舞台参加表演。这位被选中的女性总是既年轻又漂亮，她通常都会穿着一件白色毛衣。一旦被带上舞台，这位女性就会被安排坐在一张长长的桌子边上，被两个蓝人夹在中间。她要参与的是这样一个情节：蓝人们要把一幅画上的家具图案擦掉，他们一边吃着夹心面包，一边从一个阀门里把所有吃下去的食物都“吐出来”，吐到自己挂在胸前的一个托盘上。每个蓝人自始至终都竭尽全力，尽他们所能地去讨好这个女人，他们用只有蓝人能懂的方式调着情，每个蓝人都试图“胜过”其他蓝人。

这一幕非常滑稽搞笑，包含着许多表现力极强的非语言行为（请记住，蓝人们是不会说话的），与这位原本是观众的临时演员的互动也编排得非常精妙。许多人都以为这位女性是事先安排好的，是专门为这场秀服务的，因为她不可能在没有得到任何语言指导的情况下，就能够如此丝丝入扣地配合蓝人表演，取得如此巨大的成功。然而，蓝人们并没有耍这样的花招。事实上，有一次，我本人也曾经被推上舞台参与表演，而我被安排秘密地戴上了一副耳机，它会指导我该怎么做。但是多年之后，我得到了一个可以与蓝人乐团——克里斯·维克（Chris Wink）、玛特·高曼（Matt Goldman）和菲尔·斯坦顿（Phil Stanton）见面的机会，他们向我保证在夹心面包那场滑稽短剧中，被邀请的女性确实是一名普通观众。

这种短剧之所以能够打动人心，是因为人类天生就很容易受周围人的影响——会被他们牵着鼻子走。换句话说，我们的耳根子远远比自己想象的软得多。每一个蓝人的每一个行为都会引导这位毫不知情的女性搭档做出适当的，而且似乎是注定的反应。**在西方，顺从似乎是一种被人看不起的习惯；而在东方，同样的行为则被称为是“和谐”，是成功的群体生活不可或缺的。**

人很容易被暗示、被说服，关于这一点，科学家们已经以多种不同的方式运用功能性核磁共振成像技术进行过大量研究。如果内侧前额叶皮层不仅代表了我们的自我意识，而且还打开了特洛伊木马式的自我的大门，允许自己被周围的人影响，那么内侧前额叶皮层应该与（被）暗示和（被）说服有关。尽管我们的直觉是，更好地了解自我可以让我们远离社交圈的过度影响，但是神经层面的事实却是，内侧前额叶皮层在自我认识和受他人影响这两方面都发挥着核心作用。

即使你从来都没有被催眠过，但很可能看到过别人被催眠的过程。催眠术是真实存在的，虽然大部分人都不会被深度催眠。在极少数几个被深度催眠的案例中，被催眠的人会把彩色的图案看成是没有色彩的；外科手术可以在没有任何麻醉的情况下进行；一个有着长期吸烟史的瘾君子能够在一个小时内戒掉烟瘾。

社交天性实验室

埃米尔·瑞兹（Amir Raz）进行了一项功能性核磁共振成像研究，检验了极易受外界影响的人和不太容易受外界影响的人在催眠状态下的神经差异。在实验中，他让被试完成一项斯特鲁普任务（Stroop Task）。这项任务是这样的，被试

> 会看到一些纸片，上面印刷了不同色彩的表示颜色的词，如“红色”（RED），不过，有些词所表示的含义和被印刷上的色彩一致，而有些词表示的含义和被印刷上的色彩不一致。在所有的实验轮次中，被试都被要求说出这个词被印刷的色彩。众所周知，如果词都是用蓝色印刷的，那么人们在拼读出“蓝色”（BLUE）这个词时的速度通常会比拼读出“红色”这个词要快一些。瑞兹发现，如果对一个极易受外界影响的被试进行催眠暗示，暗示他们把某些表示颜色的单词看成是一些毫无意义的字符，那么在那些颜色错配的实验轮次中，他们的反应速度就能够加快很多。换句话说，瑞兹要检验的是这样一个假说：如果一个人看到的不再是用蓝色墨水印刷的“红色”这个词，那么在完成这项任务时，就不会产生矛盾冲突的感觉（从而拖慢他们的拼读速度）了。在所有这些词的含义和颜色不一致的实验轮次中，极易受影响的被试的反应比不太容易受影响的被试的反应要快得多。随后，瑞兹把注意力转向大脑内部，试图搞清楚在这两组被试之间，到底是哪些脑区的反应存在差异，结果发现内侧前额叶皮层是核心脑区之一。

虽然在日常生活中，人们很少会直接被催眠，但却时时刻刻都在以其他方式、通过其他途径接受着他人的影响。我们永远都处在“极具说服力”的信息的包围和轰炸当中，针对我们的广告通过各类媒体铺天盖地而来。埃米莉·福尔克和我曾经进行过一系列研究，考察他人的意见是如何通过血脑屏障的。这些意见通过血脑屏障后就能够影响我们，使我们的行为与他们更加一致。尤其让我们感兴趣的是，大脑内部是否包括了一些与这种说服过程有关，但是我们却无法有意识地进行叙述或分析的信息？如果事实果真如此，那也就意味着，特洛伊木马式的自我确实是非常隐秘的，它会在我们毫无意识的情况下影响我们。

社交天性实验室

在第一项研究中，我们试图说服一些在加利福尼亚大学洛杉矶分校读书的本科生更频繁地使用防晒霜。需要指出的是，由于洛杉矶位于阳光充沛的沙漠边缘，所以对于在那儿生活的人来说，使用防晒霜本来就是一个不错的主意。实验开始后，我们把这些学生被试带进了实验室，问他们一系列与防晒霜的使用有关的问题。这些问题包括：上个星期使用了多少防晒霜；下个星期又打算使用多少；在多大程度上认为人们应该经常使用防晒霜。再接下来，我们让学生被试躺进功能性核磁共振成像扫描仪中观看一些来自美国皮肤病协会（American Association of Dermatology）等机构的短片，它们包含了关于人们应该如何使用防晒霜的劝说性信息。功能性核磁共振成像扫描结束后，我们又问了被试一系列问题，并请他们完成以下两个“评估”：一是对他们下一周打算使用的防晒霜进行评估，二是对人们通常所持有的关于防晒霜的作用的看法进行评估。一个星期后，我们又出其不意地联系到了每一位被试，以便搞清楚在刚刚过去的这个星期里，有多少天他们真正使用了防晒霜。

功能性核磁共振成像扫描结束后，一些被试告诉我们，他们已经“找到了正确的防晒观念”，以后每天都会使用防晒霜。其他人则说了一些表示感谢的话，不过显然并非出于真心，因为他们打算继续以原来的方式使用防晒霜。这些人嘴上怎么说的与实际怎么做的之间的相关性完全可以忽略不计。有人可能会认为，如果这些人在看了那些劝说性短片所传递的信息后改变了自己（口中所说）的意向，那么这种说法应该可以作为一个相当好的指示器，说明他们的实际行为也会有所改变。但是，只需要想一想我们每年都会制订，但却总是无法付诸实施的“新年新计划”，就会知道好的意图并不一定总能变成现实。在我们的研究中，有些人增加了防晒霜的使用率，而有些人则没有，但是他们的实际行为与他们告诉我们的计划几乎没有什么关系。看看他们的自我报告，再对比一下他们的实际行为，要说两者之间存在什么关系的话，那充其量也只是一种“随机关系”。

与此相反，我们可以通过他们的大脑活动情况更好地预测他们的行为。实验结果表明，我们可以把被试在看到劝说性信息时大脑内侧前额叶皮层的活跃程度看作一个预测器，它能够相当好地预测被试下一周使用防晒霜的频率。在看到劝说性信息时大脑内侧前额叶皮层更加活跃的被试，在以后的日子里越可能增加防晒霜的使用率，但这与他们口头上告诉我们打算要做的事情无关。被试这个脑区的活跃情况比他们有意识地告诉我们的任何信息都更能预测出他们在下一周的行为。把这个发现与我们之前阐述过的特洛伊木马式的自我的概念联系起来考虑，

> 我们可以得出如下结论：这项研究证明，在接收到劝说性信息后，使用防晒霜的价值的心理表征会发生变化，也确实有可能会驱使人们做出某种行为，但在一定意义上，这个过程（心理表征变化驱动行为改变）是在人们一无所知的情况下完成的。

人们并没有意识到，他们身上已经发生了实实在在的变化；而导致这种变化发生的“根据地”就是内侧前额叶皮层这个脑区。这也就再一次表明，这个被我们称为“自我”的东西远远没有我们想象的那么“私密”；而且它也远远不是与世界上的其他东西相隔绝的。事实证明，只要观察大脑内侧前额叶皮层对广告的反应方式，就不仅能够预测作为个体的我们会如何发生改变，而且还能预测整个群体将会如何发生改变。

广告有没有效，大脑先知道

约翰·沃纳梅克（John Wanamaker）是19世纪零售业的先驱，有一次他曾经这样打趣道：“我知道我一半左右的广告预算都是浪费掉的……但我不知道到底是哪一半。”自那以后，人们便会在投放广告、发动广告战之前先进行评估，试图预先知道哪些广告宣传会取得成功，哪些广告活动会归于失败。说实话，我们其实不是很擅长计算这个，因为通常的评估方法无非是去询问那些“有代表性的焦点群体”，询问他们对打算发布的广告有什么看法。例如：看了这个广告后能让你产生购买这个产品的欲望吗？你认为这个广告会让他人产生购买欲望吗？这两个代言人中的哪个更能让你产生购买这个产品的冲动？然而，这些“有代表性的焦点群体”并不一定能很好地完成他们的“职责”，因为正如我们已经看到的，人们实际上是很难通过内省的方法得到这些问题的准确答案的。当然，对这些“有代表性的焦点群体”进行访谈的方法可能会比在一个漆黑的房间里向镖靶投掷飞镖好一些——但也好不到哪儿去。

根据我们的“防晒霜研究”结果，埃米莉·福尔克设想，在预测广告在电视上播出后会获得什么效果时，我们或许可以创造出一个“神经焦点群体”（neural focus group）：通过观察人们在观看广告时的神经反应预测能否取得成功。在这个过程中，我们要做的第一步是复制自己的“防晒霜研究”，但这一次我们构建的情境是，把反对吸烟的广告播放给那些试图戒烟的人看。在这些被试接受扫描的那天（也就是说，在他们开始戒烟之前）以及一个月之后，我们测定了他们肺中的一氧化碳含量。这是一个生物指标，可以告诉我们被试在那个特定的时点上抽了多少烟。在这项新研究中，我们得到的结果与“防晒霜研究”的结果惊人相似：被试观看反对吸烟的广告时内侧前额叶皮层区的激活程度能够相当准确地预测哪些人日后会成功地减少吸烟量——比被试本人所报告的“信念、意图和计划”更加准确得多。

接下来，我们找出了三组分别来自三个不同的广告宣传活动的反吸烟广告（它们在那一年内分别在不同时期于三个不同的州播出）。我们把这三组广告命名为广告宣传活动A、广告宣传活动B和广告宣传活动C。仿照“有代表性的焦点群体”方法，我们询问了每一位吸烟者（被试）哪组广告能够最有效地推动吸烟者戒烟。他们告诉我们，广告宣传活动B最有效，其次是广告宣传活动A，而垫底的是广告宣传活动C。但是，当我们观察被试在观看每一个戒烟广告时其大脑的内侧前额叶皮层的活动情况时，却看到了完全不一样的结果。被试们在观看广告宣传活动C时，他们的内侧前额叶皮层的反应最强烈，而在观看广告宣传活动A时，他们的内侧前额叶皮层最不活跃。换句话说，被试口头上告诉我们，来自广告宣传活动C的广告效果最差，但是他们的大脑却告诉我们，这个广告实际上可能是最有效的。

我们怎么才能知道哪个是正确的呢——是被试们说还是他们的内侧前额叶皮层的反应，抑或是两者都错？幸运的是，每个广告都是以对观众的一个具体要求结束的："请拨打 1-800-QUIT-NOW。"这是美国国家癌症研究所（National Cancer Institute）反吸烟热线的电话。我们与这个公共卫生研究项目有合作关系，因此能够获得相关数据，知道有多少人在观看了其中某个广告后拨打了这个电话号码。结果证明，内侧前额叶皮层的激活情况确实有预测功能。数据表明，每一个广告宣传活动都是成功的，不过它们的成功程度却有所区别。人们报告说，效果最好的应该是广告宣传活动 B，它使得拨打热线电话的人数增加了 10 倍；广告宣传活动 A 是人们认为效果仅次于广告宣传活动 B 的，结果它使得拨打热线电话的人数增加了两倍。关键在于广告宣传活动 C，人们报告说，它的效果最差（而他们的内侧前额叶皮层却"说"它最有效），结果是它使得拨打热线电话的人数增加了超过 30 倍。也就是，人们口头上说广告宣传活动 C 效果最差、B 效果最好，但实际上，前者使热线电话拨打量增加的幅度却是后者的三倍多。

这两项研究除了进一步证实了以往研究的发现——人们其实并不怎么擅长预测自己或他人的行为之外，还让我们找到了一个有效的"解毒剂"，能够用来矫正人们在做出预测时获取的一些常见的错误信息。人们可能无法有意识地告诉你，他们自己或者他人将来会做什么，但是他们的内侧前额叶皮层却往往能够（通过其激活情况）提供更准确的预测。

我们的大脑中隐藏着很多智慧，如果能够充分利用这些智慧，那么大脑就可以在很多方面为我们提供帮助。无论是进行市场营销活动，还是需要分辨真话和谎言，甚至是预测每天的股市行情，它都能帮上忙。人们可能不"知道"这些事情，但在我们的大脑中却可能存在着一些非常有价值的"诊断信息"，等待着我们去挖掘。毕竟，大脑堪称已知的全宇宙最复杂、最精妙的计算机。

我们通过这项研究完成的第二件工作是，终于可以对以下观点"盖棺定论"了：把我们与他人区别开来、让我们与世人有所分别的正是自我。从有关催眠术的实际案例中，从“防晒霜研究”和“广告神经焦点群体”中，我们已经看到，大脑中有一个脑区（内侧前额叶皮层）是与我们的概念性自我紧密联系在一起的。而且与此同时，这个脑区同时也是一条“高速公路”，其他人正是通过它来影响我们的信念和行为的。我们的研究表明，内侧前额叶皮层并没有让我们变得独一无二、将我们与他人区别开来；恰恰相反，它实际上起到的是“代理”的作用，反映着无数其他人可能会做出的反应。内侧前额叶皮层不可能是让我们独一无二的标志。

如果内侧前额叶皮层确实是我们吸收周围人的价值观和信念的一个通道，那么自我就真的可能是社交圈的一个机制，可能也是我们融入社交圈的机制。内侧前额叶皮层使得自我这种机制，比任何其他社会脑机制都更能确保长期生活于群体中的人在很大程度上共享一套共同的价值观。经由内侧前额叶皮层协调的自我很可能就是这样一种机制，只有通过它，文化规范和价值观才能蓬勃发展；正是有了自我这种机制，才使得我们秉持的许多观念在我们意识到之前就潜伏进了大脑内部，并构成了作为我们的身份认同和信念的共同背景的一个组成部分。

虽然青少年时期可能是我们一生中特别以自我为中心的一段时期，但是大多数人最终都会拥有这样一种身份认同，它以我们与我们的朋友以及我们所爱的人之间的关系为核心，同时也让我们去关注各种与我们有联系的群体组织（如宗教团体、政治组织以及运动团体，等等）。通常，只有在我们不再从我们的“独一无二性”去界定自己，并且接受一个更加平衡、稳定的社会身份之后，我们才会觉得，自己终于变成了那个本来打算成为的人。正如哲学家阿兰·德波顿（Alain de Botton）所写下的：“与设法满足自己这个不可能实现的任务相比，为他人而活无疑（是）一种解脱。”早在几十年前，阿尔伯特·爱因斯坦就已经表达过同样的感慨：“只有为他人而活，生命才是值得的。”有一次，喜剧演员路易斯·C. K.（Louis C. K.）在接受采访时同样也描述过，在有了孩子之后，他觉得自己的身份发生了改变：

> 我真的不记得自己以前是什么样子了。现在看来，无论我以前说过什么、做过什么，那全都不算什么。它们根本不重要了。成为一个父亲真是一件无比美妙的事情。我现在的身份就是一个父亲，我所能做的就是为孩子们考虑，因此这种身份的转变能够在一定程度上减轻你自己生活的压力。

我自己也有过这种经历。自从有了妻子和儿子之后，我生活的重心发生了转移，他们使得我对自己的很多事情都有了更加清晰的认识。在有他们之前，我自己的生活是怎样的，我现在已经完全记不起来了，尽管那种生活也曾经给了我几乎同样稳固的身份。现代世界让人类的青春期和发现自我的时间延长了，因此，我们把探寻自己独一无二的身份当成了这个世界上最自然的事情。虽然像玛丽莲·曼森斯（Marilyn Mansons）和Lady Gaga这样的人因为让自己表现得尽可能与众不同而过上了相当不错的生活（也许），但是我不敢肯定，进化要造就的就是这样的自我。在现代社会出现之前，人们很早就成长为“成人”，他们所经历的需要被照顾的孩童期只不过短短的几年而已；他们往往在只有十几岁、刚刚进入青春期时就成了劳动力，承担起了对他人的责任。大多数人根本没有时间进行心灵的探索——那时，人们的生活自始至终要么是被人照顾，要么是照顾他人。

每个人都是共性与个性的结合体，每个人都既是独一无二的，又是普普通通的。我们经常会让自己陷入困境，在忠于真正的自我（这个自我使我们远离人群，有别于普通大众）和适应社会大众的需要（这种适应可能需要我们违背自己的意愿）之间进行抉择。在一个毕业典礼上发表演讲时，史蒂夫·乔布斯告诫那些刚刚毕业的学生，不要让“自己内心深处的声音淹没在别人嘈杂的意见当中”，而是要“有勇气跟随你的内心和直觉”。但是，从我们在实验中观察到的大脑内侧前额叶皮层的激活情况表明，乔布斯很可能说错了。从某种意义上来讲，我们的自我意识，我们的“内心和直觉”，实际上恰恰是为了确保大多数人遵守群体规范的（从而促进了社会“和谐”）。我们的自我是为群体服务的，它确保我们能够适应所生活的这个群体。对于史蒂夫·乔布斯来说，自我可能不是这样的；不过对于绝大多数人来说，自我确实就是如此。我们都会有自私的冲动，但是我们也创造了社会信念和价值观，并且已经把这种社会信念和价值观内化为了自我的一部分。在自我与社会信念和价值观之间或许存在着一场战争，不过当这场战争爆发的时候，我们通常并不会去反对社会信念和价值观。这场战争是我们自己对自己的战争——是我们自己的两种身份在打架。幸运的是，进化使出了最后一个绝招，它帮助内化了的社会动机战胜了个体自私自利的冲动。

09

SOCIAL

自我控制，让“随大流”的人更易成功

无论我在不在工作，我都是一个心理学家。对我来说，心理学就像是一个“滤光器”，因为无论是在审视生活中的问题时，还是在阅读时，抑或是在观看真人秀电视节目时，我总会从心理学的角度去看。因此毫不奇怪，我偶尔会检测我儿子的社会脑的发育情况，而且会比绝大多数“父亲”做得更细致。虽然到目前为止，我还从没有把儿子放进功能性核磁共振成像扫描仪里，也从未把脑电图的电极连接到他的头皮上（只是暂时没有），但是我确实一直非常关注儿子在社会脑发育的各个关键时间节点上的表现。大量研究已经证明，几乎从出生的那一刻起，婴儿就已经开始模仿他们的父母亲，但是我儿子伊恩在出生的第一年的大部分时间里都没有进行模仿活动。另外，婴儿通常能在大约两岁时通过镜像自我认知测试，但是伊恩在6个月大时就开始痴迷于自己的影子了。当伊恩两岁半时，他就通过了“莎莉-安妮错误信念”任务的变体“蝙蝠-钢铁侠”（Batman-Iron Man）测试，但在另外几个心智解读能力测试中，我们却无法观察

到类似的结果。不过，在评估我儿子的社会脑发展情况时，我最喜欢做的一个测试却是“冰棒测试”（popsicle test）。

我们一家住的地方距离南加利福尼亚的迪士尼乐园只有一个小时的车程，因此，伊恩很小的时候就已经是迪士尼乐园的“熟客”了。当他两岁时，我们第一次带他去了迪士尼乐园，尽管我们是早上 8 点最早进入乐园的一批旅客，但是直到晚上 11 点，伊恩还不肯离开，那天我们几乎是拖着他走出迪士尼乐园的。很显然，对他来说，这一天绝对是他来到这个世界的 800 天里最美妙的一天，而且我敢打赌，这一天很可能也会成为他整个人生中玩得最纯粹、最快乐的一天。因此，到后来，当迪士尼乐园提出了那个著名的口号——“地球上最快乐的地方”时，伊恩早就深有体会了。

在伊恩满 3 岁前的一个月，我们问他，是选择举办一个生日派对还是选择去迪士尼乐园玩两天。他回答这个问题只花了两秒钟的时间——答案当然是去迪士尼乐园。这样，到了他的生日的前一天，伊恩已经迫不及待了，可以去迪士尼乐园玩，这个想法令他激动不已。但是很显然，除了想着第二天就可以去迪士尼乐园玩之外，他也在想着其他事……至少我是这么想的。因此，我决定对他做一个冰棒测试。那天，伊恩刚刚吃完晚饭，就要求来一根冰棒作为甜点，娜奥米从冰箱里拿出了一根冰棒，剥开了冰棒纸，在她正要把冰棒递给伊恩之前，我叫住了她。

“伊恩，我们明天要去哪儿呢？”我问。

“迪士尼乐园！！！”他非常兴奋地回答道，双臂在空中挥舞着。

接下来我问了他第二个问题。当我问这个问题时，伊恩双眼紧紧地盯着这根冰棒：“伊恩，如果你只能拥有这两样东西中的一样，你愿意选择哪个？你是愿意马上吃到这根冰棒呢，还是明天去迪士尼乐园？现在你只能在这两者中选一个，你会选哪个？”我们把整个过程都录了像，因此你可以看到，在我问了这个问题后，有那么一会，伊恩的脸上出现了困惑的神色。不过他很快就明白了——这两样东西都是他非常渴望得到的，不过现在他只能拥有一样。沉默了一会后，我们就听到他清脆而欢快地回答道：“我要冰棒！！！”

尽管迪士尼乐园是伊恩在这世界上最喜欢去的地方，但是他还是愿意为眼前这根冰棒放弃在迪士尼乐园玩一整天的机会。比起在迪士尼乐园游玩能够给他带来的快乐，这根摆在他面前的冰棒更能引起他的注意。此时此刻，他根本就无法抗拒这根冰棒的诱惑，尽管与在游玩迪士尼乐园时可以得到的快乐相比，冰棒给他带来的快乐并没有那么强烈。不过，最终我们还是带他到迪士尼乐园去玩了（我们没有那么狠心）——迪士尼乐园当然比一根冰棒好多了。

棉花糖实验

你可能已经发现了，我这个“冰棒测试”是沃尔特·米歇尔（Walter Mischel）① 的著名的“棉花糖实验”（marshmallow test）的现代变体，即让人们在一个较小的即时奖赏与一个较大的延期奖赏之间进行选择。20 世纪 70 年代，米歇尔检验的是 3 ~ 5 岁之间的学龄前儿童的“等待能力”：当一个不那么理想但能够马上得到的替代奖赏摆在了孩子面前时，他们是否愿意为稍后更令人满意的奖赏而等待。最著名的一个实验是用棉花糖和摇铃来实施的。孩子们坐在一张桌子旁，并且被告知实验主试将会离开房间，如果孩子们能够一直等到他回来（15 分钟之后），那么他们就可以得到两颗棉花糖。然而，孩子们也可以选择在任何时间摇铃让实验主试提前回来，但如果那样的话，他们就只能得到一颗（而不是两颗）棉花糖。

① 沃尔特·米歇尔的“棉花糖实验”首次提出了自我控制能力对获得成功的重要性。论述这一实验的专著《棉花糖实验》中文简体字版将由湛庐文化策划、北京联合出版公司出版。——编者注

考验意志力的比赛开始了。所有孩子都没有在节食，所以对他们来说，棉花糖越多越好：所有人都更愿意获得两颗棉花糖，而不是一颗。虽然他们的目的一样——在整个等待期内都能一直坚持住，不过真正做到的却只有不到 1/3。这个诱惑实在是太大了。平均而言，孩子们在放弃等待之前大约能够坚持 5 分钟。这些年来，米歇尔找到了多种方法来帮助孩子们坚持得更长久（以获得最多的棉花糖）。用棉花糖的照片代替真实的棉花糖极大地延长了孩子们所能坚持等待的时间。从根本上说，孩子们更能抵制住的是想要棉花糖的想法，而不是真实的棉花糖（虽然在这两种情况下，奖励的东西都是真实的棉花糖）。象征性的替代品总是没有真实的东西那么诱人。米歇尔还研究了孩子们是如何用不同方法增强自己的意志力的，以便更好地完成这个任务，提高成功获得更多棉花糖的概率。

即使棉花糖就放在他们面前的桌子上，如果孩子们掌握了如何考虑这个与棉花糖有关的问题的技巧，那么他们就能展示出非凡的等待能力。如果孩子们的精神专注于棉花糖的其他一些与“吃”毫无关系的方面（比如，“棉花糖的颜色与云朵一样”），那么他们就能显著地延长等待的时间。最令人震惊的是，如果孩子们能够把放在他们面前的真实的棉花糖想象成只是一张棉花糖图片（而不是真实的、美味的棉花糖），那么他们所能坚持等待的时间要比放一张棉花糖图片在他们面前并假装它们是真实的棉花糖的时间长三倍。这就表明，在适当的情况下，心智的力量是无比强大的。

在美国，决定一个雄心勃勃的青少年的未来的最关键时刻通常是：弄清楚自己准备申请（或不申请）上哪所大学。与进入格林代尔大学相比，进入乔治城大学将有更多打开通往成功的大门的机会，也将获得更佳的声誉，并且通常还能找到更好的工作，而这反过来又能扩大一个人的社会网络。社会网络的扩大或许还能让一个人买到更好的房子，享受带薪假期。对于大多数学生来说，高中平均绩点和学习能力倾向测验的分数极大地影响着他们进入任何一所心仪的大学的可能性。

延迟满足能力会对高中生的平均成绩和学习能力倾向测验成绩产生很大的影响。在对学龄前儿童进行了棉花糖实验很多年之后，米歇尔得到了他们在学习能力倾向测验中的得分，并对他们在这两次测试（验）中的成绩进行了对照分析。米歇尔发现，那些在 4 岁时能够坚持等待更久的孩子在以后的学习能力倾向测验中获得的分数也更高。实际上，与那些只坚持了 30 秒就放弃的孩子相比，那些能够坚持等到实验主试回来的学龄前儿童在学习能力倾向测验中的分数整整高出了 200 点。最近，安吉拉·达克沃斯（Angela Duckworth）也在一项研究中发现，通过一个人的延迟满足能力，比通过他的智商更能预测出他的高中平均成绩。

上面这些发现表明，一个人的自我控制能力对他的学业成绩有很大影响；还有一些研究结果则显示，自我控制还是一个人能不能过上美好生活的关键因素。那些拥有更强自我控制能力的人将会获得更高的收入、更高的信用评分、更健康的身体，而且不管是在孩童时代还是成年以后，他们都拥有更强的社交能力。简而言之，他们的生活更加幸福。

自我控制能力显然是一个人所拥有的最宝贵的资产之一，但是你可能不知道它与社会脑有关。我们即将讨论到这一点，不过在开始讨论之前，还要先弄清楚所要讨论的自我控制的真正含义。自我控制通常涉及一系列我们想要预防出现（或出现后试图中止）的冲动、强烈的欲望或者反应。在许多情况下，我们的冲动和情绪反应至关重要，它们能够引导我们通向理想的结果、远离危险的境况；但另一方面，它们似乎往往是自我导向的，因此常常需要被克制。这样的例子非常多——无论是打消凌晨两点起来吃片比萨的愿望，或者是克制住自己把对老板的真实想法告诉他，抑或是在游览伦敦时克服驾车时靠右行驶的强烈冲动，你都得把自己时不时冒出来的习惯性反应压制住。

当你觉得自己的目标正是努力克服这些不良反应（哪怕是其中之一）时，那便是在自我控制了。为什么自我控制能力与高中平均成绩有关系呢？或许是因为那些能够克制自己的冲动，不会长时间沉溺于电子游戏而把时间用于做家庭作业的孩子，在学校里也能取得更好的成绩。为什么自我控制能够提高学习能力倾向测验的成绩呢？部分原因是，当一个人在参加无聊透顶的学习能力倾向测验以及在为测验做准备时（这种准备工作同样无聊），自我控制能力能够帮助他坚持到底。自我控制能力强的人不会在思考第一题的答案时去看第二题的题目——这种做法便是由想早点结束考试的冲动所导致；自我控制能力强的孩子会聚精会神地思考每一个问题，直到自己确信自己已经有了最好的答案为止。

自我控制能力的基本特征之一是，它看起来似乎是一种有限资源。从根本上讲，我们在同一段时间内只能进行一种类型的自我控制，试图一次性主动控制两件事情（比如，拒绝比萨的诱惑和背诵一首诗）非常困难。更奇怪的是，依次进行两种类型的自我控制也会出问题。如果你在一个非常搞笑的场合试图努力忍住不笑，那么在接下来的 5 分钟内你将很难集中注意力去完成一个模拟测试。

为了解释以下这个发现，即自我控制疲劳会削弱之后的自我控制能力，社会心理学家罗伊·鲍迈斯特（Roy Baumeister）、托德·海瑟顿和凯瑟琳·沃斯（Katherine Vohs）提出了一个理论假说：自我控制发挥作用的方式在很大程度上就像肌肉一样。他们认为，自我控制疲劳这种现象之所以会发生，是因为自我控制“肌肉”会变得疲劳，需要时间恢复。同样的，肌肉一次只能做一件事，而像肌肉一样，自我控制能力虽然强大，却也是有限的。从这种“肌肉假说”进一步扩展，我们还可以这样说，自我控制能力能够通过不断地运用而得到加强。举重在短期内会让肌肉精疲力竭，不过从长期来看却能够让肌肉变得更强壮。同样的道理也可以运用到我们的“自我控制肌肉”上。

大脑的制动系统

上述关于连续自我控制的研究结果让人惊讶的部分原因在于，我们所完成的前一种类型的自我控制与后一种类型的自我控制之间的差异是如此巨大，以至于很难让人相信这两种类型的自我控制实际上都依赖于大脑内部的同一个过程。当你尽力控制自己不对喜剧演员所讲的笑话发出笑声与集中注意力答题，这两者之间有什么关系呢？假设你在伦敦，在前往参加一个非常令人厌烦的商务会议的路上，你得服从靠左行驶的规则，为什么这会影响到你让自己保持冷静的能力呢？

在我们进行各种不同类型的自我控制时，虽然多种大脑机制都在发挥作用，但只有一种机制是在几乎每一种情况下都会发挥作用的。大量研究表明，大脑的腹外侧前额叶皮层（ventrolateral prefrontal cortex，简称 VLPFC，见图 9-1），尤其是大脑右半球的腹外侧前额叶皮层（rVLPFC），在我们进行各种类型的自我控制时都比较活跃，而且，这个脑区的激活程度与我们在进行各种类型的自我控制时所感受到的体验无关。

前额叶皮层区是唯一一个位于大脑右半球的部分比位于左半球的部分还要大的脑区，但是，这种不对称性是在青春期晚期，即当自我控制能力得到了显著提高后才出现的。由于这些原因，把大脑右半球的腹外侧前额叶皮层说成是大脑制动系统的核心轮毂显然再恰当不过了。现在，就让我们跟随着人们进行自我控制的不同路径来一次小小的旅行吧，由此来体会一下腹外侧前额叶皮层参与自我控制的过程。

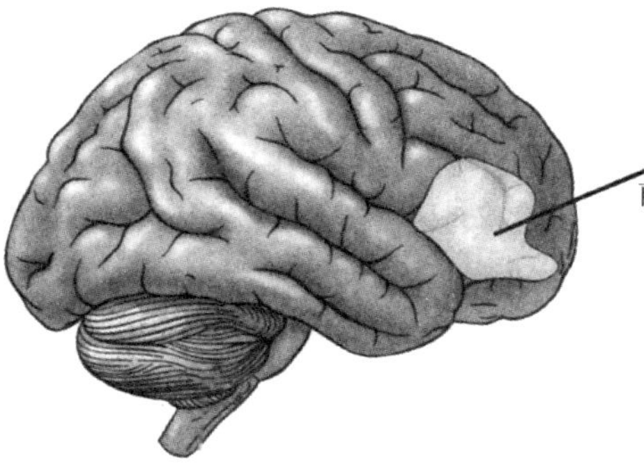

图 9-1　腹外侧前额叶皮层参与自我控制

运动自我控制（motor self-control）。心理学家最喜欢的一项运动自我控制任务是前进 / 停止任务（第 3 章中讨论过的停止 - 信号任务正是这个任务的变体）。在这项实验中，被试会看到计算机屏幕上无休止地出现一系列字母，大概每秒钟一个，当每个字母出现时，他们被要求尽可能快地摁下一个按键。每一个字母出现时都必须这么做，除非出现了一个被预先指定的作为“停止前进”信号的字母。当这个字母出现时，被试什么也不能做（这就是“停止前进”的意思）。这个任务的难度相当大，因为“停止前进”字母出现的时间只占总时间的 15% ~ 20%，因此被试很容易形成大约每秒钟按一次键的习惯，当“停止前进”字母出现时，被试必须克服这种优势运动反应。虽然根据指示，被试在“停止前进”字母出现时不需要做任何事情，但与其他字母出现时相比，被试通常都会觉得克制自己不去按键非常困难。

在无数这类研究中，科学家们都观察到，在停止前进实验轮次中，当被试成功地克制住自己没有按键时，他们大脑右半球的腹外侧前额叶皮层（这个脑区通常也被称为右侧额下回［right inferior frontal gyrus］）的活跃程度明显增强了。在另一项研究中，科学家们让不同脑区受到损伤的病人来完成这个任务，结果发现，只有大脑右半球的腹外侧前额叶皮层区受到损坏才会影响停止前进任务的执行。

在米歇尔完成棉花糖实验的数十年后，当年曾经参加过实验的学龄前儿童都已经长大成人，其中一些人又作为被试参加了一个功能性核磁共振成像研究——他们要躺进核磁共振成像扫描仪里完成停止前进任务。米歇尔发现，那些 4 岁时在延迟满足实验中表现出了更强的自我控制能力的人在成年之后，他们的大脑右半球腹外侧前额叶皮层活跃程度更高，这个结果表明，这种反应模式可能与他们在真实世界中长期都能成功地进行自我控制的经历有关。

社交天性实验室

艾略特·伯克曼（Elliot Berkman）和我则通过实验对以下这个假说进行了检验：在进行运动自我控制任务时，被试大脑右半球的腹外侧前额叶皮层的活动情况可以代表他们在真实世界中的自我控制能力。我们的研究对象是一群下定决心要戒烟的吸烟者。首先，我们对被试在“戒烟日”的前一天完成“停止前进”任务时的大脑进行了扫描——“戒烟日”是指他们选择开始戒烟的那一天。这是一场针对强大的不良习惯进行自我控制的战役，其间包含了无数次小冲突，在这场战役中，强烈的“冲动恶魔”与顽强的“自我控制天使”每天都会发生数次冲突。我们想知道的是，大脑右半球的腹外侧前额叶皮层是不是在帮助“自我控制天使”战胜“冲动恶魔”时发挥了重要作用。

为了获得关于自我控制冲突的即时信息，我们会在一天里数次给参加实验的被试发短信，询问他们收到短信的那一刻想吸烟的欲望有多强烈，同时还询问他们自上次收到短信后有没有再吸过烟。这些简单的短信提供了相当丰富的信息，假设你在下午 2 点钟收到了一条短信，在回复短信时表示自己非常渴望马上就吸上一支烟；到了当天下午 4 点钟，你又收到了另一条短信，然后你在回信中说，刚刚 2 个小时内一直没有吸烟，这就意味着你并没有成为欲望的俘虏，你赢得了这场特殊的战役。我们对被试的“每一场”战斗都进行了编码，来确定到底是自我控制取胜还是欲望赢了。

正如所预料的那样，如果被试在下午 2 点有强烈的冲动想要吸烟，那么他们就很有可能会在下午 4 点之前做出吸烟的行为。不过大脑右半球的腹外侧前额叶皮层的活动会严重影响吸烟的欲望与实际吸烟行为两者之间的关系。在“戒烟日”的前一天执行“停止前进”任务时大脑右半球的腹外侧前额叶皮层活跃程度比较低的被试，更加倾向于抵挡不住强烈的冲动而再次吸烟。相反，大脑右半球腹外侧前额叶皮层反应比较强烈的被试，在我们发短信期间出现的强烈的吸烟渴望通常并不会导致吸烟行为。对这些被试来说，想要吸烟的强烈渴望依然存在，但是他们已经有了更好的“装备”——更加活跃的大脑右半球腹外侧前额叶皮层，因此也就更有把握打赢这场战役。这些结果表明，大脑右半球腹外侧前额叶皮层明显与自我控制有关，并且在很大程度上决定了人们在现实世界能否成功地进行自我控制。

认知自我控制（cognitive self-control）。请允许我先问一个问题：在以下这个三段论推理中，我们能否从前提合乎逻辑地推导出结论？

所有让人上瘾的东西都是昂贵的。

有些香烟是便宜的。

因此，有些香烟并不会让人上瘾。

摆在被试面前的问题是：如果前提是真的，那么结论是否一定是真的？答案是肯定的。这个结论在逻辑上是恰当的，但是，参加实验的一半以上的被试都未能正确回答这个问题。这是为什么呢？因为信念偏差（belief bias）。我们对这个三段论的结论心存偏见，是因为我们知道它在事实上是错误的。这里的关键在于，这个三段论中的大前提是假的，但这并不会使从这个前提合乎逻辑地推理出的结论归于无效。为了想象一个命题为真的世界而颠覆对现实世界的认知是需要心理上的自我控制能力的。虽然我们不可能拥有随心所欲地控制自己的思想——我们的认知过程的能力，但是我们确实拥有一些认知自我控制能力，而且这种控制通常与腹外侧前额叶皮层有关。

社交天性实验室

为了研究认知自我控制的神经基础，神经学家维诺德·戈埃尔（Vinod Goel）和雷·多兰（Ray Dolan）让躺在核磁共振成像扫描仪中的被试判断一系列三段论推理是否符合逻辑，在这些三段论中，有些会导致信念偏差，另一些则不会导致信念偏差。他们试图通过这个实验观察的是，与不需要被试克服信念偏差的时候相比，当他们克服了信念偏差并给出了正确答案时，哪个脑区更加活跃。实验结果表明，能够显示出这种激活模式的唯一一个脑区是大脑右半球的腹外侧前额叶皮层。在另一个研究信念偏差的实验中，科学家们也观察到，大脑右半球的腹外侧前额叶皮层（注意，不是大脑左半球的腹外侧前额叶皮层）的活跃程度能够相当准确地预测被试完成任务的准确程度。此外，在完成任务时精力不集中会导致准确性的降低，也会减少大脑右半球的腹外侧前额叶皮层的活跃程度。这个结果与人们通过大脑右半球的腹外侧前额叶皮层进行自我控制的假说一致。

最后，在第三个实验中，科学家们使用经颅磁刺激术让电流直接通过右半球或左半球的腹外侧前额叶皮层，让这个脑区暂时停止工作大约 20 分钟（对于这种技术，第 6 章中已经描述过了）。被试在使用经颅磁刺激术之前和之后都做了需要克服信念偏差和不需要克服信念偏差的三段论逻辑推理。结果显示，大脑右半球的腹外侧前额叶皮层的活动被经颅磁刺激设备抑制了——即这个脑区暂时“受损”的被试在需要克服信念偏差的实验轮次中任务完成得更加糟糕。这个结果意味着，当大脑右半球的腹外侧前额叶皮层受到损坏时，自我控制能力也将受损；在这种情况下，这些被试战胜自己的信念偏差、给出在逻辑上正确的答案的能力更弱了。

在一项针对诺贝尔奖得主丹尼尔·卡尼曼（Daniel Kahneman）和阿默斯·特沃斯基（Amos Tversky）最先发现的框架效应（framing effects）的实验研究中，上述结果得到了进一步证实。请读者考虑一下以下这种情景：你是宁愿不带任何附加条件地赢得 10 美元呢，还是愿意以抛硬币的方式来决定要么获得 20 美元，要么一无所获？大多数人都会选择第一个确定的结果，而不会去选择由抛硬币来决定。现在再想象一下第二种情景。这一次实验主试一开始就递给你 20 美元，然后让你做一个选择，要么直接还给他 10 美元，要么抛硬币决定把 20 美元全部还给他或者一分也不用还。这次大多数人都选择了抛硬币。让人奇怪的是，实际上在这两种情况下，最终的财务结果完全一样。

在这两种情景中的第一个选择都会让你比刚参与实验时多 10 美元，而第二个选择都是让你比刚参与实验时要么多 20 美元，要么一分钱都不多。人们之所以做出不同选择，是因为在第一种情景下，人们被“赢得”这个词框住了（也就是，赢得 10 美元或者有机会赢得 20 美元），而在第二种情景下，人们却跳进了“损失”这个词的框架里（也就是，失去 10 美元或者有机会失去 20 美元）。在心理上，我们对“损失”更敏感，因此我们总是设法避免肯定会遭受“损失”这种感觉。卡尼曼和特沃斯基把这种倾向称为“损失厌恶”（loss aversion）。

还有一项功能性核磁共振成像研究探讨了哪个脑区对这种框架效应更加敏感。科学家们发现，大脑边缘系统各脑区在面对选择的框架时比面对选择的事实时更加敏感。相比之下，大脑右半球的腹外侧前额叶皮层则是对事实比对事实的框架更加敏感的仅有的两个活跃的脑区之一。与前述关于信念偏差的研究结果类似，这项研究的结果也表明，大脑右半球的腹外侧前额叶皮层的活动与克服认知冲动有关。

损失厌恶（loss aversion）
指在心理上，我们对“损失”更敏感，因此我们总会设法避免肯定会遭受“损失”这种感觉。这种倾向被称为“损失厌恶”。

观点采择（perspective taking）。本书第 5 章集中讨论了心智解读的核心——心智化系统。从很多方面来看，心智解读与观点采择是一样的。例如，在“莎莉 - 安妮错误信念”任务中，通过了测试的孩子能够理解莎莉所拥有的关于某些事物的观点是与他们不一样的。

社交天性实验室

通常有关心智解读能力的功能性核磁共振成像研究一般并不会报告大脑右半球的腹外侧前额叶皮层的活动，但是有一个代号为WBA的病人为研究人员提供了深入观察与观点采择有关的脑区的机会。WBA得了脑出血，他的大脑右半球的腹外侧前额叶皮层遭到了损坏，而其他部位则受损极少。在一项实验中，科学家们要求WBA完成两个“错误信念”任务。其中一个任务对WBA来说比较简单，而另一个则很难，事实上几乎可以肯定的是他不可能完成这个任务。

在第一个“错误信念”任务中，WBA看到，实验主试把一个球放进了两个完全一样的容器中的其中一个，比如，他把球放到了左边的那个容器中；同时WBA还看到，同一个房间中还有一个女人也看到了这个球被放进了左边的容器中。这样一来，每个人都知道球被放在了哪里（即左边的容器中）。然后这个女人离开了房间，等她完全离开后，实验主试调换了两个容器的位置，因此这个球现在已经在右边的容器中了。当这个女人回来后，实验主试问WBA，这个女人会到哪个容器里去寻找这个球。如果是一个大脑没有受损的人，他应该会指向左边那个现在已经空空如也的容器，因为这个女人离开时最后看到的球是放在左边的容器中的。那么，WBA会怎么做呢？

而在第二个“错误信念”任务中，WBA知道实验主试把球放进了其中一个容器，但是他没有看到主试到底把球放进了哪个容器。然而，这个女人却能够观察到把球放入容器的整个过程，WBA也知道这个女人知道球放进了哪个容器。像在第一个“错误信念”任务实验中一样，在这个女人退出房间并完全消失在视野中后，实验主试移动了容器的位置。不过，在第二个“错误信念”任务中，实验主试想要知道的是，WBA自己能否搞清楚这个球到底放在哪个容器里。为了帮助WBA，这个女人回来后会给他提供帮助，告诉他自己知道这个球放在右边的容器里。虽然WBA从来没有看见过这个球摆放的位置，但是他应该推测出，她所指的任何一个容器肯定都是不对的，因为她没有看到容器已经被移动了位置。因此，如果她说球在右边的容器里，那么WBA应该选择左边的容器。

从表面上看，这两个任务是类似的，不过，WBA非常出色地完成了其中一个任务，而在完成另一个任务时一败涂地。你能猜到这两个任务中，到底是哪一个让他觉得非常困难呢？是第一个任务！尽管他亲眼看到球放进了哪里，但却根本无法正确地完成这个任务。在这两个任务中，WBA都能意识到，那个女人将会上当受骗，因为当她离开屋子时，容器被移动了位置。虽然所有这一切他都知道，并且在第二个任务中，他在运用心智解读能力去推测这个女人的信念时也没有出现任何问题。但是，当他非常清楚地知道那个球实际上放在了哪里时（在第一个任务中就是如此），这种直接经验压倒了他的逻辑推理能力，因而导致他认定，那个女人会到他自己会去找球的那个容器中去找。大脑右半球的腹外侧前额叶皮层的损伤，使得他无法克服自己的第一人称视角，表现得如同一个两岁的孩子一样以自我为中心，好像每个人都能看到他所看到的东西，每个人都相信他所相信的东西。

最近，在我自己的实验室里也观察到了类似的现象。试想象一下，有人问你以下这两个问题时的情景。第一个问题是，给你60美元，让你站在“乔的餐馆”前一个小时，胸前挂着一块巨大的牌子，上面写着“来乔的餐馆吃饭吧”。你愿意吗？第二个问题是，假设我已经问过了许多人，那么你认为他们中会有多少人愿意接受这个提议？

心理学家们早就知道，对大多数人来说，对第一个问题的答案会使其对第二个问题的答案出现巨大的偏差。如果你自己愿意挂着这块牌子站一个小时，那么你会倾向于认为大部分人都会愿意。如果你自己不愿意这么做，那么你会假设大多数人都会拒绝这么做。这就是所谓的错误共识效应（false consensus effect），因为我们倾向于认为，世界上大部分人都会认同自己的信念和观点。换句话说，我们倾向于以己度人。有时这种倾向是合理的，但在许多情况下，它会让我们在社交互动中陷入麻烦。

> **错误共识效应（false consensus effect）**
> 一种“如果你自己不愿意这么做，那么你会假设大多数人都会拒绝这么做”的倾向。

为了研究错误共识效应的神经基础，我的研究生洛克·韦尔伯恩（Locke Welborn）和我以加利福尼亚大学洛杉矶分校的一些本科生为被试，让他们躺在核磁共振成像扫描仪里，然后问他们，一般加利福尼亚大学洛杉矶分校的本科生会在何种程度上支持某些特定的观点（比如“学校祈祷”和“堕胎权”问题）？并请他们用 1 ~ 100 的数字来打分。而在此之前，我们已经通过问卷了解了每个被试在每个问题上的观点，我们也知道加利福尼亚大学洛杉矶本科生对这些问题的实际立场。有了这些信息，我们就能够知道，在每个问题上被试对加利福尼亚大学洛杉矶分校的学生的立场的判断是否与现实相符，或者更接近于被试自己的个人观点。正如所预料的那样，被试身上确实表现出了错误共识效应，一般而言，他们对一般学生的态度的判断更接近自己的态度，而不是现实。

需要特别注意的是，人与人之间是有差别的，比如，在克服把自己的观点投射到别人身上去（以己度人）的冲动时，有人做得好些，有人则做得很糟糕。那么，当人们在试图理解他人观点时是如何克服这种偏差的呢？实验表明，在那些推断他人的看法时能够更好地克制以己度人冲动的被试身上，大脑右半球的腹外侧前额叶皮层是仅有的较为活跃的脑区之一。大脑右半球的腹外侧前额叶皮层似乎能够帮助被试理解他人可能与自己不一样的观点。

从某种意义上说，上述两项研究都类似于对信念偏差的研究，只不过它们同时也都涉及了社会因素。当接触到某个事物时，我们立即都会产生某种特定的直观感受，但是，自我控制系统会尽力排除这种感觉的影响，而去考虑以另外的方法处理有关信息。在日常交往中，这种自我控制会不断出现，而且我们在大多数时候都运用得得心应手。但从表面上看，在类似于“前进 / 停止”任务这样的测试中所必需的自我控制似乎完全不同，以至于我们很难想象它们其实都依赖于同一个心理机制。

自我控制的三种主要方式

1984 年的夏天，吉列公司（Gillette Company）推出了一系列广告，用于推广它新出品的除汗剂“干爽梦”（Dry Idea）。每个广告都有一个共同特征，即都找了一位名人作为代言人，并针对自己所从事的职业列出三个“永远不要”。在这些系列广告中，最著名的或许是以丹·里夫斯（Dan Reeves）为代言人的那个，他描述了作为一个成功的教练必须做到的三个“永远不要”，丹·里夫斯是丹佛野马队（Denver Broncos）的橄榄球教练。在广告中，他摆出一个舒适的姿势，然后说道：“永远不要让记者挑选你的首发四分卫；永远不要对垫底的球队掉以轻心；不管比分如何，永远不要让他们看到你出汗。”他最后一张王牌是：“每个人都会感受到压力的存在，但是成功者永远不会表现出来。”

这是在压力下保持冷静的经典形象，当你在某个会议上发表演讲时，你可能会感到惊慌失措，但一走到会议室外面你就会冷静下来，好像这个世界上所有的信心都回到了你身上。这就是情绪调节的一种方式，心理学家称之为“抑制”（suppression）。这个术语可能有点误导性，因为“抑制”通常所指的并不是压抑一个人的情感体验，而是指一个人很好地控制着自己的面部表情、语调和身体语言，以确保他人无法看出自己的内心世界。

如果说抑制是调节情绪的一种“暴力”方法，那么重新评价则可以说是一种更为理智的做法。纵观整个历史，一些伟大的思想家早已知道普通人有改变看待事物方法的倾向，这是他们不会因此而太多地感到困扰的原因。罗马皇帝马可·奥勒留（Marcus Aurelius）就经常用这种方法化解烦忧，例如，他曾经说过：“当你因任何外界事物而感到困扰时，要记住令人痛苦的并不在于事物本身，而在于你对事物的评价，而对事物的评价

抑制（suppression）
在心理学上，它通常指的是，一个人很好地控制着自己的面部表情、语调和身体语言，以确保他人无法看出自己的内心世界。

是你在任何时候都可以改变的。”我最喜欢的作家之一村上春树则把这种观点浓缩为一句简练的箴言：“痛苦是不可避免的，但苦难是可以选择的。”

从根本上讲，重新评价是这样一个过程：我们改变了自己的视角，从而使自己对某种令我们痛苦、沮丧的事物的体验发生了变化。在许多情况下，重新评价都表现为“上帝在关上了一扇门的同时打开了一扇窗”。比如，你不幸被解雇了，但是你可能很快就会意识到，原来的工作其实并不适合你。现在，你可以为快餐广告撰写“顺口溜”，那才是你一生的梦想呢。在外人看来，你这种认识似乎只是一种相当牵强的“合理化”过程的结果，与那些人们经常说给自己听的过于乐观的故事一样，并不能改变现实。然而，在心理上，我们的现实源于我们告诉自己的故事（或者，源于我们相信的故事）。既然你已经失去了工作，如果你能诚实对待自己，努力去寻找可以改善你的处境的方法，这种重新评价确实是有帮助的。当然，如果你坚信，你失去的就是一生梦想的工作，那么你的重新评价就很难发挥作用了。

就我自己的经历而言，我经常在乘飞机旅行时进行重新评价。我不喜欢飞行过于颠簸。当遇到气流，飞机突然下降十几米时，我的身体会“尖叫”一声：“危险！”这时，我的心跳会加速，身体会开始出汗，我还会立即从飞机窗口往外看，想搞清楚机翼是不是出了什么问题。我对于危险的这些反应部分源于我的杏仁核。这个脑区会对情感意义进行快速评价，同时让我们从精神上和身体上做好准备，以便可以随时迅速而果断地做出反应，尽管这种决定并不一定是明智的。

当然，我得想办法让自己冷静下来。在这种情况下，我一般会通过回想一系列与湍急的气流有关的事实来抚慰自己高度紧张的神经。首先，我会想到我的杏仁核对飞机快速垂直下降这个事实的评价很可能并不准确，因为这种情况几乎从来没有出现在人类的进化史上——飞机、电梯和过山车都是现代发明。换句话说，我提醒自己，我的杏仁核并不清楚刚才发生了什么。其次，我会回忆起统计数据表明，商业航班因气流而坠毁的情况极其罕见。这两种想法都有助于提醒我，气流导致的颠簸以及我的身体对这种情况的反应，并不能说明飞机真的出了什么大问题。除此之外，如果飞机上有无线网络信号的话，我还会再做一件事：在谷歌上搜索与“飞机遭遇气流”有关的报告。谷歌会告诉我，在美国领空范围内，飞行员今天报告的这类事件发生在哪里、什么时候发生的。这些报告全都来自安全地穿过了气流的飞行员，所以毫无疑问，他们都活下来了，这个事实会让我觉得好很多。效果很显明，当我对气流的看法改变之后，我的身体和大脑的反应也就不同了。

抑制和重新评价两者之间存在很大的区别。抑制的长处在于让你看起来不那么沮丧，而重新评价的长处则在于让你觉得不那么沮丧。抑制更容易导致分心，如果你在与他人的互动过程中启动了抑制，它将会干扰你在互动过程中的工作记忆。相比之下，重新评价则不会导致这种记忆问题。不过，重新评价通常也不宜在你情绪反应最激烈的时候进行。要进行重新评价，至少要在一定程度上保持头脑清醒，情绪激动则会干扰重新评价过程。抑制和重新评价对在场的其他人产生的影响也不同。你可能不喜欢自己身边的人都是一些“抑制高手”，也许是因为他们给出的情感信号非常少，也许是因为他们会显得心事重重。可以肯定的是，当我们被一群“抑制高手”包围时，心跳的速度会比被一群“重新评价高手”包围时快得多。

尽管无论从经验的角度、认知的角度，还是社会的角度来看，抑制与重新评价之间都存在着明显的差异，但是这两者似乎全都依赖于腹外侧前额叶皮层能否被成功激活。研究表明，当人们进行重新评价时，他们大脑的腹外侧前额叶皮层在情感活动的早期就被激活了；而当人们进行抑制时，腹外侧前额叶皮层则是在情感活动的末期才被激活的。但是无论如何，两者都涉及腹外侧前额叶皮层。在抑制的情况下，腹外侧前额叶皮层的活动与我们成功地把不希望别人看到的面部表情隐藏起来有关；在重新评价的情况下，腹外侧前额叶皮层的活动与杏仁核活跃程度的下降（以及自己感受到的惊惧程度的下降）有关。而且，一个人用于重新评价的时间越长，神经活动就会越多地从大脑左半球的腹外侧前额叶皮层转移到大脑右半球的腹外侧前额叶皮层，这表明，大脑左半球的腹外侧前额叶皮层可以帮助启动这一过程，但是大部分重新评价工作则是由大脑右半球的腹外侧前额叶皮层完成的。

我们讨论过的各种类型的自我控制有一个共同因素：都是一种努力去克服某种东西的体验。无论是在中止手指的按键动作，还是在赞同一个你明知不符合现实（但符合逻辑推理原则）的陈述，抑或是在老板向你大发雷霆而你却尽量克制自己、忍气吞声时，你都可能会感觉到自己正在与内心深处的一种冲动或渴望相抗争。然而，在某些情况下，我们完全无法意识到自我控制过程的启动。正如作家亨利·米勒（Henry Miller）曾经写道的："征服女人的最好方法是让她喜爱文学。"让我们把自己的感情倾注到文字中去吧，这不仅是一种有力的宣泄，也是各种心理疗法的基础。事实证明，把我们的感情变成文字，或者，甚至只需简单地把感情说出来，就能够在很大程度上调节我们的情绪，促进我们的精神和身体健康。而我们自己却往往无法意识到这一点。

年幼的孩子往往非常情绪化，因此我们经常会要求他们"用语言把情绪表达出来"。那些能够把自己的情绪用语言表达出来的儿童也较少出现情绪爆发的状况，而且他们的学习成绩也较好，也更受同龄人喜欢。实验结果还显示，如果让高中生在参加数学考试前把自己对数学的"恐惧"用笔写下来，那么他们就能在考试中取得更好的成绩。我自己的实验室也做过这方面的研究。我们的做法是，让成年人执行一个通常被称为"情绪标签化"（affect labeling）的简单任务，即请被试看一些图片，然后选出一个能够将每张图片的"情感因素"最恰当地描述出来的词。例如，被试可能会在一张图片上看到一张生气的脸，然后，我们会要求他选出一个最恰当的词来描述这张图片表达的情感：是“愤怒”还是“害怕”？我们发现，当被试把一张令人不安的图片的情感因素用一个词标记出来后，他们看到这张图片时表现出来的紧张情绪明显缓解了。这种结果看似某种情绪调节策略，如重新评价的结果；但事实上，情绪标签化确实是一种行之有效的策略，能够显著地减少负面情绪，可惜的是，人们很少意识到这一点。为了检验人们对情绪标签化这种策略的看法，我们还要求被试做出预测：看一张令人不安的图片，然后什么都不做；看一张令人不安的图片，然后把它的情感因素用一个词标记出来，这两种情况哪一种更令人难受？被试几乎总是预测，情绪标签化会令人更加难受，他们的理由是，这样做会使人们的注意力集中到图片中最令人不安的部分。当然，他们的预测是错误的。

那么，为什么情绪标签化会产生这种违背直觉的影响呢？不妨假设你患有严重的“蜘蛛恐惧症”，为此，你向专家求助，请他来治疗你的恐惧症。治疗师提出了三种治疗方案供你选择。第一种是标准的暴露疗法（exposure therapy），即让你反复看到关在一只笼子里的活狼蛛（笼子与你之间的距离只有 60 厘米）。第二种是重新评价疗法，你也要反复地看到一只活狼蛛，但是，每看到狼蛛一次，你都要给出一个重新评价，例如，“看着这只小蜘蛛，我并没有什么危险啊”。第三种是情绪标签化疗法，同样的，你会反复看到活狼蛛，但是你还得说出一些可以表明你情绪的语句，例如：“我觉得焦虑不安，怕那只恶心的狼蛛会突然跳到我身上来。”在这三种疗法中，你认为哪种疗法最能帮助你克服恐惧心理，去接近蜘蛛？在一项研究中，卡塔琳娜·克坎斯基（Katharina Kircanski）、米歇尔·克拉斯克（Michelle Craske）和我研究的就是如何克服蜘蛛恐惧症的问题，我们发现，情绪标签化疗法最有效，而且，被试给出的标签越负面，“治疗”的效果越好。

就像重新评价一样，情绪标签化也能调节我们的情绪，因而也可以看作一种隐含的自我控制。那么，从大脑活动的层面来看，这种自我控制是不是与其他类型的自我控制差不多呢？当然如此。当人们给令人情绪不安的图片加标签，或者描述自己对图片的情绪反应时，他们大脑右半球的腹外侧前额叶皮层被激活，而杏仁核的活跃程度则下降。我们已经完成了一系列实验，让同一批被试分别执行情绪标签化任务、重新评价任务和运动自我控制任务，结果发现，这些不同类型的自我控制都激活了大脑右半球的腹外侧前额叶皮层。

至此，我们的自我控制之旅就暂时告一段落了。无论自我控制针对的是运动冲动和内脏冲动，还是针对逻辑推理、观点采择，抑或是情绪调节，大脑右半球的腹外侧前额叶皮层几乎总是处于核心位置。不过，现在还不清楚大脑右半球的腹外侧前额叶皮层到底是通过什么激发自我控制能力的。科学家们争论的焦点是，这个脑区（以及其他类似的脑区）是否会直接抑制其他脑区，如杏仁核的反应？又或者，它是不是能够强化某种非冲动型反应，使之可以与冲动型反应竞争？无论最终的答案是什么，都不会影响我接下来要讨论的问题：为什么自我控制对于社会协调（social harmony）至关重要？

“外星人绑架”思想实验

到目前为止，自我控制看起来似乎是一笔巨大的财富，当我们运用它时，肯定会涉及大脑右半球的腹外侧前额叶皮层这个脑区。当我们开始解构、分析“自我控制”这个术语的含义时，社交天性就会浮现出来。“自我控制”有两个非常不同的含义，或者说，“自我”与“控制”两者可以通过两种非常不同的途径联系起来。一方面，“自我控制”一词可能意味着是我们的自我在控制着一切，即有效地实现了我们的目的。这种解释让我联想起意志力（willpower）这个概念，这是一个尼采式的概念，说的是通过纯粹的个人心灵的力量克服一切障碍的能力。但是另一方面，“自我控制”还有第二个含义，也是一个奥威尔式的内涵，把自我控制与自我约束（self-restraint）联系了起来。在这里，自我才是被控制的。这也就引出了这样一个问题：“当我们让自己的自我受到控制时，受益的究竟是谁？”

要回答这个问题，我们不妨来做一个思想实验——“外星人绑架”。试想象一下，当你正在熟睡的时候，一个外星人把你从温暖的被窝里拖了出来，绑架到了位于太空中无比先进的神经外科实验室中。他们需要做出一个决定：或者改变你的大脑，让你永远失去所有的冲动、欲望和情绪反应；或者做另一个手术，让你永远无法控制自己的冲动、欲望和情绪反应。外星人思来想去之后，还是打不定主意，因此让你来做最后的选择。那么，你会选择让自己永远失去什么？是情绪，还是自我控制？这正是自我控制与情绪之间的永恒战争；也是发生在斯波克先生（Mr. Spock）和柯克船长（Captain Kirk）之间、商人和火人（Burning Man）之间的永恒冲突。

再回到这个思想实验。在多次尝试逃跑均告失败后，你开始怀疑自己最终是否会选择保住自己的冲动、欲望和情绪而放弃控制它们的能力。如果失去了自我控制，那将会是令人尴尬的，但如果没有了冲动、欲望和情绪，那无疑是毁灭性的。如果失去了这些，你还是你吗？你怎么可能知道什么事情是值得做的？如果没有了冲动和情绪，你也就没有动力去做任何事了。记住，并不是所有的冲动和欲望都是坏的——我有冲动每天都亲吻我的妻子和儿子、我有冲动去帮助那些有需要的人、我有登上山顶去看日落的愿望。这些都是美好的事物，没有了这些，我不知道生活还是不是值得。

然而不幸的是，在你做出了选择之后，事态又变得更加复杂了。就在给你做手术之前，外星人的技术一夜之间突飞猛进，现在他们一次就能对一个城市的所有居民进行神经外科手术了，而且手术是在可怜的市民们躺在床上酣睡时神不知鬼不觉地完成的。他们决定从你所居住的城市开始这种手术，但是因为你已经来到了他们的太空飞船上，所以你现在可以免除手术之灾。你个人得到了缓刑：你不仅能够保住自己的冲动、欲望和情绪，而且仍然可以拥有控制它们的能力。但决定还是得由你来做，你必须选择是让你所在的城市里的所有人失去冲动、欲望和情绪，还是失去自我控制能力。无论做出什么决定，你的决定都将适用于所有人，所以当你日后回到自己的城市时，这个城市或者将满是非常冲动、情绪化的人，或者将满是完全没有冲动、高度自律的人。另外还有一个补充说明：你的决定不会影响你的家人和朋友，因为他们非常幸运，在外星人做手术时，他们正在外地度假。

你将为自己所在的城市里的全部居民（但是你的社交网络中的一部分人则不在其中）做出什么选择呢？就我自己而言（我怀疑许多人都会和我一样），我为别人做出的决定将会与为自己做出的决定不同。我希望自己的冲动、欲望和情绪都能保留下来，但我也不想生活在一个挤满了冲动不已、完全没有自控能力的人的城市中。这样的人不仅莽撞，而且危险，将会威胁到我的生命安全。住在这样的城市里，就像住在兄弟会旁边，每个周末不到凌晨一点是不会静下来的。

在这个思想实验中做出以上两个假想中的决定表明，我对别人是否拥有自我控制能力的重视程度，超过了我对自己是否拥有自我控制能力的重视程度。如果这种偏好是真实的，适用于所有人，那么我们就可以把它倒转过来看。如果我看重别人拥有自我控制能力甚于自己拥有自我控制能力，那么别人也会看重别人的自我控制能力甚于他们自己的自我控制能力，换言之，我身边的人将会比我自己更关心我是否拥有自我控制能力。这也就是说，更能够从我的自我控制能力中获益的是他们，而不是我。

自我控制的受益者是别人，而不是自己

克里斯托弗·艾什伍德（Christopher Isherwood）在其名著《单身》（*A Single*

Man）的开头描写了男主人公一个上午的“例行公事”。当他在早上醒来后，乔治只是“经历”了一些事情. 在这个过程中，他几乎全无任何自我意识。尽管他有冲动，有欲望，甚至还会感觉到疼痛，不过一切都只是纯粹的经历而已。但是后来，当他看着镜子，镜中的人“一直保持着凝视的动作……直到大脑皮层再一次发出指令，镜中的人才不耐烦地开始洗脸、刮胡子、梳理头发。光着的身子必须用衣服遮盖起来……行为必须被周围的人认可……镜中的人顺从了，开始洗脸、刮胡子、梳理头发；这是因为镜中的人知道自己对他人有一份责任。在人群中，有自己一个位置，甚至令他觉得欣慰。他知道别人对他的期待是什么”。

自我控制是我们进入社会的代价。如果不克制自己的冲动，你将会在监狱或精神病院里度过一生。只有当你能克制自己的冲动时，你才被允许自由地追求自己的目标。而且，人们之所以进行自我控制，还因为其他一些非惩罚性的激励。自我控制能力更强的人，通常能够得到更多的社会奖赏，因为他们对社会的贡献也更大。然而问题在于，就像我们在“外星人绑架”思想实验中看到的，社会更重视的是我们的自我控制能力，而不是我们的生活质量。

约翰·列侬（John Lennon）曾经谈到过他早年接受教育时的一个故事就突显了这种冲突。他说:“当我来到学校后,他们问我,长大后想要什么。我的答案是‘幸福’。但是他们却告诉我，我没有理解他们的要求；而我则告诉他们，他们不理解生活。”列侬的老师们预设的前提是，学生想要的东西必须能反映出他们将会为社会做出什么贡献；因此在他们看来，列侬所说的“幸福”是一个荒谬的答案。

有多少人是在付出了长时间的努力后（这需要强大的自我控制能力）才考上了医学院，然后又做了多年实习医生和住院医生（这需要更加强大的自我控制能力），最终却发现，当一名医生并不能让他们感到快乐。事实上，在美国，一半以上的医生都说，如果可以重新来过，他们不会选择相同的职业。大多数人都尊重医生，因为他们做的事情确实非同凡响，而且为他人带来了极大的好处。青少年希望生活富裕并受到世人的尊重，希望父母为自己感到骄傲，但是，一名医生在成为医生的过程中所需要的自我控制能力对他人的价值可能比对自己还要高。

那么，为什么还会有这么多人去追求这种他人获益比自己还要大的职业呢？从表面上看，这或许可以认为是多种偶然因素共同发挥作用的结果。但是，从社会的角度来看，社会规范的一个重要作用就是推动人们自我约束，为更多人谋福利。例如，在北京，许多男人（各年龄段、各阶层）都有“袒胸露乳”的习惯，他们被称为“膀爷”。天气一热，这些人就会把上衣掀起来，露出肥大的肚子。近年来，北京一直在努力塑造“国际化都市”的形象，这些“膀爷”显然与这个形象不符。因此，政府和媒体都大力宣扬“正能量”，敦促这些人放弃恶习。这就是自我控制能够造福社会但却不一定对个人有利的一个例子。把上衣掀起来，自己会凉爽很多，但是城市形象却会受损。

无论是在个人层面，还是在社会层面，我们对那些自我控制能力更强的人普遍更加信任。实验研究表明，不论在与陌生人交往时，还是在与恋人共处时，如果表现出了很强的自我控制倾向，就更能赢得信任。另一项研究结果也显示，在恋人关系中，自我控制能力很弱的人很难保持对爱情的忠诚。

当然，对于那些自我控制能力极强的人，社会也给予了丰厚的回报，比如，诸多一流大学会向他们敞开怀抱，并奉上全额奖学金。我们已经看到，平均绩点和学习能力倾向测试成绩是决定一个学生能否被理想的大学录取的重要因素，而这两者都与自我控制能力有关。许多人都认为，学习能力倾向测试只是一个智力测试，因而也把努力进入一流大学看成一场纯粹的智力竞赛。虽然这种看法并不完全错，但从根本上说，这实际上更是一场自我控制能力的竞赛。从小学到高中，在长达 13 年的学习生涯中，你能够在多大程度上约束自己，克服各种分散注意力的冲动？任何冲动都可能影响你的学习能力倾向测试成绩。大多数人都认为，学习能力倾向测试成绩是大学的敲门砖，因为它能够把最聪明的学生与其他学生区分开来。确实，这种考试的设计者确实是想用它来衡量学生的智力水平，并且试图保证不会因为多加练习或准备充分就可以获得高分。但是事实上，学习能力倾向测试成绩最终还是取决于自我控制能力，因此，学生用来征服大学的是自我控制能力，而不是智力。

各种类型的自我控制对整个社会也更有利，这一点可以从个人和社会的成本 - 收益方程看出来。例如，假设你是一个吸烟者，而你又想戒烟。即使你很清楚，从长远来看，戒烟对你的身体健康肯定更有利，你想成功戒烟也会非常困难。为什么会这样呢？因为吸烟的短期利益会与不吸烟的长期利益相竞争。这听起来似乎是“亵渎”了“利益”、“竞争”等术语，但是如果你已经对尼古丁上了瘾，那么吸烟确实符合你眼前的利益，因为吸烟的感觉要比不吸烟的感觉好得多。当烟瘾上来时，不吸烟确实会给成瘾者带来痛苦。唯有专注于不吸烟的长期利益，你才有可能克服吸烟的欲望。因此，在个人层面上存在着吸烟的短期利益与不吸烟的长期利益之间的竞争。对于个人来说，两者之间的“战争”是不可避免的。

但是对社会而言，却不需要进行这种权衡。从短期来看，社会几乎完全不会因你的吸烟行为而获益。社会既不可能享受烟草的清凉甘爽，也不可能体验到尼古丁带来的快感，更加不可能分享你在吸烟之后的快乐和宁静。对于社会来说，无论从哪个角度来看，你吸烟肯定都是不好的，而且在任何时候，你不吸烟都要比吸烟好。如前所述，当我们从意志力这个维度来看待自我控制时，它会让人想起一个人拼命克服障碍，奋力前行的情景。但是，当我们从自我约束这个维度来看待自我控制时，它却使我们怀疑自己究竟是不是自我控制的主要受益者。自我控制通常都会让具体的即时快乐与抽象的美好未来相竞争，而抽象的更加美好的生活几乎总是顺应着社会目标。因此，正如约翰·列侬所指出的，你一时的快乐并不是社会的首要任务。

在本书伊始，我们就引述过这样一种观点：进化造就的人类天生就会最大化自己的快乐、最小化自己的痛苦。然而在现实世界中，人却往往会通过克制自己的快乐、增加自己的痛苦去遵从社会规范。这种理论与现实的不一致再一次表明，我们关于“我们是谁”的理论是多么的贫乏。其实，差不多一个世纪之前，由弗洛伊德·奥尔波特（Floyd Allport）撰写的历史上第一本社会心理学教材就已经彻底否定了这种观念。奥尔波特指出：

> 社会化行为是大脑皮层的最高成就……它决定了个人不仅为个人目标，而且也为社会目标服务的倾向。它会抑制原始的、自私自利的反射性冲动，让人们做出适合社会环境以及非社会环境的行为。

第 8 章对自我意识的讨论得出了这样一个结论：大脑的内侧前额叶皮层可能充当了一个特洛伊木马的角色，在我们长大成人的过程中，它会让社会的信仰和价值观内化为我们个人的信念和价值观，而且这种“入侵”往往是在我们根本没有意识到的情况下发生的。这是进化让社会影响个人的一个狡计。

不过，尽管到最后我们可能会强烈赞同这些信念和价值观，但是它们在许多情况下仍然很难与我们的非社会性欲望和冲动竞争。正如喜剧演员路易斯·C. K. 曾经说过：“是的，我有无数个信念，但是从来不因任何一个信念活着。”

与群体——如班级、企业以及社会中的其他人拥有相同的信念，能够帮助我们与他人更加和谐地相处。大多数时候，我们只需要认同他人的信仰和价值观就可以做到这一点，而无需采取实际行动。因此，如果“只是说说”就能够让自己被他人喜欢，那么内侧前额叶就足够了；但在另一些情况下，我们还必须付诸行动，这时就轮到腹外侧前额叶皮层登场了。如果我们有足够的激励，那么腹外侧前额叶皮层就可以帮助我们打破平衡，使我们的思想、感情和行为受社会化的信念和价值观引导，而不会受非社会性欲望和冲动的支配。

防盗绝招：贴一张“有眼睛”的海报

18世纪，英国哲学家杰里米·边沁曾经提出过一整套设想，他宣称自己的这套方案能够促进“道德革新、健康改善、工业兴盛”。边沁甚至还设计了一种全新的建筑——“潘诺梯肯”（panopticon），他认为，这种建筑能够保证人们只做他们应该做的事情。说到底，这其实是一个圆形监狱。边沁的计划是，让所有属于某一个特定群体的人——无论是囚犯，还是学生，抑或是企业员工，甚至是医院的病人都永远处于监控之下（在边沁去世很久之后，随着监控摄像机的普及，他的“梦想”似乎实现了）。

根据边沁的设计，整个监狱是一个圆环状的建筑，牢房建在环线位置，朝向中央方向，中央则是一个塔楼。每间牢房都是用实心墙建成的，不过，朝向中央的那一面除外，这一面要装上栅栏，因此可以把犯人关在牢房中。中央的塔楼是360度全景的，可以监视所有牢房。这种牢房可以建很多层，而塔楼则要建得比牢房更高。边沁说，这种架构让狱警“不需要改变身体姿势，就能监视一半的囚犯的动静”。

这种圆形监狱的构思确实非常巧妙。边沁认为，在理想情况下，每个囚犯都时刻处于狱警的监视之下，迫于被监视的压力和被惩罚的威胁，囚犯肯定会循规蹈矩。中央塔楼拥有最大的视野，但是要让一个或少数几个狱警时刻监视所有囚犯的一举一动，这在实际上是无法做到的。边沁的解决办法是，确保所有囚犯都觉得他们时刻都处于一双警惕的眼睛的注视之下，尽管他们并不知道到底是不是确实如此。因此，在建造塔楼的时候，关键的一点是确保狱警可以看到犯人在做什么，而犯人却看不到狱警在做什么。这样，犯人就会觉得监视是永久性的，他无法让自己相信其他的可能性，只能想象自己是时刻处于监视之下的，因此，“他就变成了自己的监视者”。

边沁的伟大洞见是，权力机构的时刻监视并不是保证人们循规蹈矩的唯一方法。事实上，只要让人们相信，他们是“可见的”，可能时刻被监视着，可能随时都会遭到他人的评价、审判，甚至惩罚，就完全足够了。让人们时刻处于“别人看得见”的状态下，就足以使他们通过自我控制去约束自己的非社会性冲动。

进化已经给我们的大脑布好线，使得我们天生就会启动“圆形监狱”式的全方位自我控制，即只要存在被判断、被评价的可能性，就会大大强化我们遵从社会价值观和道德规范的倾向。从表面上看，这样做似乎是策略性且符合理性的。如果我想去偷点什么东西，我肯定只会在认为自己不会被抓的时候才会去偷。在实施这个行为之前，我在别人面前应该表现得跟一个根本不想去偷东西的人一模一样。但是，正如我们在下文中将会看到的，有研究表明，人们的自我控制已经超出了理性的界线。

社交天性实验室

在一项实验研究中，实验主试“不小心地”在被试面前掉了一大堆纸，然后观察他们的反应，结果表明，当被试可以看到房间里装着摄像头时，他们会主动帮助主试捡纸的可能性比看不见房间里装了摄像头时高30%（因为摄像头的存在，说明可能还有其他观察员）。在另一项研究中，人们发现，当房间里的灯光变得很暗后，被试在测试中作弊的可能性就会翻倍，因为在这种情况下，他们的“不道德”行为被发现的可能性更低。在第三项研究中，当被试佩戴上眼动仪后（这种仪器允许主试能够跟踪被试的“目光”），他们拿眼睛去瞟墙上的色情海报的次数会下降很多。在上述这些实验中，被试是根据现实环境来调整自己的行为的：越有可能被他人观察，他们就越可能循规蹈矩。

在上面这些情景中，自我控制似乎是理性的；但在许多情况下，圆形监狱式的全方位的自我控制似乎超越了理性的界线。有时，哪怕仅仅是一个“别人看得见”的抽象标志，就能够让我们谨言慎行；甚至当我们明明知道“不会有人在看”，我们也会竭力控制自己。请读者想象一下，在公司的休息室里放了一只

“诚实箱”，当你从冰箱里拿饮料喝时，你得主动往箱里放钱；墙上贴着一张海报，那其实是饮料的价目表，标出了每种饮料的价格。你喝了一杯饮料，如果休息室里没有其他人，而且你也没有听到有人走过来的脚步声，你会不会往“诚实箱”里投钱？如果是的话，你会投多少？如果墙上的海报上还画了一些花的话，对你的行为会不会产生影响？如果海报上有一双眼睛的话，又会怎么样？不是真正的眼睛，也不是安全摄像头，只是人的眼睛的照片——当然，眼睛的照片根本不可能看到你在做什么。

研究结果表明，与用花朵装饰的海报相比，“有眼睛”的海报使人们投入“诚实箱”的钱整整多了 276%！在公共食堂，类似的“眼睛海报”也使乱丢垃圾的人的数量减少了几乎一半。另外，一项实验结果还表明，甚至是一张残破不堪的玩具机器人的眼睛图片都能使被试在博弈中做出更多的捐献。最后要引述的这项实验研究是我最喜欢的，它对以下两种情境下被试在博弈中的捐献数额进行了对比：一种情境是，让被试看到三个点，两个在上面，一个在下面，大致与人的两只眼睛、一张嘴的位置相对应；另一种情境是，同样是三个点，但是一个在上面，两个在下面（见图 9-2）。实验结果表明，男性被试在第一种情境下的捐献数额是第二种情境下的三倍！

图 9-2　能够引发亲社会行为的布点图（A）与不能引发亲社会行为的布点图（B）

资料来源：Rigdon, M., et al. (2009). Minimal social cues in the dictator game. *Journal of Economic Psychology*, 30(3), 358-367.

在决定是否做某件坏事之前，策略性地考虑有没有人会看到你，这也许是符合理性的。但是，一张眼睛的照片、三个摆成三角形的黑点，真的能够暗示你被逮住、被惩罚的实际可能性有多大吗？参加这些实验的人都神志清楚，如果你问他们，他们会明确地告诉你，他们很清楚自己没有被监视着，无论自己做什么都不会被抓个现形。但尽管如此，他们还是克制着自己的行为，就像自己可能会被看到一样。

现在，让我们一起来“致童年”，回想一下那段“无忧无虑”的日子吧。对于孩子来说，10 月 31 日可能是全年最好的一天，将会有很多机会吃到大把糖果。在万圣节这一天，你所要做的就是打扮得神灵鬼现，然后敲开陌生人的大门，而你可以获得的奖品则是大把的糖果。再想象一下这个情景：那天晚上，你已经 41 次敲开了大门，当你又敲开一户人家的大门、那家的主人正准备拿糖果给你时，他突然接到了一个重要的电话，于是他说：“很抱歉，我得接这个电话。糖果碗就在门里面，你自己去拿一块吧，但我得去另一个房间接电话。”他走开了，留给你一个人一大碗糖果。你会怎么做？是不是像他说的那样，只拿一块糖果？或者，会不会尽可能快地把尽可能多的糖果塞进自己包里？没有人看着你。不过，这并不完全准确，还是有个人可以看到你的，那就是你自己。糖果碗的后面就是一面镜子，你可以看到自己的一举一动。这会影响你的决定吗？

当把一个孩子放入这种情境中时，他们的自然冲动的强度肯定会比平时高出很多。实验结果表明，当孩子（年龄在 9 岁及以上）面对这种情况，而糖果碗后面又没有镜子时，大约一半多的孩子都会拿不止一块糖果（“主人”让他们只拿一块糖果）。但是，当孩子们能够在镜子中看到自己时，只有不到 10% 的人拿了不止一块糖果。这是一个惊人的结果。仅仅一面镜子就能使儿童违背社会规范的可能性降低 80%。这就是说，看到镜中自己的影像就足以激发大部分孩子的自我控制系统，使他们克服多拿一些糖果的冲动。

在一个世纪前，乔治·赫伯特·米德和查尔斯·库里就指出，自我意识的本质就是一场对话，它发生在我们的冲动自我与模拟自我之间，后者表达的是我们想象中的对自己十分重要的人会对我们说的东西（如果他们知道我们的冲动自我正准备做什么的话）。在我们自己的体验中，自我意识似乎是一个非常秘密的内心过程，但根据这些心理学家的观点，它实际上是一个高度社会化的过程。在这个过程中，我们都会想起社会对我们的期望，然后督促自己遵从社会规范。因此从根本上说，这种观点认为，我们就是自己的“圆形监狱”。

不仅是年幼时在万圣节玩“不给糖就捣乱”游戏是这样，一项实验研究的结果表明，大学一年级新生在有镜子的情况下不欺骗的可能性是没有镜子的情况下的 10 倍（71%：7%）。在没有任何旁人在场的情况下，人们的自然冲动是欺骗（这很显然），但当他们能够看到自己的影像时，绝大多数人都能克服这种冲动。实验还表明，**无论在什么情况下，当旁边有一面镜子时，人们更愿意做出与他人一致的行为。**

其他动物也能够表现出一定程度的自我控制能力，有些动物甚至能够认出镜中的自己，但是，只有人类才是天生就如此的：看到自己时，会想到别人可能也会看到自己，而这就足以令他们约束自己了。因此，我们会把自己视为能够被他人看到的自己，从而引发自我控制，克服非社会性的欲望与冲动，使自己的行为与社会的要求一致。

许多人都以为，自我控制这种心理机制主要是为自己的个人利益服务的，或者说，它是一种有助于控制自己生活的机制。然而，正如我们已经看到的，自我控制至少还能够造福社会。我们天生就会利用各种看似微不足道的东西提醒自己，我们是社会动物，要时刻保持警觉。自我控制能够增强我们的社会连接，因为它可以帮助我们优先考虑群体的利益，而不是狭隘的自我利益。自我控制还提升了我们对于自己所属的社会群体的价值，因为通过遵从群体规范，我们促进了群体的利益、提高了群体的声誉。自我控制是社会凝聚力的源泉，因为它使得个体把群体放在自己的前面。这就是“和谐”的本质。

人类是一种社会动物，一举一动都可以被他人看到、被他人评价、被他人“审判”，这就提醒我们要约束自我，从而促使我们做出各种亲社会行为，例如，不欺骗、遵从群体规范，等等。表面来看，上述三个过程（被评价、进行自我约束、遵从社会规范）似乎彼此相去甚远，但是我们有理由认为它们都与大脑右半球的腹外侧前额叶皮层有关。借此，被他人评价的感觉会转化为自我控制的意向，促使我们承担起社会责任。前面已经讨论过可以证明大脑右半球的腹外侧前额叶皮层对自我约束的作用的大量证据，因此接下来我们就集中分析其他两个过程。

社交天性实验室

请读者想象如下这个实验：实验主试给你 100 美元，并要求你来决定分给另一个参加实验的人多少钱。你从来没有遇到过这个人，以后也可能永远不会再遇到，但是他确实是真实存在的，就坐在隔壁房间里。他知道，你已经拿到了这些钱，接下来由你决定怎么分。你拥有对这些钱的完全控制权。那么，你会给他多少钱？你的脑海中会掠过怎样的分配方案？由于这些钱是“天降横财”，你和他都没有付出过任何努力，因此基于公平的社会规范，你应该把它平分，即每人各拿 50 美元。然而，你的自利动机却要求你尽可能多拿一些。当知道自己在未来不会与那个人发生任何关系的情况下，人们往往会分给他 10% 左右的钱。

这就是曼弗雷德·斯皮泽（Manfred Spitzer）和恩斯特·费尔（Ernst Fehr）所做的实验中的博弈场景。不过，他们还设置了另一个博弈场景，让被试感受到遵从社会规范的压力。因此，再请你想象一下，如果另一个房间里的人在发现你只分给他很少的钱后可以决定是否惩罚你，那么你又会怎么做呢？在这里，“惩罚”的含义是，他可以付出一定代价，让你最终能得到的钱急剧减少；例如，他只需要付出 1 美元，你就会失去 5 美元。知道他可以惩罚你，你会多给他一些钱吗？实验结果显示，在这种情况下，人们的行为会更加接近五五分成的规范——他们会分给另一个人大约 40% 的钱。

在这个实验中，当人们“遵从”公平分配的社会规范时，并不是因为他们真的想给另一个人那么多钱。如果他们真的想给，那么他们应该在不会遭到惩罚时就给另一个人 40%。恰恰相反，他们这样做是因为感到了压力，因此不得不表现得公平一些。功能性核磁共振成像结果表明，大脑右半球的腹外侧前额叶皮层是极少数在这个过程中激活程度增高的脑区之一。当然，这个脑区同样可能因为面临损失钱财的威胁而被激活，而不一定是因为面临着遵从社会规范的压力而被激活。为了解决这个问题，斯皮泽和费尔对实验结果与被试与电脑，而不是与一个真实的人进行博弈时的功能性核磁共振成像结果进行了比较。他们发现，当惩罚的威胁来自一个真实的人时，大脑右半球的腹外侧前额叶皮层的活跃程度明显更高，即使这两种情况下的博弈结果完全相同时也是如此。换句话说，这个脑区似乎参与了将社会制裁的威胁转化为符合社会规范的行动的过程。其他一些研究也表明，“看到一个人”就能够显著地提高人们对与这个有关的特定事物的评价。那些最遵从社会规范的人，其大脑右半球的腹外侧前额叶皮层的活性显著增加，而且这个脑区的灰质的体积也更大。

上面这些关于人们行为的“合规性”研究都只关注一类比较特殊的情况：当我们最初的计划或评价与周围人的不同时，我们会怎么做？“圆形监狱”式的全方位自我控制的概念表明，仅仅存在被社会评价的可能性就足以促使人们自我约束。有研究表明，只要想象别人对你的看法就能够激活大脑右半球的腹外侧前额叶皮层这个脑区。关于“圆形监狱”式的全方位自我控制，最引人注目的一个发现是，只需要看到自己，即使没有任何其他人在场，也可以实现自我控制。你能猜出来当你看到自己的面部照片时，哪个脑区会被激活吗？就是大脑右半球的腹外侧前额叶皮层。当看到自己的面部照片时，就是在提醒自己应该如何看待外面的世界，这样，你就激活了大脑中负责自我约束、遵守社会规范的这个脑区。

到目前为止，大脑右半球的腹外侧前额叶皮层的这三个功能之间的联系尚未得到系统的研究，所以这种激活模式的真正意义仍是一个谜。不过，我们可以猜测，一种非常有趣的可能性是，这些过程之所以会在进化过程中密切联系起来，目的是确保我们能利用自己对无法恰当融入社会的恐惧来有效压制我们更原始、更有力的自利动机。

行文至此，读者可以看到，我们已经离一开始讨论的那种“自我控制”相当远了。我们直觉上认为，自我控制的作用是帮助我们实现个人的目标、促进个人的利益。然而，大量新证据表明，自我控制更可能是这样一种机制，它可以让我们的行为与群体的目标和价值观保持一致（当它们与我们自己的目标和价值观有所冲突时）。有些人倾向于认为，那些“循规蹈矩”的人通常缺乏勇气和主动精神，说他们就像意志薄弱的绵羊一样，只知道随大流。然而，我们在这里的分析却表明，在某些情况下，那些拥有最强大自我控制能力的人的成就远远超出了普通人。确实，在面对实际或想象中的可能遭到群体制裁的威胁时，遵从社会规范是明智之举，那些自我控制能力更强的人更能克服自己的冲动。

自我到底是什么

在西方，自我这一概念就像一个宝库，所有可以代表“我们是谁”的思想、感情和欲望都包括在内。做到“认识你自己”，我们就可以从所拥有的有限资源出发，寻找并创造出无数能够使我们快乐的事物，并回避那些使我们不快乐的事物。无论从短期来看，还是从长期来看，都是如此。在一定程度上，这种看法是站得住脚的。知道我喜欢什么食物、什么社交活动会让我不舒服、什么工作能够让我感到最满足，无疑是非常有用的。同样的，能够有一个关于我自己的心灵的理论也将会非常有用。

但是，从这种理论出发，我们很难解释社会在何种程度上塑造了我们的心智、我们的目标和信念是通过什么途径形成的、导致我们在各种不同情况下进行自我控制的原因是什么。从婴儿时期开始，我们就生活在社交圈中，周围的人都很乐意告诉我们究竟好人想和做些什么、我们已经拥有哪些理想的特性、什么样的生活是值得过的。然而，来自外界的这些输入，如果不是因为我们天生就拥有一个特洛伊木马式的自我，就等于一场空。这个特洛伊木马式的自我就像一块海绵，可以在我们不知不觉中把这一切都吸收进来。我们以为这些都是自己非常私人的信念，这种错误使得我们加倍努力为它们辩护。我们确实很少意识到这些信念其实是他人塞给我们的。当我们捍卫自己的信念时，其实是在捍卫社会的信念。我们的私人信念与周围人的信念之间的对应性，使得我们成了对社会有用的成员。这种机制可以确保其他人会喜欢我们，也能够提高社会愉悦相对社会痛苦的比例。

我们可能以为自我控制是意志力的来源。意志力推动着我们坚定地走向自己的目标。意志力也许是“易耗品”，但只有依靠它，我们才能克制自己一时的欲望，去努力实现长期的目标。然而，正如我们已经看到的，个人的长期目标几乎总是同样有益于社会的，而且社会获益的程度肯定不亚于，甚至会超过个人的受益程度。当个人的价值观与社会的价值观发生冲突时，只要周围的任何东西稍稍提醒一下——我们对别人来说是“可见的”、我们会被别人评价和“审判”，就能激活我们的圆形监狱式的全方位自我控制系统，它会压制我的冲动，使我们的行为符合社会的期望。

无疑，这是一些严重违反直觉的观念。个人的价值观很大程度上不过是社会的价值观？自我控制至少部分地体现为自我约束？自我在一定意义上是对“我们是谁”这个问题的思考方式的诅咒？许多人可能一时无法接受这些观点。但是脑科学让我们看到了这些论断背后的基本真理，那就是，我们最深层的自我意识、最强大的意志力，主要是用于保证我们能够得到所归属的群体的青睐。和谐共处肯定并非易事，但是进化显然认为，让个体的立场和信念与群体保持一致（而不是相互冲突）是“值得的”。

读者朋友们，故事就是这样，或者至少这个故事里与神经科学相关的部分就是这样。在过去数百万年的进化历程中，我们大脑的社会化进程一直在紧锣密鼓地加速推进。要让人类有一个可以解决各种问题的更大的大脑，进化必须首先保证大脑能够平安离开母体。这个解决方案导致的结果是，人们在刚刚出生时，大脑是远未成熟的，大脑发育的大部分过程都是在出生之后完成的。而这必然会使得“社会连接”成为哺乳类动物的一种至关重要的适应，因为只有这样，哺乳类动物的幼崽才能得到照顾，同时也使成年哺乳类动物愿意照顾幼崽。本书前面的章节中已经讨论过，这种“必然性”是通过双重机制来实现的。一方面，社会痛苦经背侧前扣带皮层和前脑岛发出一个警告，敦促我们及时化解我们的社会连接所受到的威胁。另一方面，社会奖赏通过腹侧纹状体、隔区以及各种与催产素有关的神经过程，让我们从照看他人中获得快乐，激励我们去关爱他人。

随着灵长类动物的出现，心智解读的原型就出现了。位于外侧额顶皮层的镜像神经元使我们能够去模仿他人的动作，从而能够从他人的行为中学习。重要之处在于，这些脑区似乎也是人类的运动中心，这使得我们的行为充满了心理意义。由于拥有了以背内侧前额叶皮层和颞顶交为核心脑区的心智化系统，人类成了能够理解他人行为及知悉他人想法、感情和目标的唯一动物。这种能力非常重要，因此在进化过程中它被选定为默认系统，只要不在执行其他心理任务，这个系统就会自发地启动。在这种自动复位机制的促使下，我们会更多地从社会和心理的角度，而不是从物理角度看待世界。事实上，这种复位还意味着，大脑在此期间屏蔽了非社会推理的神经回路。心智解读是一个非常有力的工具，它有助于我们合理地去追求我们的社会目标、强化我们的社会连接、避免社会排斥的痛苦。

进化赋予社会脑的“终极武器”是自我意识和自我控制这对“双子星”。以内侧前额叶皮层为神经基础的自我意识，在很大程度上其实是一种骗局。它所包含的东西令我们以为是私人、不可触及的，但实际上，它却是个体的信念和价值

观社会化的通道。由腹外侧前额叶皮层调节的自我控制，同样服务于一个与我们的想象完全不同的目标。自我控制能力所推动的并不是个体的目标；恰恰相反，自我控制能力通常是作为一种社会控制工具而起作用的，目的是确保我们遵循社会规范和价值。从某种意义上说，无论是自我意识还是自我控制能力，都不是按照我们所想象的方式为我们服务的。不过，它们确实有利于社会协调，因为是它们使得我们在群体中其他人的眼中显得更加“可爱”、更加合群；是它们促使个体努力支持群体利益，有时甚至不惜以牺牲个体的非社会性冲动为代价。当然，所有这些，都会使个体对群体更加有价值。几乎所有人都倾向于将群体放在首位，从而使得群体利益在与个人利益的永恒竞争中不断胜出，保证了群体的茁壮成长。

在社交圈中的生活并不容易，有时甚至非常困难。我们依靠全世界最复杂的实体——其他人维持生活。在一定意义上，我们吃的食物、我们用来付房租的钱以及我们的幸福，全系于他人。这个体系远非完美，但是进化已经一再下了这个大赌注，让我们不断地变得更加社会化。

第五部分

通过社会眼看世界

当我来到学校后，他们问我，长大后想要什么。我的答案是“幸福”。但是他们却告诉我，我没有理解他们的要求；而我则告诉他们，他们不理解生活。

|约翰·列侬|

曾经帮助过你的人，要比受过你恩惠的人更加愿意帮助你。

|本杰明·富兰克林|

10

SOCIAL

大脑爱社交胜过金钱

行文至此，本书传达的信息已经足够清晰了：人的大脑的社会性程度非常高，它所包含的某些最古老的社会性“硬连线”的历史可以追溯到距今1亿多年。我们的社会脑促使我们与他人、与社会保持紧密联系；它会一而再、再而三地推动我们关注周围的人、理解他们的内心世界，就像橡皮筋不断地弹回到它的中心一样。

我们人类也有一个类似的中心，那就是被称为“自我”的东西。自我有许多功能，其中之一就是确保我们与身边的人保持“和谐”，方法是让我们的信念与他们保持一致，并不时“轻推”我们一把，让我们为了群体的利益适当地控制自己的冲动。人的社交天性有非常深刻的生物基础，这一点极其重要，因为它充实了关于“我们是谁”的理论，使之具体可行。（大多数人都只拥有一个可悲的、不完整的关于“我们是谁”的理论。）

不过，当我们环顾四周时，满眼看到的往往是人们在各种快乐或痛苦的推动下自私行事，他们似乎并没有什么动机。确实，一代接一代，我们就是这么被教导的；而且自利确实是一个非常强大的行为动机。尽管这是事实，但这绝不是人类故事的全部。只要我们睁大双眼仔细观察，就会看到很多无法用“自利是我们生存的唯一动力”这种理论来解释的行为。然而，我们一定要记住，之所以“无法理解”这些行为，只不过是因为我们仍然没有完全理解自己到底是什么样的造物。

那么，知道了“我们到底是谁”之后，我们又能够做些什么呢？了解社会脑是一个有益的智力游戏，能够满足我们存在主义式的好奇心。虽然我自己一直都很喜欢挑战自己的智力，但是我也相信，理解人的社交天性的本质的意义肯定要比这大得多。事实上，我们一生中所做的一切、所归属的任何一个组织的绩效，都会受到关于“我们是谁”这个问题的答案的影响。

因此，我们都应该静下心来，先想想大脑是何等让人惊喜，然后再想想这个惊人的大脑能够在多大范围内帮助我们变得更加社会化。然而，在当今这个时代里，依然有许多人认为，我们在日常生活中的大多数时间里（不论是已经走上工作岗位，还是仍然在学校里求学），都受到了头脑中这个非同寻常的社会化机制的干扰。在他们看来，这个机制只能让我们陷入困境，使我们无法有效地聚焦于手头上“真正”重要的任务。

接下来的第 10 ~ 12 章将阐明这种观点错在哪里。事实上，当我们变得足够“社会化”时，生活中的几乎所有事物都会变得更加美好。如果我们适当地重新调整机构和个体自己的目标，我们就可以变得更聪明、更快乐、更有效率。

更多的钱并不代表更幸福

人人都希望过上美好的生活，都希望自己健康快乐。社会也会致力增进民众的幸福和健康，因为快乐而健康的人更有效率 不容易陷入困境，也不会给社会带来太高的成本。哲学家杰里米·边沁以最大幸福原则为基础，强调最好的社会必定是"快乐"的总量最大的社会（相对于痛苦），从而开创了强大的功利主义思想。但是，最大的问题在于——这也是人类自学会问问题以来就一直在问的一个问题：快乐而健康的生活究竟是由什么构成的？如果过去人们对这一问题的回答是错误的，那么我们所有人都应该尽快了解这个事实，只有这样，我们才有可能在未来给出正确的答案。

1989年，有关机构曾调查20多万名大学新生为自己立下的人生目标。最后，从五花八门的目标中脱颖而出的是"一定要保证经济上富裕"。也许这些大学新生都曾经阅读过安·兰德（Ayn Rand）的小说《阿特拉斯耸耸肩》（*Atlas Shrugged*），书中的其中一位主人公大言炎炎地宣称："金钱是一切善行的根源。"又或者，这些大学新生只是希望自己看起来不会过于与众不同。如果边沁关于痛苦和快乐的看法是正确的，那么岂不是只要有了大把的钱可以尽情享受就足以摆脱身体不适？想前往异国他乡旅游？想吃遍世界各地最好的美食？想离开地球、遨游太空？没有问题，这些事情你都可以做，但前提是，你的银行账户余额要足够大。毫无疑问，赚更多的钱确实是世界各地的人都很重视的一个人生目标，因为有了足够多的钱，你就可以获得各种各样的资源。但是，金钱真的能让我们快乐吗？

几十年来，许多经济学家一直痴迷于这个问题，部分原因在于，在经济学界，个人和国家的收入长期以来一直被视为反映他们的福祉的客观指标，因为经济学家们普遍认为真正的幸福是无法直接度量的。在很大程度上，这种假设又进一步导致许多人把金钱看成社会目的本身，而不是实现目的的一种手段。尽管"真正的幸福"不能被直接度量，但是"愉悦感"、"生活满意度"以及"主观幸福感"则是相当容易度量的。事实上，你需要做的只是问人们一些适当的问题，例如，“把所有的事情都考虑在内，你这些天的生活整体上让你觉得满意吗？满意程度如何？”今天问完一些人这个问题后，你可以过一年后再问这些人同样的问题，应该可以得到几乎完全相同的答案。人们对这种问题的回答基本会保持不变。

处理金钱和幸福之间的关系的方法有很多，而且经济学家似乎把所有方法都尝试过了。几乎每一种方法都指向了同一个令人惊讶的结论——金钱对幸福的作用比我们曾经想象的要小得多。接下来，就让我们仔细地探讨一下其中一种理论（而且这也是唯一一种证明了金钱与幸福之间存在着紧密联系的理论）。如果以许多国家为分析对象，观察每个国家的平均福祉和平均收入水平，就会发现这两个指标是高度相关的——平均收入较高的国家的公民所报告的平均幸福感也较高。但是，这种分析无法告诉我们更多信息，因为富裕国家与贫穷国家之间的差异也有许多。富裕国家的公民拥有更多的个人自由、享受着更好的教育和卫生保健，而且富裕国家的司法系统也相对不那么腐败。国内生产总值最多只能代表可以更加直接地影响幸福的其他诸多变量中的一个或几个。

下面，我们再来考虑一下检验幸福与金钱之间关系的其他方法。除了国家与国家之间的比较之外，研究人员还研究了特定国家内金钱与幸福之间的联系。例如，“幸福研究专家”埃德·迪纳（Ed Diener）对数以千计的美国成年人进行了问卷调查，请他们报告自己的主观幸福感和收入水平。结果表明，人们赚多少钱与他们觉得有多幸福之间的相关性在统计上有显著意义；不过，总体来看，这种相关性仍然是非常微弱的：整个样本的幸福感的差异只有 2% 左右可以用个人收入差距来解释，而且这种相关性基本上都与高于（或低于）贫困线有关。如果你的收入水平在贫困线以下，那么多赚 1 000 美元就会大大改善你的幸福感。但是，在你的基本需求得到满足之后，额外的收入就只能使你的幸福感增加一点点了。

还有一些人认为，研究收入与幸福之间的关系的一个恰当方法是观察收入随时间的变化所导致的幸福感的增减。例如，在一项研究中，经济学家们考察了美国在 1946—1990 年间的收入水平的变化趋势，并将之与民众在同一期间报告的幸福感随时间变化的情况进行了对比，结果如图 10-1 所示。从图中可见，在控制了通货膨胀因素后，这段时间的民众收入增加了超过一倍，但是幸福感并没有增加。

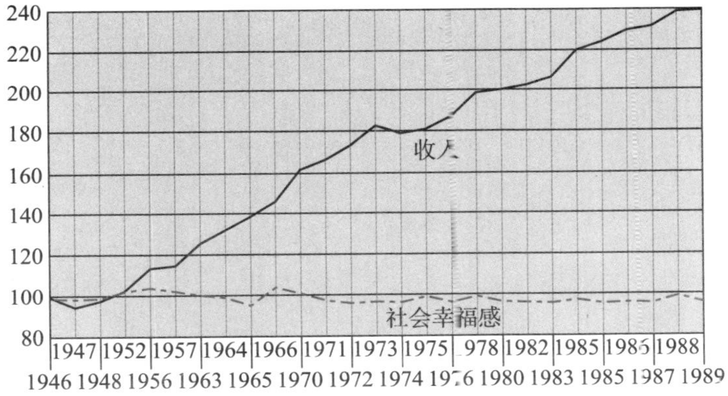

图 10-1　美国的收入水平与社会幸福感的变化

资料来源：Easterlin, R.A. (1995). Will raising the incomes of all increase the happiness of all? *Journal of Economic Behavior & Organization*, 27(1), 35-47.

这是一个惊人的结果，由经济学家理查德·伊斯特林（Richard Easterlin）最先发现，后来被称为伊斯特林悖论（Easterlin Paradox）。现在已经证明，这种现象在许多国家都已出现，不过表现最显著的国家是日本。1958—1987 年，日本人的实际收入增长了 500%，他们的物质享受也得到了大幅改善（例如，汽车保有量从占总人口比例的 1% 提高到了 60%），但是日本人自己报告的幸福水平在这 30 年里一直保持不变。

面对这种结果，我不知道你的看法怎样，但是我却觉得这一切非常令人不安。

我一直都在为了钱、为了更多的钱而努力工作，之所以这样做是因为我深知，如果我可以赚更多的钱，那么我的家人和我都会更快乐。“金钱列车”能够把我们带到幸福的终点吗？经济学家对一些个人进行了长达10年的跟踪研究，以便搞清楚个人收入水平的变化是否与幸福的变化相关联。但结果是，没有。许多人在10年之后收入增加了很多，而另一些人则下降了很多，但是幸福与这些变化无关。我的直觉告诉我，赚更多的钱会让我更快乐，但是我的直觉显然是错的。

我并不是认为上述结果令人灰心丧气的唯一一人。大多数人都坚信，赚更多的钱是他们的主要生活目标之一。我们并不是为了好玩而去努力赚钱的；之所以这样做是因为我们相信更多的钱能够给我们带来更加美好的生活。然而，无数研究都得出了同样的结论：更多的钱并不能让我们更幸福。怎么办？看起来我们一直都认错了目标。那么，那么多的人，甚至整个社会，又怎么可能错了这么久呢？我们到底错过了什么，以至于无法纠正或摆脱这个稀里糊涂的关于“什么东西能让我们幸福”的理论？

当金钱与幸福之间并不存在相关性这个结论大白于天下之后，经济学家和心理学家都试图给出合理的解释。心理学家指出，人类有一种倾向，他们总能适应新的环境（无论是更好的还是更坏的）。这就是所谓的享乐适应（hedonic adaptation）。事实上，在许多情况下，这种倾向能够保护我们，使得我们不会因负面事件一直闷闷不乐。然而不幸的是，同样的心理机制也让我们不会因正面事件一直心花怒放。最著名的一个例子是，当那些幸运地中了彩票大奖的人在中奖一段时间后再接受访问时，他们报告的幸福水平并不高于没有中奖的同一社区中的其他人。

享乐适应（hedonic adaptation）
人类有一种倾向，即他们总能适应新的环境（无论是更好的，还是更坏的）。

相对应地，经济学家也提出了一种解释，这种解释关注的是人们的收入背景。他们认为，真正的问题在于，我们并不太关心自己的绝对收入和绝对购买力，而更加关注与周围人相比“我能赚多少”。根据这种理论，一个生活在大多数人的年收入只有 3 万美元的社区里的人，如果他的年收入达到了 5 万美元，那么他就会比另一个年收入 10 万美元但周围邻居的收入都达到了 20 万美元的人更加快乐。

凄凉的人生景象

实际情况比我刚才描述的还要糟糕，至少在美国的确如此。在过去几十年里，民众的幸福感不但没有随着实际收入的上升而提高，反而出现了下降。民众对相对收入的敏感性可以部分地解释幸福感的下降，但这并不能说明全部问题。在《独自打保龄球》(*Bowling Alone*) 一书中，罗伯特·普特南 (Robert Putnam) 第一次考虑了之前的研究都没有考虑过的一个重要因素——社会。在论述这个问题时，普特南及其追随者以“两步走”的方式分析了许多变量。首先，各种社会因素能够大大促进民众的主观幸福感和生活满意度。其次，在现代国家 (例如美国)，这些社会因素都在趋于“衰败”。接下来，我们就依次来讨论这两点。

经济学家喜欢用一些听上去会令人联想到某些经济指标的术语，例如，社会资本 (social capital) 和关系物品 (relational goods) 来讨论各种社会因素。事实上，这些术语已经把与社会有关的各种情况都包括进去了：是否已经结婚、是不是有不少朋友、社交网络的规模大小、有没有参加某个社会组织 (例如，保龄球联盟)、在各种社会机构中的信誉如何，等等。经济学家可以通过多种不同途径研究这些社会因素，但是结论总是它们与幸福显著相关 (这一点与收入完全不同)。在一项研究中，经济学家比较了收入与社会连接对幸福的不同影响，结果发现，当考虑相对收入效应时，社会因素对幸福的影响比收入更加正面。

社会资本 (social capital)
指一个组织的员工的社会连接和社会网络。

那么，生活中的“社会因素”对我们的幸福到底有多大意义呢？通过大量研究，经济学家已经成功地把这些因素的价值“换算成”美元价值：为了使你变得同样幸福，你需要付出多少钱？其中一项研究的结果显示，参加志愿服务可以带来更大的幸福，那些每周至少参加一次志愿活动的人，因此而增加的幸福感与他们的年收入从 2 万美元提高到 7.5 万美元所增加的幸福感大致相当。另一项研究则发现，在全世界 100 多个国家中，慈善捐赠带来的幸福感的增加，相当于把一个人的工资提高一倍。

还有一项研究的结论是，拥有一位随时可以见面的好友，对幸福感的影响相当于年收入增加了 10 万美元（与没有这样的朋友时相比）。结婚对幸福的贡献也相当于年收入增加 10 万美元，而离婚则相当于年薪减少了 9 万美元。甚至，只要经常能看到你的邻居，就相当于每年额外多赚了 6 万美元。最有价值的非货币资产是“身体健康”：身体健康与身体不好对幸福感的影响，相当于 40 万美元的年收入差别。这看起来似乎很疯狂，但是请想象一下，如果真的健康状况不佳，那么为了使自己身体变得健康，你愿意放弃多少钱？之所以要在这里提到身体是否健康这个问题，原因在于，各种社会因素也是决定身体健康的重要因素。社会因素不但能直接决定幸福，而且能够间接地增进幸福，因为它们可以促进健康。

好消息是，让更多“社会因素”进入我们的生活，使我们的生活变得更加“社会化”的成本非常低（因此“性价比极高）：和朋友喝一杯咖啡、跟邻居聊聊天、参加一些志愿活动，都不会使你的钱包瘪下来，但是却能显著改善你的生活。然而，坏消息是，从社会整体上看，我们已经做错了很多。在过去的半个世纪里，几乎所有与社会有关的事物，都在走下坡路，社交媒体则是唯一的例外。今时今日，与 50 年前相比，人们显著地更加不愿意结婚；我们更少参加志愿活动，更少加入社会团体，也更少在自己的花园里招待客人了。

对我来说，最令人沮丧的一个统计数字与我们的友谊有关。在 1985 年进行的一项调查问卷研究中，受访者在回答“在过去 6 个月中，与你讨论对你有重要意义的事项的朋友是谁”这个问题时，列出的朋友的数量通常最少有三个（59% 的受访者列出了三个或更多的朋友的名字）。在 2004 年进行的同样的调查中，大多数受访者列出的朋友的数量却是零（只有 37% 的受访者列出了三个或更多的朋友的名字）。在 1985 年的调查中，只有 10% 的受访者表示，他们的亲密朋友的人数为零；而到了 2004 年，这个数字却猛增到了 25%。这是何等凄凉的景象：走在街上的人中，每四个人中就有一个是孤零零的，没有任何人会去分享他们的生活！变得更加社会化，能够使我们的生活更加美好。然而，种种迹象却表明，我们正在变得越来越不社会化，而不是更社会化。

做一个“社会人”对我们的幸福至关重要，我们不应该对这个结论感到吃惊。已了解到的关于社会脑的所有知识能够告诉我们的无非是这样一些信息：人天生就倾向于建立和维持社会连接；当这些社会连接受到威胁时，我们会感到痛苦；我们的身份、自我意识，全都与我们所归属的社会群体紧密联系在一起。正如本书前面章节讲到的，我们的大脑的重心自然而然地落到了社会上。然而，我们的社会作为一个整体，却已经越来越远离一切“社会的事物”了。千百年来，我们一直住在小型社区里，我们认识自己的邻居、了解身边每一个人（因为社区是高度稳定的）。然而，自 20 世纪以后，事情发生了巨大变化，使得我们变得比以前更加不幸福，甚至无法过上本来能够过上的幸福生活。

不知道是幸运还是不幸，我自己的生活经历可以在很大程度上说明这种遭遇。我是在新泽西州长大的，并且在那里上完了大学，结交了一大帮好朋友。然后，我搬到了马萨诸塞州，在那里的一个研究生院攻读学位，从而失去了与我的大部分大学同学的联系。再后来，我又搬到了加利福尼亚州，成了加利福尼亚大学洛杉矶分校的一位助理教授。我住在西好莱坞，在那里我交了一些很好的朋友，但是我的住处离校园很远。再后来，我与娜奥米的关系确定下来后（她后来成了我的妻子），我们一起搬到了一个离校园更近的地方，但自那以后，我又几乎失去了在西好莱坞的所有朋友。你肯定听说过洛杉矶的交通状况是何等糟糕，因此你绝对不会想在星期五晚上开十二三公里的车去看望朋友。另外，在大学里，我只是一个新来的教授，得像任何一个新人一样拼命工作，以便尽早出人头地。再后来，娜奥米和我结了婚，并有了一个儿子，我希望他能在自家后院踢踢足球或打打篮球，所以，我们又买了一套房子，这样我就不得不在忙完教学研究后兼职从事咨询工作。

当然，读者没有必要为我感到难过。事实上，我可以说是一个非常幸运的人。我结了婚，妻子同时也是我在这个世界上最好的朋友；我很爱我的家人，现在这样，以后也会一直这样。但是，当我回过头去，仔细审视以往我做出的全部决定时却发现，除了向娜奥米求婚的那个“光辉时刻”之外，我的许多决定都使我在物理上、情感上远离了朋友，并且让我失去了不少与我所深受影响的人共处的时间。在不知不觉之间，我已经从一个修读哲学的大学生，一个明确表示要放弃追求物质享受的人，变成了一个追求“美国梦”的成年人。在这个过程中，不知道从何时开始，我在无意中把追求幸福与追求高收入和职业成功混淆了。

就像我自己的生活经历所表明的，随着时间的推移，我们文化中的“物质主义”倾向一直在潜滋暗长。糟糕的是，要想满足“在财务上取得成功”的愿望，我们很多人、很多时候不得不以牺牲自己的社会连接为代价。我们所拥有的时间是有限的，在工作上花费更多的时间也就意味着只能有更少的时间用于社交生活。1965 年，仅有 45% 的大学一年级新生声称自己的人生目标是“在经济上非常富裕”；相比之下，以“帮助他人”和“养家”为人生目标的人都要比这类人更多一些。但是到了 1989 年，“财务自由”就成了大学新生排名第一位的人生目标，超过 75% 的人都选择了它。这无疑是一个发人深省的信息。更多的人把物质主义当成了一种积极的人生价值观，但是他们不知道的是，这样只会让自己的人生更加不幸福。

改良公寓楼的设计

增加人生中的社会连接很可能是提高我们的幸福感最有效、最简单的方法。但是，许多人都越来越沉迷于物质主义价值观，而这种价值观会把我们引向错误的方向，诱使我们把时间和精力从社交生活中抽离出来，去追求财务上的成功。我可以非常肯定地说，现在在主导着我们这个国家的政府、企业和组织不会有多大兴趣去扭转这种物质主义潮流，因为这种潮流有助于扩大税基、增加就业——当更多的人想去买更多的新东西时。例如，在“9·11”事件发生后，布什总统给美国民众的建议是：“去购物吧！”从个人幸福的角度来看，政府推行的鼓励消费的政策在很大程度上只不过是一个庞氏骗局，它声称会增进民众的幸福，但却从来没有成为现实。即使不考虑物质主义价值观导致的问题，我们的社会也应该采取有力措施来扭转我们正一步步走向社会隔离的趋势。不要忘记，只有当我们都实现了“社会化”之后，我们才可能成为更开心、更健康、更善良的公民。

从根本上说，我们需要做的是重建社区的社会基础设施。20 世纪 50 年代，美国政府采取了许多措施，大力推进国家基础设施建设，其中最著名的当数艾森豪威尔总统签署的《联邦助建高速公路法案》(Federal-Aid Highway Act)。根据这个法案，政府投入了 4 000 多亿美元（以美元现值计），修建了总长度超过 60 000 公里的州际公路。随着新的经济活动的兴起，这项投资很快就获得了数倍的回报。2008 年，当又一次大衰退迫在眉睫时，立法者也制定了庞大的计划，试图重建这个国家摇摇欲坠的基础设施。公众这时才发现，美国的许多道路和桥梁都已年久失修了，铁路系统的现代性也远远落后于其他许多国家。决策者们声称，重建基础设施能够创造就业机会，并给经济活动带来强劲刺激。

但是，我在这里要强调的是，我们还需要制订一个全新的刺激计划，来重建我们国家的社会基础设施。公正地说，美国政府确实已经在各种社会福利计划上投入了巨额资金，但是这些都只属于“安全网”的范畴，它们的宗旨并不是增进人们的社会连接。社会保险计划和医疗补助计划虽然能够在一定程度上为那些无力自谋生路的人提供一些保障（既包括资金上，也包括人身上的），但是所有这些投资都不是用于改善全体公民的社交生活的。尽管对社交生活的投资同样能够以更高的生产率、更健康的身体和更低的犯罪率等形式收回，然而不幸的是，因为社会连接不是像高速公路那样用坚固的混凝土筑成的，因此可能很难让人们团结起来。

不过幸运的是，正如我们已经知道的，大脑天生就是为社会融合准备的，大脑这种“布线”方式的影响几乎渗透了我们生活中的每一个角落。请想象一下，如果美国总统组建了一个与经济顾问委员会平起平坐的社会顾问委员会，情况将会怎样？比尔·盖茨已经说服许多世界富豪捐出他们的大部分财富来支持慈善事业，用在根治小儿麻痹症等诸多领域；如果他们愿意投入巨资用于促进社会福祉，那又会怎样？

很多人一定都还记得自己作为大学一年级新生住在同一个宿舍里的情形。张开回忆的翅膀，想一想每年在宿舍楼内构建起来的社会网络吧，那绝对是不平凡的壮举。刚来到一所学校的新生在社交上处于弱者的地位，因为他们在新学校里往往都没有本就熟识的朋友。宿舍楼是他们从零开始在大学内构建社会网络的起点。许多住在同一楼层的人都会成为亲密的朋友，在这里结下的友谊甚至会持续一生。我想不出在我们的生活中还有什么机构比大学宿舍更有利于创造社会连接——不过，军营可能是一个例外。

大约 1/3 的美国人都住在公寓里，从很多方面来看，美国公寓的物理结构与大学宿舍相当接近。然而，我们住在公寓里的感觉却与在大学宿舍里完全不同。这是为什么？之所以大学生能够建立起自己的校园社区，一定是他们做对了什么。关键当然不在于食物，也不可能是因为宿舍房间的大小和奢俭。在我看来，原因有这样一些。首先，大学宿舍通常都会预留供人们进行社交活动的物理空间。当我还是一名在罗格斯大学求学的本科生时，那里的大学生宿舍的每一层楼都有一个大约占整层面积 20% 的场地，可用于社交聚会。每间宿舍都配有沙发和有线电视等设施（现在，许多宿舍还添加了视频游戏设备）。

离开大学后，我曾经先后在好几个公寓楼中居住过，但是从来没有见到过这种情形：每层楼都开辟一个公共空间，为住在本层楼的人的社交生活提供方便。有些公寓里设有空间相当大的大堂，但是它们并不是为了进行非正式的社交活动而准备的。之所以在每层楼都保留一个开放的公共空间意义非凡，是因为人们可以在那里进进出出，谈论很多东西、听到很多东西、见到很多东西。当然，仅有空间还不够，还需要配备一定的设施，以便吸引人们利用它。人们可能会说，自己是因为有大屏幕电视可看或免费无线网络可用而来到这里的，但是既然来了，他们也就参加了社交活动。

大学宿舍会配备公共空间，而公寓楼则不会的原因在于两者是出于不同的动机而建造的。大学所关注的是如何创建一个充满活力的社区；而公寓的开发商则只关心利润和每平方米的建设成本。但是，从社交的角度来看，难道我们不应该关注如何在大学之外创建充满活力的社区吗？考虑到全美国有大约 1 亿人住在公寓里这个事实，采取有力措施，满足这些人的社交生活需要，难道不是一个很好的投资吗？例如，政府为什么不能制定税收减免政策，从而鼓励公寓开发商每层少建几套公寓、留出足够的公共空间呢？换句话说，为什么不利用我们现在所掌握的知识（社会连接价值巨大），去指导（至少一部分）税收的使用呢？

除了预留公共空间之外，大学还有一些其他方法用于鼓励学生们参加社交活动。许多大学都要求新生在入学时填一张表，写明自己爱好什么、讨厌什么，然后据此来分配宿舍（或者说，为学生“配好”室友）。虽然这种方法并不直接适用于公寓，但仍然可供公寓管理者借鉴。或许，可以安排喜好类似的人入住同一幢、同一层公寓；又或者，可以安排人生经历类似或处于类似的人生阶段的人（比如说，要抚育新生儿的人，或刚刚退休的人，等等）入住同一幢、同一层公寓。

最后，在每幢大学宿舍楼的每一层里通常都会住着一个高年级生作为“宿舍顾问”，他不用支付房租，但是承担着“照看”整层楼、组织社交活动的职责。学生宿舍的社交生活一般从新生入学时的“了解对方”起步，然后逐渐扩展到包括（但不限于）“电影之夜”、扑克比赛、棋盘竞赛等活动。大学新生希望自己变得更加“社会化”，但是往往不知道如何入手，这时，宿舍顾问就可以发挥很大作用。

从童年到青少年，再到青年，一个人的社交生活往往是由他人策划的。难道我们找不到将大学宿舍楼内的这些做法复制到成人社区的途径吗？为什么不能在每幢公寓的每一层指定一位组织社交活动的“社交顾问”呢？在那些规模庞大的公寓楼里，只需要从每套公寓的租金里稍稍拿出一点，就可以不费吹灰之力地筹集足够的资金（每层每月 1 000 美元就够了！），一部分用于支付本层开展社交活动所需的费用，另一部分则作为本层的“社交顾问”的报酬。

在我居住的社区成立了业主委员会，它通常有两个功能。第一个功能是“政治性”的，例如，争取更多的警车到我们这条街道上巡逻。第二个功能是“信息性”的，我们建立了一个业主网络论坛，业主可以在网上发帖提出类似这样的问题：“我有几张下个星期湖人队比赛的门票，有没有人想要？”或者：“有谁认识一个好的水电工？”事实上，我们的思路完全可以更加开放一些。例如，或许可以在某个晚上或周末把街道暂时封闭起来，让这个社区里的所有人都可以自由举办或参加各种各样的社交活动。

“社交零食”和“社交代用品”

现在，我们已经知道，大脑天生就是为了社会连接而“布线”的；我们也知道，社会连接对于我们的幸福至关重要，既然如此，为什么不想办法修改我们的日程表，让工作时间少一些、社交时间多一些呢？大量研究表明，当人们很想要钱的时候，他们就会更加积极地投入工作，并减少社交活动。但是，只要我们认真地思考一下就会采取相反的行动：让工作时间少一些、社交时间多一些。

值得指出的是，即便是在身边并没有人可以交往的时候，人们也可以从社交活动中获得好处。例如，社会心理学家温迪·加德纳（Wendi Gardner）和辛迪·皮克特（Cindy Pickett）就认为，人们可以享受所谓的“社交零食”的甜蜜。只要想着（或者用笔描绘）自己所爱的人，就能为我们带来某些不亚于面对面交流的好处；另外，看着心爱之人的照片也可以让我们获得一些传统的社会连接的好处。

当我们陷入困境，不得不面对生活中的重重压力时，社会支持和社会连接可以发挥极大的缓冲作用。在一项研究中，娜奥米·艾森伯格和我注意到，当女性被试承受疼痛刺激时，她们报告说，只要握着自己男朋友的手，痛苦的感觉就会减弱很多。这似乎不足为奇，不过，出人意料的是，当这些女性被试只是拿着自己男朋友的照片时，疼痛的感觉反而会减弱更多——事实上，男朋友照片减少女性被试痛苦的效力，相当于他们两人真正两手相握的两倍。

换句话说，所爱之人的一张照片就能够提供足够强大的社会报酬，足以帮助人们走出某些特定的困境。在这一研究成果的启发下，尼康公司最近与红十字会合作，在德国展开了一个公益项目：为住院的患者提供数码相框，让他们在住院期间能够看到亲人的照片。

在美国和欧洲，看电视是普通人的头号休闲活动，人们花在看电视上的时间超过了全部空余时间的一半。我们一般认为看电视可以使人放松，可以让我们暂时从琐碎的日常事务中解脱出来。虽然这也许是事实，但有越来越多的证据表明，我们会主动地选择收看喜爱的节目和人物，在感到孤独或者需要加强社会连接时尤其如此。看电视确实能够在一定程度上满足这些社会需求，至少在短期内是这样。**然而不幸的是，看电视也很可能会导致一种“挤出效应”，即占据了能够为我们的社会幸福做出更大、更可持续贡献的其他活动的时间。**我们花在看电视上的时间越多，就越不可能去参加志愿活动，越不可能去与人互动、构建社会网络。换句话说，如果花更多的时间看《老友记》（*Friends*），那么我们能够用来在现实生活中交朋友的时间就越少。

在过去的 20 年里，互联网给电视带来的挑战越来越大，占据了人们大量的闲暇时间。人们纷纷舍弃电视，转而到互联网上寻找满足社会需求的途径。与看电视时只能被动接受不同，互联网为人们提供了主动与他人交往的无限机会。虽然几乎所有人都在利用这个在线社交“圣地”，但是互联网在促进人的社会化方面的作用究竟如何，仍然是一个有待考证的问题。花更多的时间在网上与他人交往能够像现实世界中的社会连接一样使人们变得更加幸福吗？如果用大量时间上网，那么会不会对我们在“真实世界”中的社会连接产生不良影响？

1998 年，罗伯特·克劳特（Robert Kraut）出版了一本开创性的著作，首次对上面这些问题进行了系统性研究。他的发现令人不安。那些将更多时间花在互联网上的人，与家人沟通的时间更少；他们在现实世界中的社会网络也趋于萎缩，而抑郁感和孤独感则明显上升。在此之后的一些研究进一步证实了互联网确实可能带来一系列“不良后果”。但在几年之后，一件奇怪的事情发生了，最近涌现出来的大量数据证明，互联网能够对人们的社会连接和幸福生活产生积极影响。为什么会出现这种 360° 的大转弯呢？一言以蔽之，这一切全因为一个网站——

Facebook。换句话说，有了 Facebook 之后，人们使用互联网的方式发生了翻天覆地的变化。

20 世纪 90 年代，互联网的“社会化用法”是围绕特定主题在各种聊天室里聊天。有共同兴趣的人会进入同一个聊天室，讨论大家都关心的话题。人们会在互联网上寻找那些与自己志趣相投的人。有时，下了网之后，这些人也可能继续保持联系。不过在大多数情况下，在同一个聊天室里聊天的人并不会在现实生活中接触。

Facebook 于 2004 年横空出世，这个网站最初的宗旨是为生活在同一个校园里的大学生的社交生活提供便利。因此，它是对现实世界的社会连接的一种补充，而不是替代。尽管到了现在，Facebook 已经成长为一个连当初最疯狂的梦想家都没有想到的“巨无霸”企业，但是它原来的功能仍在那里。从 Facebook 用户的“自述”中可以清楚地看出，他们基本上都是利用 Facebook 来加强其在现实世界中的社交关系，而较少把它当成一个结识新朋友的工具。正因为 Facebook 的作用主要体现在“真实世界”的社会连接的延伸，所以它才会有助于强化线下的社交网络，进而使社会总体幸福感上升。在帮助两地相隔的人保持长距离的社会连接方面，Facebook 也显得较有成效。因为有了 Facebook，即使我住在千里之外，也可以很方便地与我在上大学、读研究生期间结交的朋友保持密切联系，而在几十年前，这是一件相当困难的事情。

上述的“社交零食”和“社交代用品”都从另一个侧面证明了社会动机的强大力量。人们需要相互连接，为此他们发明了各种各样的方法来满足这种需求。有些方法非常有效，有些则不那么有效；而且将会有更多新的方法被发明出来——例如，全息甲板（holodeck）[①]。我们应该充分利用这些既有的有效的连接方法，并大胆尝试新的连接方法，因为它们能使我们更加快乐、更加健康。

① 指电影《星际迷航》里的一种技术，运用灯光将房间变成一个沉浸式的互动场景。——编者注

11

SOCIAL

社会奖赏，企业激励员工更有效的手段

在一个规模庞大的机构——加利福尼亚大学工作并管理一个研究团队，这既是一种祝福，也是一个诅咒。在我的研究团队里，既有研究生、博士后研究员，也有身为本科生的科研助理，还有一般工作人员。之所以说在加利福尼亚大学这种大型公立机构工作是一个诅咒，是因为我们必须学会应付无穷无尽的官僚主义式的繁文缛节；而说这是一种祝福，是因为除了可以与一大批杰出学者、青年才俊共事之外，我们这个团队更像一个大家庭。一直以来，我都会花很多时间思考这样的问题：我的这些学生都是怎样的人？他们是不是已经走在了通往成功的康庄大道上？一想起他们的未来，就仿佛想起我自己的儿子伊恩的未来一样——按照目前这种成长方式，他们真正长大成人后，会不会幸福？而我则把我的博士生导师丹·吉尔伯特（Dan Gilbert）当成了自己的“学术父亲”；而我的学生则是他的“学术孙辈”。把我的研究团队当成一个家庭，可以给实验室的高效运作带来巨大的好处。然而，不幸的是，大多数企业，特别是那些大型

企业，在绝大多数时间内都不是这样的。

对于绝大多数成年人来说，在某个组织（机构）中与他人共事是一种无法逃避的基本生存状态。这些组织（机构）是社会经济增长的引擎，是收入的源泉，通常也是人们在清醒状态下待得最久的地方。然而，大多数组织（机构）都没有正确看待“社交”这个问题。这些组织（机构）不像家庭，也不愿意在人们的社交圈中发挥积极作用。现在我们已经非常清楚社会脑的重要性，鉴于此，为了自己和周围人的幸福着想，我们应该最优先考虑的问题是：如何在工作场所中创造出一个适当的社交环境?

比金钱更有效的激励手段

如果你管理着一个公司或部门，你肯定希望所有员工都能准时上班、努力工作，而且不会随时辞职。为了实现这些目标，一个许多人都尝试过且真的有效的方法是：给你的员工加工资。就像经济学家科林·凯莫勒（Colin Camerer）所写的：“经济学家假设，[人们]不会无偿为你工作。只有在工作业绩越高收入就越高的条件下，他们才会更加努力、更加长久、更加高效地工作。”当然，在前面的章节中我们已经看到，赚更多的钱其实并不一定能让人更快乐。但是，人们却相信更多的金钱会让他们更快乐。因此，只要生产效率更高，就能赚到更多的钱，这种机制应该能够激励人们努力工作。

也正因为如此，这种激励机制才日益大行其道：你想获得更高的工资或奖金吗？没问题，只要你的工作业绩足够好。从直觉上看，绩效工资似乎是一个好主意。当谈到怎样才能提高生产效率时，许多人都不假思索地认定它是唯一有效的方法。但是事实上，更高的薪水往往是一种非常糟糕的投资策略。当然，在某些情况下，金钱激励确实能够改善绩效；但在更多的时候，金钱反而会带来负面作用。**总体**

而言，绩效工资通常只能带来非常有限的绩效改进，甚至根本不能带来绩效改进。

然而悖谬的是，尽管如此，在商业世界里，绩效工资仍然是一种占主导地位的工资模式，许多人仍然相信它能够提高企业的生产效率。确实，当你手里只有一把锤子的时候，你就会看什么都像是钉子。当你认定金钱以及金钱可以买到的物质享受是能够激励员工的唯一因素时，你就会相信绩效工资是解决一切与工作有关的问题的灵丹妙药。

但是我们知道还有更好的方法，前面的章节已经清楚地阐述了，我们的大脑天生就关注社会痛苦（和社会愉悦），就像它关注物理疼痛（和身体快乐）一样。这些是大脑的核心功能。神经领导力研究所（NeuroLeadership Institute）主任大卫·洛克（David Rock）花了差不多 10 年的时间说服企业界，一定要关心工作场所中的“社会”问题。他指出，如果把“社会”因素很好地纳入工作场所中，就能够创造出一个更好的工作环境，员工的敬业精神和工作效率也会出现飞跃性的提升。

大卫·洛克还提出了一个“围巾”模型（SCARF），由以下 5 个单词的首字母织成：地位（status）、确定性（certainty）、自主性（autonomy）、关联性（relatedness）以及公平（fairness），它们共同构成了行为的非金钱动力，或者，用洛克的话来说，它们是“内在动机的原色”。

我认为这确实是一个非常好的开端，因为所有这 5 个方面都是基本激励机制的一部分。任何一个观察者，只要他认为痛苦和快乐是唯一合理的动力来源，他就必定会注意到这些因素。自主性和确定性其实与社会性的关系并不是太大，本书也没有过多地涉及——丹尼尔·平克（Daniel Pink）在《驱动力》（*Drive*）[①] 一

① 丹尼尔·平克是著名未来学家，其著作《驱动力》提出了三种主要的行为驱动力，这本书的中文简体字版已由湛庐文化策划、中国人民大学出版社出版。——编者著

书中讨论了这些方面。但是，地位、关联性（我在本书中称为连接）、公平则都是可以在大脑中引发社会痛苦和社会愉悦反应的东西。

试着想象一下，当一位《财富》500 强企业的 CEO 听到我们的建议——为了激励员工，他应该集中关注他们的地位、关联性和公平，较少关注与金钱有关的激励措施时，他的脸上会有什么表情。他很可能会露出不屑一顾的轻蔑表情，也可能会表示困惑不解：为什么你会提出如此荒唐可笑的建议呢？他可能还会提出这样的问题：“社会连接怎么可能带来与美元同样的效果呢？”答案很简单：我们花了数百万年时间，才最终进化成为现在这个高度社会化的物种。这就意味着，在某些有效的激励机制下，我们更容易对那些被群体接收的信号做出积极的反应；也意味着，我们有动机为从心底里认同的群体努力工作。

在试图说服这些大企业的 CEO 时，不妨从最简单的非货币激励手段——地位讲起。这是因为 CEO 们很可能会说：“对于地位，我也有所了解。”但是，他们对于地位的看法很可能是错误的。他们认为，人们之所以追求更高的社会地位，是因为它是一个标志着更多的钱会随之而来的信号。不错，在一定意义上，地位是实现目标的手段。但也有大量证据表明，地位本身也是目的。我们之所以渴望一定的社会地位，是因为它意味着别人看重我们，我们在群体中占据了重要位置（因此，我们是与群体联系在一起的）。

社交天性实验室

最近的一项研究结果表明，人们确实非常渴望在自己的工作场所获得一定的地位、得到他人的认可，即使这些并不一定给人带来现实的回报。这篇研究论文的标题本身就很能说明问题：“为一颗金色的星星支付 3 万美元”。在这项研究中，经济学家伊恩·拉金（Ian Larkin）抓住了一个非常难得的机会：一家企业软件供应商采取特别的激励制度，能够把他人的认可与奖金清晰地区分开来（这两者通常是“相伴相随”的）。某些公司对年终销售业绩排名前 10% 的员工表示认可的方法是，让他们成为“总裁俱乐部”的成员，不过，这只是一种荣誉，并不会带来多少实实在在的好处。而作为拉金的研究对象的那家公司的做法却是这样的：让公司 CEO 向全体员工群发邮件，让大家知道这些“先进人物”都是谁，并在他们的名字和办公文具上印上一颗金色的星星，然后再组织他们一起到某个美丽的小岛上度假（假期共三天，市场价值为 2 000 美元）。

根据这家公司的规定，有机会进入业绩榜前 10% 的销售人员在每年的最后一两个月都会面临一个两难抉择。如果他们将所有在手交易都在本年度内完成，那么他们进入“总裁俱乐部”的机会就将大大增加。但是，这样做代价不菲——他们能够获得的佣金（提成）可能会少很多。该公司设定了一个累进型的佣金提取规则：销售人员当季销售业绩越高，佣金率越高。例如，在市场清淡的某个季度，由于总销售额很低，佣金率可能只有销售额的 2%；而在市场火热的另一个季度，佣金率可能高达 24%；因此，同样一桩交易，在淡季确认销售收入与在旺季确认销售收入，销售人员可以获得的佣金大不相同。

这样一来，在淡季行将结束时，拥有一批在手订单的销售人员的明智做法是，延迟确认销售收入，等到下一个季度再把这些销售收入与该季度的正常销售收入合在一起，那么他们最终就能得到更高的佣金。事实上，那些没有多大机会进入“总裁俱乐部”的销售人员正是这样做的。但是，这也就意味着有机会进入“总裁俱乐部”、获得“金星”荣誉的销售人员面临着一个两难选择：是在本季度完成所有销售并获得公司上下的认可和尊敬，还是将销售推迟到下一季度完成并赚得更多的钱？

真实数据是，在面对这一两难选择时，68% 的人选择立即确认销售收入，以确保自己能够进入“总裁俱乐部”。但是，这样做意味着他们放弃了大约 27 000 美元的佣金收入（这远远超过了三天假期的价值）。这些销售人员的年薪与佣金收入的总和的平均值大约为 15 万美元。换句话说，为了获得一个荣誉称号，这些销售人员愿意付出总薪金中约 20% 的收入。拉金还进行了跟踪研究，看看这些销售人员未来能不能得到某种补偿，比如更有利的促销条款、升职机会等，但是一概没有。他们能够获得的就是认可。面对这种结果，大部分销售人员都觉得自己做出了正确的选择，其中一位销售人员是这样说的："为了得到那颗金星，我付出了 20 000 美元，但它是值得的。"如果一个不明原委的人听到这种说法，他可能会认为这些销售人员没有说出真心话——他们只是在试图合理化自己这种非理性行为。但是我们都知道，知道自己的地位变高可以持续触发大脑的奖赏系统，自然就会明白他们这种做法其实是合理的。

难道大企业的 CEO 不应该考虑一下在自己的公司里实施类似的"金星计划"吗？在了解了拉金的研究之后，他们没有理由不尝试一下。**认可是一种完全免费且可再生的资源。**我无法想象，为什么很多大企业的 CEO 宁愿发放巨额奖金，而不愿意给予员工应得的认可。在拉金的研究中，那些销售人员放弃的 27 000 美元并不会凭空消失，这些钱直接变成了公司的利润。

接下来再来讨论连接。只要你花点儿时间认真思考一下就会发现，社会连接（或大卫·洛克所说的"关联性"）在提升生产率方面的作用不言而喻。当你在某个机构里承担了某个项目时，大多数情况下，你都不可能一个人单枪匹马地完成它。你通常需要与一个团队合作，或者联系其他一些人帮助你完成某些方面的工作。比如，你在撰写总报告时可能需要等待其他人提供的专业分析报告。那么，谁愿意更迅速地把分析报告交给你？是你的朋友还是一个陌生人？不妨再做个"换位思考"：如果你是被要求提供分析报告的那个人（完成这种分析报告需要你暂时放下自己的工作），你会更加主动地帮助谁？

以我自己管理实验室的经验而言，在招收研究生时除了看他们是否聪明、态度是否积极之外，我还要考虑他们的社交技能。进入我的实验室的研究生全都各有所长，都有自己的专业领域，所以他们都需要学会愉快地向别人学习、愉快地"教导"别人，或者说是，帮助他人并得到他人的帮助。有的人虽然非常聪明且干劲十足，但却无法与他人建立连接，他们在我的实验室里是无法脱颖而出的。其中也有几个学生一直无法真正融入整个团队，因此他们一直过得非常辛苦。虽然他们能够发挥自己的聪明才智，工作也非常勤奋，但是却不能运用身边的集体智慧和专业知识。从这个角度来看，社会连接也是一种重要的资源，正如集体智慧和因特网也是一种资源一样，它们都能帮助我们完成必须完成的事情。

长期以来，经济学家一直在研究人力资本，它被认为是生产效率提高的驱动力。人力资本是一个人所拥有的智慧、经验和教育的总和。因此毫不奇怪，拥有更多人力资本的公司往往更加出色。然而，许多关于人力资本的研究都忽略了社会资本——在这里，社会资本是指一个组织的员工的社会连接和社会网络。人力资本仅凭自身就能带来生产效率的提高吗？或者，只有当社会资本发挥重要的催化作用时，才能使人力资本的产出达到最佳？

为了找到上述问题的答案，经济学家阿伦特·格雷夫（Arent Greve）研究了三家意大利咨询公司。他测量了这些公司的员工的人力资本和社会资本，然后考察它们与每个员工在一年内完成的项目数（这是衡量每个人的生产效率的指标）之间的相关性。结果发现，在其中两家咨询公司中，社会资本可以解释生产效率方面的全部差异；而在第三家咨询公司中，人力资本确实有一定影响，但是它能发挥作用的前提条件是，拥有强大的人力资本的员工同样也拥有强大的社会资本。过去人们通常假设，员工的生产效率只取决于他的聪明才智和努力程度，这种假设遮盖了如下事实，即只有在一个人能够通过自己与群体内的其他人之间的社会连接强化自己的聪明才智时，他的智慧才能得到充分发挥。从根本上说，社会连接就是互联网的原型，可以把不同人的智慧连接起来，完成单凭个人智慧不可能完成的工作。在小微企业和专门致力于创新的创业公司中，情况尤其如此。

即使是像公平（感）这种看似毫不相关的社会因素，也会对工作绩效、缺勤率、离职率和组织公民行为（organizational citizenship）产生显著的影响。对于出现在工作场所中的各种决定，员工是否觉得公平这一条件能够解释 20% 的员工生产效率差异，但我不知道金钱激励措施能不能产生类似的影响。公平（感）看似是一种相当含糊的驱动力，但是不要忘记，公平（感）在我们的大脑中激活的神经回路恰恰与“赢钱”相同。

地位、社会连接和公平，这些因素都会对组织的绩效产生显而易见的影响。但奇怪的是，很少有人认真地考虑这些因素。增强这些因素的成本很低，但对提高工作绩效却非常有效。无论员工们是否明确意识到了这一点，他们都天生会因为被所属的群体认可和重视而受到莫大的激励。

关心造就成功

在跟踪除了金钱和物质享受之外的其他有效激励措施时，“围巾”模型是一个很好的“指南针”。接下来，我们将讨论一个看上去特别有违直觉的社会因素，将它融入工作场所后，将使工作环境更加趋于理想：让员工有机会去关心别人。在第 4 章讨论社会奖赏时，以父母 - 子女的关系为主要着眼点。我们讨论了父母和子女为什么会分别位于这个“方程式”的两边，还讨论了两种可以激活大脑奖赏回路的社会奖赏。一方面，作为孩子，他们天生就对是否被他人喜欢、关心和照顾等各种线索非常敏感；随着年龄的增长，受到尊重、被人重视也变得越来越重要。另一方面，作为家长和成年人，我们天生就有动机去做出关心、照顾他人的行为。然而，对于那些大企业的 CEO 们来说，这可能是最难以理解的一个社会因素。它听上去确实是一个奇怪的动机（虽然显得冠冕堂皇）。

宾夕法尼亚大学教授亚当·格兰特（Adam Grant）完成了一系列意义非凡的研究，它们集中体现在其著作《沃顿商学院最受欢迎的成功课》（*Give and Take*）中。格兰特证明，给予员工帮助别人的机会能够促使他们更加努力地工作。他在研究中检验了两种不同但又互补的方法。第一种方法是，使工作场所变得“有意义”。自从马斯洛提出需求层次理论以来，以下观点就得到了广泛的接受：如果某件事情对我们来说是“有意义”的，我们就会更加主动地去做。格兰特的最大发现是，**对于绝大多数行业中的绝大多数从业者来说，做“有意义”的事情就意味着帮助别人**。确实如此，如果我们做的事情不能对别人有所帮助，或者不能让别人更加快乐，那又有什么意义呢？

当然，我们并不需要把工作中的所有“意义”都发掘出来。而且，由于现代生产通常都是大规模生产，要在日常的工作中“找到意义”已经变得越来越困难——每个人对最后的产品或总产出的贡献都微乎其微，几乎可以忽略不计。而且在互联网兴起之后，我们与那些可能从我们的工作中受益的人进行当面交流的机会也更少了。

社交天性实验室

格兰特设计了一些机制，目的是让员工更清楚他们的工作确实能够帮助他人。在第一项研究中，他的研究对象是一所大学里的工作人员，其职责是打电话给校友，为本科奖学金筹集资金。这是一项非常困难的工作，因为大多数人通常都不希望自己被要求捐款的电话打扰。接到这种电话后，许多人都会不满地抱怨：“我已经交了 4 年学费了！难道这还不够吗？”然后直接挂断电话。因此，这些募捐者必须尽力想办法让潜在捐助者不会在短时间内挂断电话，这样才有可能说服对方捐款，在这个过程中，他们根本没有多少时间去考虑自己的努力的最终受益者是谁。有鉴于此，格兰特把所有募捐者分成了两个组，一个是控制组，一个是实验组。当属于实验组的募捐者正在工作时，格兰特让一位受益者（一位本科奖学金得主）出其不意地去工作场所拜访他们。这次探访时间很短——仅仅持续了 5 分钟。探访结束时，主管走了进来，并对这些募捐者说：“请记住，在你们打电话的时候，他就是在你们的支持下才能来到这里读书的。”

> 你可能会认为，这种探访最多只能使募捐者在短时间内“感觉良好”，从而带来一定的正面影响；但是这种影响不可能持续很久，也许能维持一天就已经很不错了。但是，格兰特的研究结果证明，这种猜测是错的。为了检验这种探访的影响，格兰特设法拿到了所有募捐者在这次探访前的周业绩数据和探访一个月后的周业绩数据，并对两者进行了比较。结果表明，没有见过本科奖学金得主的募捐者（控制组）在两个时间段的工作表现几乎没有什么差别，他们用于打电话（试图说服潜在捐助者捐款）的时间以及争取来的捐款数额都没有什么变化；而接受过本科奖学金得主探访的募捐者（实验组）在两个时间段的工作表现则完全不同。格兰特的统计显示，在探访后一个月的那个星期，他们用于打电话的时间比探访前的那个星期增加了 142%，争取到的捐款更是足足增加了 171%！

如此简单的一个措施就能够使工作绩效发生如此翻天覆地的变化，你以前可曾想到过？格兰特所做的无非是提醒募捐者，他们的工作确实帮助了别人。工作还是原来的工作，但是募捐者的心态显然发生了改变，而且这种效果能够维持很长一段时间——格兰特用来比较的是本科奖学金获得者探访他们整整一个月之后的业绩。

在后续的研究中，格兰特稍稍做了改动：不再让本科奖学金获得者直接与募捐者见面，而是给募捐者写信，并在信中描述他们的工作是如何使本科奖学金获得者受益的。格兰特还设置了一个对照组，让另一些募捐者收到一些描述他们的工作如何使自己受益的信。结果表明，对照组（他们收到的信描述的是，他们自己如何从这项工作中受益）在收到信件前后的工作业绩没有什么变化。与此相反，实验组（他们收到的信描述的是，他们的工作如何惠及他人）在收到信件前后的工作业绩出现了显著的变化：承诺捐款的人数增加了 153%，而承诺捐款的总值则增加了 143%。导致这一切变化的只是一封简短的信。

格兰特检验的第二种方法则有所不同，这种方法通过给予同事支持来提高工作绩效。现在，许多公司都出台了“员工支持计划”，以各种“非传统方式”对员工给予支持。比如，帮助员工照顾孩子或老人、为有需要的员工提供财务援助，等等。一些公司，如西南航空公司和达美乐比萨公司的员工还享有将来自公司的援助转赠给其他有需要的同事的机会。格兰特在一家大型零售公司检验了这种计划的效果。虽然他没有直接度量员工的工作绩效，但是他分析了员工的参与感（这是一个可以很好地代表工作业绩的指标）。那些通过员工支持计划对其他员工提供了帮助的员工，无论他们采取的是直接捐钱的形式还是参加志愿服务的形式，都说自己的参与感更加强烈了，并表示愿意为公司“献身”。

根据所谓的“自利公理”，一个人在帮助他人时总是期待着自己将来能够得到同等价值或更高价值的回报。当一位员工为公司其他员工的支持计划做贡献时，他当然是在帮助本公司及其他人；那么根据“自利公理”，这位乐于助人的员工应该会觉得自己有权懈怠（因为“公司欠我”），甚至可能会指望获得帮助的员工主动接下自己的工作（因为“他欠我”）。但是格兰特发现，事实恰恰与这种推测相反，那些贡献出了自己的时间和金钱的员工在公司工作中的积极性和参与度反而提高了，而这就意味着更高的生产效率、更低的缺勤率和更低的离职率。在历史上，本杰明·富兰克林（Benjamin Franklin）在200多年前就已经对此洞若观火了，他曾经这样写道：“曾经帮助过你的人，要比受过你恩惠的人更加愿意帮助你。”

那么，我们应该怎么理解这种效应呢？这种现象——为员工支持计划做出贡献的员工可能会变得更有效率出现的原因，可以从多个角度来分析。第一个解释是，这与我们的自我认知有关。当自己在做某些事情的时候，我们通常会做出这样的推断：这些事情反映了我们的本质，让别人知道“我们是谁”（尤其当这些事情都是“好事”时）。这种心理倾向促使我们更加愿意去做一些与这种认知相一致的事。为公司的员工支持计划捐款，会使得捐款的员工更有可能把自己视为公司的“好公民”，而为公司努力工作显然是与这种自我认知相一致的。

第二个解释是，帮助别人会让我们感觉良好：这种行为能够激活大脑的奖赏回路，因此，我们会对这个让我们有机会体验到这种美好感觉的公司产生正面的看法。

第三个解释是，我们不仅有动机去帮助他人，而且会对那些证明自己喜欢帮助他人的人予以高度评价，我们喜欢看到别人展示他们的“爱心”。员工支持计划表明公司关心员工，而那些为员工支持计划捐款的员工或许比其他员工更多地考虑到了这一点。正如一位参与格兰特的研究的员工所说的：“我觉得自己很热爱、很依恋公司……公司的员工支持计划令我觉得自豪。”就像在任何一个家庭中一样，热爱自己家庭的人肯定会努力工作，帮助家人渡过难关、健康成长。在这方面，企业等组织（机构）也没有什么不同。

鲍尔比和哈洛分析过的依恋之情在工作中也非常重要。许多人在谈论自己的公司或工作单位时，经常用一句话来概括：那是“给我发薪水的地方，而我就是为它创造利润的”。这种说法仍然以“自利公理”为前提假设，这些人相信物质利益是唯一能够激励人的东西。在这本书中，我们一直在“猛烈轰炸”这种想法。如今，在工作场所中，这种想法仍然占据主导地位，但是我们知道，它是错误的，因为它忽略了使我们之所以成为我们的许多东西。

自身的物质利益当然是很重要的，大多数人都不可能一直无偿工作。然而，大多数人成年后都要在工作场所度过一生中大约 1/4 的时间（每周 168 个小时中有 40 个小时用于工作），这个事实意味着，固化在我们大脑中的社会动机也必定要在工作场所中表现出来。知道自己属于一个关心自己、关心其他员工、关心社会的组织，会让我们对它产生依恋之情，而这种感情对提高人们工作的积极性和主动性极其有效。了解这种机制的人也许还不多，但这并不影响它的作用。

高效领导者拥有更强的社交能力

在最近的一项民意调查中，研究人员问一些公司员工，他们更愿意选择加薪还是“一个更好的老板”。2/3（65%）的受访者回答说，他们希望有一个更好的老板，而不是更高的薪水。有些经理可能认为，自己不讨员工喜欢是不可避免的，是实现产出最大化的一个必要代价。但是，根据盖洛普调查的估计，因经理-雇员关系不佳导致的效率损失会让美国经济每年损失 3 600 亿美元。那些不快乐的员工肯定会在工作中偷懒，而且很难被监督；更重要的是，他们几乎不可能积极投身创新活动，也不会主动与他人分享新的想法。

没有人曾经告诉过我，有一天我也会成为一个老板，经营着自己的一盘生意；但是现在，我似乎真的成了一个“小老板”，因为我管理着一个科学实验室。在美国，每年仅获得博士学位的心理学研究生就有数千之众，但是他们中只有一小部分人最终能成为拥有自己的实验室的“老板”（也就是教授）。这里有件事情相当奇怪：成为“候选老板”（即在研究生阶段发表高质量科研论文）必不可少的技能组合，与当一个好“老板”必不可少的技能组合似乎没有什么关系。

心理学研究生要学习、掌握各种不同的心理现象（及规律），并且他们的某些研究成果要足够出色、“有趣”，且足以吸引某所大学想要聘请他们，让他们继续研究工作。除了运气之外，研究生最需要的是聪明才智（他们必须掌握专业知识、设计新的技术路线）和勤奋的工作态度，因为只有把智慧与专注结合起来，才有可能抓住机会。

要成为一位成功的教授，智力、专业知识和专注都是必不可少的。但是，我的很大一部分工作的性质已经变了——我得管理好我的实验室以及在我的实验室里工作的这些人。这些年来，我不得不投入大量精力解决与社会连接和社会动机有关的无数问题。这项工作要求我对我的实验室里的所有成员之间复杂的社交互动网络，以及他们在这里度过的岁月对其当前和未来的身份认同的意义有深刻的了解。我的工作能否完成取决于他们的工作能否完成，而他们的工作能否完成又依赖于我对他们的需求、动机的理解，取决于我为他们创造的工作环境。在我攻读博士学位时，从来没有人曾跟我讨论过这方面的问题，大学里也从来不会开设这方面的课程。当我参加工作面试时，主试官也从没有问过应该怎样对待一个实验室内部的社会网络。尽管我已经走到了今天这一步，但是对于我作为一个领导者的“社会性”的一面，我也不敢肯定能给自己很高的评价。

然而，不管是好是坏，我的经历肯定不是独一无二的。在很多情况下，一个人之所以被推上管理者的岗位，往往是因为他在一个非管理职位上表现出色：他是那个技能最高、最具聪明才智、最有效率的团队成员。例如，假设有十几位工程师在某位经理的领导下组成了一个团队，然后有一天，这位经理离职了，团队出现了管理层真空，那么很自然地，有关方面很可能会从这十几位工程师中选出最成功的一位担任经理一职。

关于我的个人经历，你可能会提出疑问：社会动机和社交技巧真的是一位领袖取得成功的重要条件吗？如果真是这样，那么为什么很少看到有人因为自己出众的社交能力而被选为“老板”的现象？

第一个问题很容易回答。领导者的社交能力对团队的成功有着非常重要的意义。领导力研究专家约翰·曾格（John Zenger）向数千名员工发放了问卷，要求他们对自己老板的领导力进行打分。曾格发现，当他根据受访者的打分完成了对老板的分类——“伟大的老板”（前 20%）、“不错的老板”（中间 60%）和“差老板”（最后 20%）后，就可以相当准确地预测这些老板背后的企业的各种绩效指标了，包括利润、员工满意度、营业额以及客户满意度，等等。曾格提出了一个人想要成为伟大的领导者所不可或缺的五大“领导能力”：个人能力（智力、解决问题的能力、专业知识和充分的培训）、注重结果（能够大力推进各种项目，并最终完成它们)、强大的人格(完整且真诚)、领导组织变革的能力和人际交往能力。曾格还阐述了怎样才能将不同的领导能力结合起来,提高整体领导水平。他发现,如果把人际交往能力与其他能力很好地结合起来,领导者就有机会展现出最高的领导艺术。

曾格发现,即使员工对某位经理“注重结果”这种领导能力(即一个人能够把事情非常有效地完成的能力)的打分非常高,这位经理的总分排名进入前10%的机会仍然会相当低(只有14%)。然而,如果除了“注重结果”这项能力的得分很高之外,这位经理“构建良好人际关系”的能力的得分也很高,那么他最终被评定为“伟大的领导者”的可能性就会立即飙升到72%。

从根本上说,这是因为社交能力能够大幅提高其他能力的价值——社交能力强的领导者能够很好地处理员工的社会反应和情绪反应。当员工未能恰当地完成自己的工作时,领导者纠正他们的方式表现出很大的差异性。社交能力强的领导者会用体谅、支持性的方式进行纠正;而其他领导者则可能会用非常生硬的方式进行纠正,从而令员工觉得被否定、被拒绝,使得他们失去了衷心改正的意愿,甚至可能影响其未来工作的积极性。高超的社交能力可以保证老板利落地走过钢丝,全无高空跌落之虞。

另外,在很多情况下,社交能力甚至比个人能力还要重要。在一项实验研究中,每三个被试组成一个团队,去完成一项复杂的任务,很自然地,三个人中总会有一个人脱颖而出,成为领导者。在任务结束后,团队的每个成员都要对小组的其他两位成员打分——他是不是一个成功领导者。结果显示,团队成员的智力和社交能力都被认为是一个成功领导者的必要条件,但是,社交能力的重要性几乎是智力的两倍。

既然社交能力对领导者的成功如此重要,那么社交能力的高低理应成为公司内部雇用和晋升管理人员和高层经理的主要标准。然而不幸的是，在现实世界中，这种能力却常常被忽视。大卫·洛克已经出版了数本研究世界500强企业的著作，他早就看到了这一点。他说："我总会从一些大公司中听到有人表示担忧：技术能力越强的人，社交能力似乎越弱，当这些人成为管理者或领导者的时候，那就成了一个真正的大问题了。"

最近，在一项由管理研究集团（Management Research Group）和神经领导力研究所联合主持的问卷调查中，数千名员工回答了一系列有关领导能力的问题。根据他们的老板和同事的打分，虽然有超过50%的人都被认为拥有"专注目标"的能力，但是，被认为同时拥有"专注目标"能力和人际交往能力的人却只有不到1%。根据曾格的分析，我们已经知道，同时拥有这两种能力是一个成功的领导者必不可少的条件。但是很显然，我们的企业既没有致力于将那些同时拥有这两种能力的人识别出来，也未曾试图通过它们的企业文化（或特定的培训项目）来培养这些领导能力。

把握领导力的核心

为什么企业在选择领导者时，总是并不那么重视他们的社交能力呢？其中一个原因是，我们关于一个成功的领导者的心理表征——他看上去是什么样子的，与实际上使他成为一个成功的领导者的那些东西相去甚远。几十年来，罗伯特·洛德（Robert Lord）一直致力于研究人们关于领导者的看法。在一篇综述中，他评述了20多项研究的结果，总结了各种与领导者有关的特性，最终确定了人们最常提到的"领导者品质"。洛德发现，"智慧相"、"支配倾向"和"阳刚之气"得到了一致的高度评价；但是社交能力并没有受到重视。因此，人们通常认定领导者是充满智慧和力量的，而不是拥有强大社交能力的。这种看法无疑会影响企业的聘用决策。

除了上述对领导者的错误感知所导致的问题之外，一般智能与我们所强调的社会智能之间的复杂关系也使得辨别哪些人同时拥有这两种领导能力更加困难。在一项研究中，研究人员考察了智力、共情与领导力之间的关系，结果发现，智力和共情都与领导力有关；然而，智力与共情之间却呈负相关关系。

在前面的章节中我们已经看到，大脑内部时时刻刻都在发生社会思考与非社会思考之间的“动态平衡”。请读者回忆一下心智化网络（心智解读系统），它使我们能够理解别人心中的所思所想（见图 2-1）。另外，我们的大脑内部还存在着一个独立的用来对非社会现象进行抽象推理的神经网络（见图 2-3）。这两个网络的其中一个定义特征体现在它们彼此之间的关系上，就像一个跷跷板的两端：一端上升（激活程度增强），另一端就会下降（激活程度减弱）。

在某些情况下，非社会思考与社会思考之间的这种跷跷板关系使得我们很难同时兼顾。在另一些情况下，我们的心理过程也会促进这两者相互协作，而不是永远相互竞争。例如，人的视觉与听觉功能相辅相成。当别人说话时，看着对方的嘴唇，可以让我们听得更清楚。不过，总体来看，尽管有些研究证明，社会思考系统与非社会思考系统有可能是互补的，但是它们相互冲突的可能性更大。

社会智能与非社会智能之间的这种对立关系会给领导力带来什么影响？这可以从两个角度来看。第一，有些人可能一贯倾向于优先激活非社会思考网络，而压抑社会思考网络。这种倾向或者是遗传的结果，或者是长期实践的结果——这些人可能一直生活在某个重视抽象思考、轻视社会思考的社会中。

不过，有些人之所以会认为非社会思考更加重要，很可能是他们对自己的工作所持的看法导致的。如果某人习惯于从非社会性角度思考领导力问题，他自己的社会心智就会受到抵制，从而变得对周围的社会事件很不敏感，因此，他们也很少会去思考自己的行为和其他人的行为的社会意义。很多时候，当一个团队成员说自己在推进一个项目时碰到了困难，其言下之意往往是，他（或她）在与团队的其他成员合作的过程中碰到了困难。如果这个团队的领导者是一个“社会化程度”很高的人，他就会意识到自己团队内部的协作机制需要调整。因此，他不会过分关注团队成员是否需要更多的个人训练（以便能胜任工作）——对于目前这个问题来说，这可能是一个糟糕的解决方案。

第二，非社会思考过程与社会思考过程之间的这种跷跷板关系既有好的一面，也有不好的一面。对于那些认定自己的工作基本上只涉及非社会思考的人来说，重新认识自己工作的性质或许有助于促进这个跷跷板的平衡。最高效、最成功的领导者能够在这些心理模式之间随心所欲地来回切换。这无疑是个好消息。而不太好的消息是，如果一个人已经在“生物学的层面”上青睐非社会网络了，那么即使对他的工作进行重新定义，也不太可能使他改弦易辙。确实，对于那些一辈子都看不到工作环境中的社会因素的人来说，要让他养成社会思考的习惯，难度不亚于让一个成年人学会第二门外语。当然，这并不是完全不可能做到的，但肯定需要更多的努力（与童年就开始学习相比）。

最好的老板了解并关心团队的所有成员的社会动机。老板们必须促成自己与团队所有成员之间、团队成员之间、团队与外界之间的社会连接，这对团队的成功至关重要。更好的沟通可以减少团队成员之间的误解，将各种“社会性”问题消灭在萌芽状态。努力使自己的团队成为一个真正意义上的团队吧！你的付出肯定会得到回报。只要成员更加认同自己的团队，就能够促成一种融洽的氛围，使每个人都能更多地思考如何才能最好地为团队服务，而不是只考虑自己。作为社会性动物，我们天生就有条件做到这一点——只要我们真正认同自己的团队。请致力于创造个人对群体的认同感和依恋感吧！这是领导力的核心。

我们需要展开一场关于社会脑对工作场所的影响的真正对话。我在前面所说的这一切，只是这场对话的开场白而已。如果这场仍在进行中的对话最终能够取得成功，必将从根本上改变整个机构或组织的面貌。

12

S O C I A L

有效互动，孩子高效学习的推动器

美国的公立教育（从幼儿园到12年级）支出比全世界其他国家都要多——高达每年8 000多亿美元。然而，对教育质量的国际比较，美国学生在数学、科学等科目的成绩以及他们的阅读能力，全都远远落在了许多发达国家的后面。在34个基本可比的工业化国家中，美国学生的数学成绩排名第25位，科学成绩排名第17位，而阅读能力则排名第14位。这意味着，从整个国家来看，美国的教育投资回报非常低效。

我一直认为，初中阶段是教育的关键。在美国，初中生就是七年级生和八年级生，他们的年龄大致介于12～14岁之间。美国的公共教育有几个关键指标，在学生们从四年级到八年级这个时期，出现了急剧的坠落。许多学生都在初中这几年对学习失去兴趣，因而掉了队。如果能够预防这种情况的发生，美国社会就能获得无可估量的回报。有迹象表明，只要解决了困扰美国公立教育的几个关键问题，不仅能让孩子们对学习内容充满兴趣与激情，而且能够令整个社会都受益。

10 多年来，美国政府用来解决公立教育问题的基本思路是，加强可问责性，这个原则体现在美国国会于 2001 年通过的《有教无类法案》或称《不让一个孩子掉队法案》（No Child Left Behind Act，简称 NCLB）。其主要措施是：让学生参加每年一次的年度测试，把成绩记在成绩单上，作为评估学校的主要根据（因此，如果学生不及格，那么学校也就不合格）。许多人都对《有教无类法案》提出了批评，各界的一般共识是，尽管这个法案提高了学生的考试成绩，但是它并没有在真正意义上促进学生认真学习，也无助于美国教育的国际排名的提高。在我看来（我对《有教无类法案》也持批评态度），这个法案体现出来的思路与本书一再强调的必须重视社会脑的观点完全背道而驰。因此，我将在本章中详细阐述，根据我们拥有的关于社会脑的知识，应该采取什么措施改善教育，特别是初中教育。

关注学生的归属需求

我自己上七年级时是一个典型的“插班生”，当时我们刚刚搬了家，虽然并没有离开新泽西州，但是我除了换新学校外别无选择。不过我非常幸运，在新学校上课的第一天就交上了一个朋友，因为我们俩都喜欢同一个运动——玩电子游戏。这位新朋友是个非常聪明的人，但在开学后一个星期举行的“摸底考试”中却考得一塌糊涂。当时的我觉得完全不可思议，以他那么聪明的一个人，怎么可能会考不好呢？当我向他提出这个疑问时，他告诉我，他其实是故意考砸的，因为这样一来，其他孩子就不会知道他是一个绝顶聪明的人，也就不会挑逗他、排斥他。尽管我就读的上一个学校与现在这个学校相距并不算太远，但是很显然，它们属于两个完全不同的世界。在这里，聪慧过人、努力学习似乎突然就变成了一件“一点也不酷”的事。我这位新朋友更关心的是被他人喜欢，而不是自己做得更好。幸亏我的朋友没有在“摸底考试”前就告诉我这些。

初中生考试成绩下降、学习兴趣下滑的原因有很多，其中一个鲜有人关注的重要原因可能是他们的归属需求没有得到满足。归属需求是人类最基本的社会动机之一。从小学升到初中，改变的不仅仅是学校，还有周围的环境，学生面临的是一个不确定、不稳定的社会环境，而那也刚好发生在他们进入青春期的时候。在小学，同一个老师照料一个班的孩子，他（或她）整天围着他们转，对每一个孩子都非常熟悉。但是到了初中，情况就不同了，每一门课都有一个老师负责，他们一般上完课就走。这是一个重要的转变。

那么，初中生是否真的觉得自己缺乏归属感呢？根据我在加利福尼亚大学洛杉矶分校的同事贾纳·朱沃南（Jaana Juvonen）的研究，美国的初中生确实觉得，他们缺乏归属感。朱沃南及其研究小组是在分析了来自十几个国家超过 32 000 名初中生的数据之后得出这个结论的。美国初中生普遍报告说，他们觉得自己与学校、老师和同学的社会连接很弱，美国的这一数据比其他大多数接受调查的国家都要差。在给“学校整体气氛”打分时，美国初中生给出的分数是所有接受调查的国家中最低的——他们给出了负分，而且绝对值是排名倒数第二的国家的学生给出的负分的绝对值的两倍。

那么，我们是否应该把有限的教育经费投入到一些能让初中生觉得与某个特定的社区或组织有更多社会连接的地方呢？这个问题的答案不仅取决于我们为学校设定的目标，也取决于我们的信念——社会连接对于这些目标的实现有什么作用？即便是那些最顽固、最愤世嫉俗的人也可能会同意，如果花更多的时间和金钱去创造出一种社区意识或共同体归属感，那么在校的初中生们一定会更加快乐。

但是，一些人可能会马上补充道，让学生感到更加快乐并不是学校的主要目标。虽然我十分关心自己孩子的快乐和幸福，但是我也同意，学校的主要任务是最大限度地提高学生的学习能力和日后的自学能力。因此，我们要回答的问题也就变为，难道让学生觉得有归属感本身就是一个终点吗？又或者，学生拥有的强烈归属感能够大幅度地提升学习和教育的效果吗？

对一个刚刚进入青春期的少年的归属感最大的威胁可能是这样一种现象：我被某个“学校霸王”欺负了，但是其他人却站在一旁冷眼旁观，什么也不做。旁观者的不作为往往会被视为一种默许，使得被欺负者可能因此觉得自己被同学排斥了。正如人们所预期的那样，校园欺凌会引起当事人自尊、抑郁和焦虑等情绪的负面变化。研究表明，刚刚进入青春期不久的青少年被周围同学或同龄人欺负或排斥的经历越多，他们的平均绩点（GPA）和出勤率也越低。

在美国，多达 40% 的青少年承认自己曾是校园欺凌的受害者，这种现象可能已经成为学生成绩普遍下降的一个重要因素。杜威·康奈尔（Dewey Cornell）研究过这一问题：某所学校在年级考试中的整体成绩，与该校校内欺凌他人的行为的流行程度之间存在什么关系？他的研究结果表明，“学校霸王”横行的学校的代数、几何、地理、生物和世界历史的平均成绩显著更低。

为什么通常发生在课堂以外的欺凌行为会影响到学生在课堂上的表现？正如前面的章节中已经指出过的，社会痛苦激活的神经回路与物理疼痛一样；同时，众所周知，慢性物理疼痛与许多认知障碍——例如，工作记忆减退有关。事实上，疼痛（痛苦）的目的就是为了提醒“主人”注意自己身体（心理）的某些方面，以便及时采取纠正或补救措施。因此，一个陷入物理疼痛（社会痛苦）中的人的大部分注意力将会集中到他的疼痛（痛苦）上，这样一来，他就没有多少认知资源和注意力资源可以用于学习了。

社交天性实验室

心理学家罗伊·鲍迈斯特检验了如下这个假说：社会痛苦会导致智力衰退。在实验中，他和研究小组创造了这样一种情境：让一部分被试觉得自己遭到了社会排斥。参加实验的被试可以选择参加一个智商测试，或者参加一个风格类似于GRE考试的测试。在这两种情况下，结果都非常明确：社会痛苦会导致测试得分大幅下降。在智商测试中，所有被试的平均正确率为82%，而那些觉得自己遭到了社会排斥的被试的平均正确率则只有69%。更令人吃惊的是，在类似GRE风格的测试中，觉得自己遭到了社会排斥的被试的平均正确率几乎只有其他被试的一半（39%：68%）。这是一个非常惊人的差距。那么，鲍迈斯特"制造"社会排斥的方法又是什么呢？简单得难以置信——他只是告诉被试，在非常遥远的某个时间点，他们很可能会比其他人更加孤独。请想象一下，在现实世界中，当学生实实在在地被欺负，成了受害者时，他们的心情又将会怎样！特别是在没有任何人为他们挺身而出的时候。毫无疑问，他们必定会因此受到严重打击，使得他们大大分心，以致无法在课堂上专心学习。

让学生彼此建立连接

那么，硬币的另一面又是怎样一种情况呢？当学生们确实觉得自己的社会连接更加稳固时，他们的学习成绩会不会有所提高？当学生们认为自己被人关爱、被人喜欢的时候，他们的成绩会不会突飞猛进？我们已经知道，社会痛苦的消极影响比社会连接的积极影响更加明显、强烈，因此，学者们要想证明归属感更强的学生的学习成绩肯定会更好，这无疑是比较困难的。不过，许多研究已经表明，当学生被他人、被群体接受，当学生觉得自己与学校之间存在着紧密的联系时，他们的平均绩点会有一定程度的改善。但是，这些研究都没有排除掉其他相关性，因此学生平均绩点的上升也可能存在其他解释。

社交天性实验室

最有说服力的是两位来自斯坦福大学的心理学家格雷格·沃尔顿（Greg Walton）和杰夫·科恩（Geoff Gohen）通过实验研究得到的一系列结果。他们已经证明，通过对原先没有什么归属感的大学一年级新生进行简单的“操纵”使得他们变得有归属感，就可以使他们在整个大学期间的成绩显著提高。他们的实验涉及耶鲁大学学生中的非洲裔美国人和欧洲裔美国人（他们分别占耶鲁大学学生总数的 6% 和 58%）。他们“操纵”大学生归属感的方法是这样的：让一部分学生读一位高年级学生撰写的一篇文章，其内容是他（或她）原本一直担心自己不能很好地融入这个学校中，但是结果却证明一切都非常顺利；另一部分学生则读另一位高年级学生撰写的另一篇文章，其内容是进入大学后，随着时间的推移，他（或她）的政治观点变得越来越成熟了（但是该文章丝毫不涉及能否适应大学生活的问题）。然后，所有大学生被试都要以视频形式做出“告白”，告白的内容则以他们自己读到的文章中的内容为准。

沃尔顿和科恩对这些学生每学期的平均绩点进行了分析。结果表明，在实施了这种极其简单的“归属感操纵”后，归属感得到强化的非洲裔美国学生的成绩得到了持久改善——他们的平均绩点差不多每学期都提高了 0.2（例如，平均绩点为 3.6，而不是 3.4）。不过，欧洲裔美国学生则没有表现出这种倾向，这也许是因为他们本来就有相当好的归属感。欧洲裔美国学生是人数最多的一个学生群体，沃尔顿和科恩本来就没有期望这种“操纵”会对他们产生太大影响。不过，如果这种效应与种族身份无关，那么将类似的“操纵”应用于刚刚成为初中生的孩子身上就大有可为，因为在这个从小学到初中的转折点上，几乎所有种族的学生都会有大量人觉得缺乏归属感。

如果你再仔细思考一下就会发现，这实在是一个令人疯狂的结果。那些大学生只花了一个小时参加了一个心理学实验，这个实验使他们的归属感得到了瞬间强化，但在之后长达三年多的时间里，这些学生的学习成绩仍然在因这一个小时的心理学实验而受益！另一个事实也很有启迪意义，当这些学生临近毕业时，他们被问及是否还记得三年前参加的这项研究。大多数人都记得他们确实参加过一项研究，但是几乎没有人记得那到底是一项怎样的研究。这也就意味着，这是一种长期效应，在当事人已经忘记当初发生了什么的情况下，它仍然在发挥作用。

我们已经知道，社会奖赏会让人们感觉良好，它能够激活大脑的奖赏系统，因此，沃尔顿和科恩的发现与以往关于情绪体验和智力表现的研究结果一致。社会心理学家爱丽丝·伊仙（Alice Isen）也在实验中多次发现，良好的感觉（“积极影响”）与更好的思维和决策之间存在着相关性。此外，这种“积极影响”还使我们能够更有效地找出各种想法之间的相似点及差异之处。另外两项独立的研究则表明，积极情绪能够提高工作记忆的能力。

为什么“感觉不错”——无论是因为收到一份令人惊喜的礼物，抑或是发现别人喜欢自己，会对思维能力产生积极的影响？神经学家格雷格·阿什比（Greg Ashby）认为，原因在于“感觉不错”和“考虑周全”两者都依赖于多巴胺。当一个人在做一些令你感觉很好或者可以带给你回报的事情时，位于其脑干的腹侧被盖区就会释放出多巴胺，并将其“注射”到腹侧纹状体中去。然而，腹侧纹状体并不是接受腹侧被盖区释放出来的多巴胺的唯一脑区。外侧前额叶皮层中也含有丰富的多巴胺受体，这也就意味着与外侧前额叶皮层相关的许多认知功能也是受多巴胺调节的。研究表明，前额叶皮层区域的多巴胺浓度下降时，工作记忆会受到影响；而多巴胺浓度上升时，工作记忆则能得到改善。将所有这些因素都考虑进去，我们有理由猜测，当学生们感受到社会奖赏时，多巴胺也会随之释放出来，这样一来，这些学生在上课时前额叶皮层的活动就会更加活跃，进而使他们的成绩得以提高。

各种社会动机——避免社会痛苦的需求和建立社会连接的需求都是人类（当

然也包括学生）的基本需求，如果它们得不到满足，就会影响学习成绩。在过去的 20 年中，许多有识之士都看到了满足这些需求的重要性。但总的来说，根本性的改变似乎依然遥遥无期。这或许是因为，人们很难在心理上认同社会动机对学习成绩的促进作用。无论如何，我们已经有了一个还算不错的起点。关于社会脑，学者们还提出了许多洞见。接下来，我们再来看看如何依据“社会脑”的原则改革学校，提高学生的学习成绩。

“你真的打了我”

如果说我们的学校已经支离破碎，那么它们其实已经支离破碎很久了。第一个正式的“学校”出现于公元 1 世纪，它的目的是将犹太儿童集中起来学习《塔木德》（*Talmud*），即《犹太法典》。在这种学校里，年满 6 周岁的儿童集中起来学习，每个班的学生都不超过 25 人。五行五列？听上去是不是非常熟悉呢？事实上，更早的时候，即在公元前 3 000 年左右的古埃及，一个孩子就在一块泥板上留下了这样的话：“你确实打了我，但我还是学到了知识。”这听起来也非常熟悉，不是吗？到了初中，教育在一定意义上成了一场攻坚战，老师们试图将语言、历史、数学和科学等课程的知识灌注进学生们的头脑中，但学生们却好像心系他处；他们全神贯注的东西在他们的心目中确实非常重要，那就是由他们的同龄人构成的那个社交圈。

前面的章节已经讨论过大量以社会脑为研究对象的最新研究成果，我们知道，学生们会因为社交圈而分心，但这并不是学生们的错。人类天生就会将注意力转移到社交圈上，因为在我们的进化历史中，越了解社会环境，我们的生活就会越好。我们与生俱来的心智化系统（心智解读系统）会使刚刚进入青春期的孩子特别希望理解社交圈。

虽然大脑天生就注重社交圈，但是教室却是为除了社交圈之外的其他东西而建造起来的。在高中毕业前，每个学生都要花超过 20 000 个小时在教室中学习，但是研究却表明，学生在学校里学到的知识在短短三个月后就会忘掉差不多一半，几年之后能够记起的内容则大大少于一半。我们为什么要在这个明显有些“对抗性”的教学过程中费这么大的劲呢？毕竟，孩子们在学校里学到的东西只有很少一部分会长期留在他们的脑海中。难道说我们投了这么多资源在学校教育上，只是为了让孩子们尽可能多地接触各类重要信息吗？难道我们不希望当他们离开校园的时候，是真的学会了很多东西，而且能够用出来吗？

如果我们想改善学校教育，就要先付出很大的精力搞清楚我们现在正在做的这些事情意味着什么；我们还得对当下的教育制度“大动干戈”，因为从根本上看，它已经失效了。如果我往电脑中输入一篇文章，但是我的打印机却只能把其中 30% 的内容打印出来，我肯定会马上丢掉这台破打印机！我们的教育也不遑多让。许多人声称“教师是问题的症结所在”，但我却不这样认为。大部分老师都很努力，而且他们的处境也非常困难。关键在于，我们将老师们送上了战场，却让他们以黄油刀为武器。如果想让老师把孩子们培养成我们成年人所希望的那种人，那么他们就需要完全不同的“武器和弹药”。

“心智化”课堂

形势严峻！由于青少年会因社交而分心，老师们正从“教育战场”上败下阵来。当然，学生们却不会这么看。他们实际上没有选择，只能看着老师们就一些似乎与自己没有任何关系的主题在课堂上喋喋不休。学生们非常希望在学校学到知识，但是他们迫切想了解的却是他们所在的这个社交圈。他们急于知道这个社交圈的“工作原理”是什么？怎样才能在社交圈中找到一个适当的位置，以便最大限度地提高自己的社会奖赏，同时尽量减少社会痛苦。进化造就的大脑，使我们天生就会感受到强大的社会动机，并利用心智化系统帮助我们生活在社交圈中。从进化的角度来看，青少年学生关注“社会利益”的倾向并不是他们“心有旁骛”的表现；恰恰相反，这是他们能够好好学习的最重要的事。

那么，学校又该怎样对这些强大的社会动机做出回应呢？目前，学校通常采取的立场是，把学生们的社会冲动关在校门外或教室之外。在课堂上说话、传递小纸条，或用手机发短信给同学，都是必须“严惩的罪行”。学生们接受的指令是，当你进入教室后，“请关闭你的社会脑”，因为我们要开始“学习”啦！这种做法与要求一个饥肠辘辘的人不要产生吃东西的欲望有什么区别！学生们处于“社会饥渴”状态，而这种需求必须得到满足，否则它将一直令学生们分心下去，因为我们的身体非常清楚，这对我们的生存至关重要。

那么，出路究竟在哪里？每节课腾出 5 分钟时间，让学生们在课堂上练习社交？让他们想发短信就发短信？我认为，真正的解决办法是，不要把社会脑看成课堂学习的“敌人”，而是要找到某种方法，让社会脑也参与进来，成为学习过程的一部分。我们需要做到的是，让社会脑在学习过程中帮助我们，而不是给我们制造麻烦。

课堂学习的效果通常取决于侧额叶区域和顶叶区域（与工作记忆和推理活动有关）以及海马和内侧颞叶（与将短期记忆［新知识］转录为长期记忆并让大脑记住的过程有关）。前面的章节已经讨论过，大脑的心智化系统往往与传统的学习系统“对着干”。但是，之前没有讨论的是，心智化系统也可以作为一个记忆系统发挥作用，甚至有可能比传统的学习系统更加强大。

社交天性实验室

20 世纪 80 年代，一系列行为研究揭示了一种非常奇怪的现象。在第一项研究中，社会心理学家大卫·汉密尔顿（David Hamilton）请被试读一些描述各种常见动作的句子（如“看报纸”），并请他们尽可能地把所有信息都记下来，还告诉他们，不久之后还要进行记忆测试。与此同时，他又请另一些被试“对那些做出各种动作的人形成整体印象”，并明确地要求他们不需要记住有关的信息；而且，这些被试也不知道不久之后还要进行记忆测试，而是被告知以后需要在他们已经形成的这种整体印象的基础上回答一些问题（这些被试以为，他们要回答的问题类似于：“请问这个人是比较喜欢看电影，还是比较喜欢登山？”）。后来，不管他们事先知不知道，所有被试都接受了记忆测试。读者不妨猜猜哪些被试在记忆测试中的得分更高：是那些被告之把有关信息记下来的被试，还是那些试图形成整体印象的被试？其实答案并不难猜，因为很显然，如果胜出的是前者，我肯定不会在这里讨论这项研究。无论如何，这个结果看上去依旧相当奇怪。类似的研究一再证明，那些给特定信息赋予社会意义的人，或者说，从“社会”的角度来理解特定信息的人，在记忆测试中的成绩总是比那些有意识地去记住特定信息的人更好。

多年来，上述这种“社会编码优势”（social encoding advantage）一直被认为是大脑内部传统的学习系统（即负责工作记忆的脑区和内侧颞叶）得到有效利用的结果。人们认为，社会编码过程运用这个系统的效率比死记硬背来得更高。从“奥卡姆剃刀”原则的角度来看，这确实不失为一个相当简洁的假说，但可惜它是错的。哈佛大学社会神经学家贾森·米切尔（Jason Mitchell）利用功能性核磁共振成像技术对社会编码优势进行的研究证明了这一点。就像他之前完成的十几个研究一样，米切尔发现，当人们被要求记住一定信息时，外侧前额叶皮层和内侧颞叶这两个脑区的激活程度预示着该信息被成功记住的程度。根据用来解释社会编码优势的标准理论，当人们在完成社会编码任务时，也应该出现同样的模式（甚至更加明显）。但是，事实并非如此。米切尔的研究表明，传统的学习网络对有效的社会编码过程并不敏感。恰恰相反，心智化系统的核心节点——背内侧前额叶皮层与社会编码过程中的学习密切相关。

对于我们正在反思的学校教育问题，这些研究结果意义重大。它们表明，心智化系统不仅用于社会思考，它还是一个功能强大的记忆系统。在许多情况下，心智化系统的记忆功能似乎比传统的记忆系统更加强大，因为上述研究显示，在社会编码过程中自然而然地进行记忆比“努力去记住”的效果可能更好。尽管相对于课堂学习而言，心智化系统有其局限性，但在展开讨论这个问题之前，我们还是先来充分挖掘一下上述研究结果的深远意义吧。

除了传统的学习系统之外，大脑还有一个梦幻般的学习系统，而且它在很大程度上尚未被当作一种宝贵的教育资源而得到开发与利用。这一点很可能会改变一切。当我们在运用传统的记忆系统时，通常都会抑制心智化系统。这就是我们在前面讨论过的“跷跷板效应”。也正因为如此，我们所熟悉的课堂学习方式会导致这种以心智化系统为基础的学习系统被关闭。此外，课堂学习的整个制度和结构就是以防止心智化系统发挥作用为出发点的——在教室里，社会思考是要受到惩罚的。因此，我们要想出一些简便易行的方法，让社会脑在课堂上为我们服务，而不给我们造成麻烦。

如何学习历史和语言

我讨厌历史课。在历史课上没有问题，只有事实——无论是美国历史或世界历史都是如此。历史老师、历史教科书告诉我们的无非是谁掌握了权力、哪位君主在历史上的哪一年攻打了另一位君主、哪个国家获得或维持了自己的权力，以及在每场战争之前和之后，国家与国家之间的边界线是什么样子的。目前，老师在教授学生历史知识时几乎完全不考虑其社会内容和社会意义，而这正是心智化系统本能地渴望了解的，因此学生在历史课上往往神游物外。事实上，众所周知，任何一个历史事件在发生的当时当地都充满了社会内容；要想真正理解历史事件，一定需要我们的心智化系统的参与，而不能指望仅仅记住几个标题、几个要点就能解决问题。

作为例子，我们不妨考虑一下当前存在于美国与伊朗之间的外交僵局。美国的政治领袖们一直在讨论一个问题：伊朗领导人在浓缩铀问题上的真正立场是什么？难道他们真的像所声称的那样，打算利用它来发展新能源？或者，那些浓缩铀都是潜在的核武器？美国政府的大多数“智囊”都假定伊朗领导人讲的不是真话，若果真如此，那么从他们所说的东西中是否可以推断他们的真实意图呢？从情感的角度来看，美国领导人的想法和行为都是被自己的恐惧感所驱动的：伊朗拥有核武器后，会对国际局势产生什么样的影响？对美国在中东最亲密的朋友以色列又会带来什么威胁？而从政治战略的角度来看，民主党和共和党都在为在下一次选举中削弱对手或令对手难堪而争夺对伊朗政策的主导权。毫无疑问，所有这一切事件都具有丰富的社会内容，它们也是心智化系统大显身手的舞台；但当这些事件成为历史事件，进入历史教科书之后，就会变成一段干巴巴的话：一切社会认知过程都消逝得无影无踪，取而代之是各方最终采取的行动。

历史学家或许会认为，必须尊重客观事实，可避把历史事件当成社会心理剧来讨论。这是可以理解的。但是，作为一个非常关心学校教育的人，我最关注的问题是，如何让学生对这些枯燥的内容更加感兴趣？历史就是一场永远都在上演的肥皂剧，永远不会落幕，这正是当下发生的各种事件令我们觉得特别有意思的原因。只有在心智化系统积极参与的情况下，才能理解我们所观察到的事件。在很大程度上，新闻分析就是对这种戏剧的“心智化”阐释，要想提高学生在历史课中的参与度，也必须朝这个方向努力。历史课应该多讨论，而且不能局限于对历史事件涉及了什么、它们是怎么发生的进行讨论，而应该更多地讨论特定的历史事件为什么会发生，后者的社会内容更丰富，也是学生们渴望了解的。通过“社会叙事”来呈现历史事件，着重关注历史事件背后的历史人物的思想、情感和动机，就能够更积极地调动学生基于心智化过程的记忆系统，从而使学生更高效地将那些关键的历史事实保存在长期记忆中。这种机制就像一块内里藏着药的糖：孩子们喜欢的是糖，但是糖实际上发挥的却是药引的作用。

语言类课程同样与社会思考密切相关，但是，现在的语言课却基本没有社会思考的容身之地。在课堂上，老师会花费大量时间教学生掌握写作规则。语言课注重的是拼写、语法、句法、主题句和作文，等等。这些东西通常呈现为一组僵硬的事实和规则。据说，一个人要学习写作，就必须先学会这些东西，但这些事实和规则背后的真正动机（或原因）则几乎从不涉及，也极少在课堂上公开讨论。人们似乎不知道：写一篇好文章的关键在于如何把你头脑中的想法表达出来，"进入"其他人的头脑，让他们理解你、听你的劝告、接受你的信息，或者被你感动。毫无疑问，这是一个百分之百的心智化过程。让别人理解你的内心，才应该是学生们学习写作的最高原则。

基于现有的以社会脑为焦点的这些研究发现，我认为，学生们真正需要学习的不是现有的这种语言类课程，而是"互动交往课程"，因为这样才能把焦点转移到所有人都拥有的天赋——喜欢并擅长与他人的有效沟通上来。我们天生就拥有许多交流工具，只是需要学会如何使用而已。理解读者的心，知道他们会怎样解释（或误解）你写下的东西，是一切好的写作规则背后的根本要旨。以被动语态的使用为例，几乎所有学生都知道对使用被动语态应该慎之又慎。例如，"自行车被一个男孩骑了"应该说成"一个男孩骑着自行车"。但是很少有人了解这种"禁忌"背后的真正原因：要理解以被动语态表达的文字，读者需要付出更多的脑力劳动。在大多数情况下，人们之所以觉得用被动语态不好，并不是因为它违背了什么神圣的规则，而是因为要理解被动句比较困难。因此，更深层次的原则应该是"使自己更容易理解"。这是几乎所有"写作规则"的试金石。如果历史课转而关注历史人物为什么会那么做，其吸引力就能得到大幅提高；类似的，如果语言课专注于为什么那个规则能够增进人们的理解，而不是仅仅着眼于那些规则说的是什么，也同样可以更受学生欢迎。我们的大脑喜欢关于"为什么"的故事，事实上，在历史课和语言课中，这些故事原本就是现在老师所教的那些内容的"天然盟友"。

为教而学

当决策者向社会公众发出警告，说美国的教育质量已经落后于其他国家时，他们并没有考虑到历史课的情况，同时也基本上不涉及语言类课程。美国联邦政府特别关注的是如何提高学生在所谓的 STEM 类课程（即科学、技术、工程和数学）上的成绩，因为我们通过新发明创造改善生活的能力取决于这些领域的进步。我在本书中一直试图强调社交圈的意义（许多人都忽视了它），并阐述了我们的大脑是如何天生就擅长与社交圈交流的。不过在这里，我不会不加论证地就指出，在几何学（或有机化学以及其他类似的科学课程）课堂上，心智化过程至关重要。事实上，在这些课程中，社会脑或许与学生们要学的知识点并无直接的联系；但在学习过程中，社会脑仍然可能发挥核心作用。如果我们可以强化学生们学习数学和科学的社会动机，那么他们就能更好地消化和吸收学到的东西。

请回想一下前面讨论过的“社会编码优势” 当我们以“社会的”形式对信息进行编码时，社会脑就会主导这个编码过程，并能将有关信息记得比传统记忆系统还要牢。因为要求人们从“社会的角度”思考一个数学方程式并没有什么实际意义，所以这里的关键在于，要让心智化系统以一种不同的方式参与到学习过程中来，即让学习者在学习时认为自己就是老师。早在 1980 年，耶鲁大学心理学家约翰·巴奇（John Bargh）就率先使用了这个“高招”。

约翰·巴奇完成了一系列以“为教而学”（learning-for-teaching）为主题的研究。在第一项研究中，巴奇对以下两组被试对同样的知识要点的记忆效果进行了比较：第一组被试记下这些知识是为了应付一个测试；第二组被试记下这些知识则是为了能够将它们传授给别人（他们并不知道接下来还要参加一项记忆测试）。结果表明，那些为了教别人而记的人在记忆测试中的成绩要远远好于那些知道要参加记忆测试而拼命死记硬背的人。

这项研究得出的另外两个事实也非常关键。第一，那些为了教别人而学习的人实际上并没有真的去教别人，我们都知道，将知识教授他人这一过程能够增强记忆。然而，在巴奇的研究中，这些被试是在完成学习之后立即参加记忆测试的。因此，他们表现出来的优势可以归为他们在学习过程存在社会动机的原因。第二个关键事实是，所有被试学习的知识都不包含“社会性”内容，这也就意味着这项研究的结果适用于各种非“社会性”知识的学习，例如科学知识和数学知识。

那么，这种“为教而学”效应是不是也像社会编码优势一样，源于我们的大脑对心智化系统（而不是传统的记忆系统）的运用？这仍然是一个悬而未决的问题。我的实验室目前正在研究这个问题，已经获得了一些极具启发性的证据。这些证据证明，单凭社会动机就足以激活心智化系统的记忆能力。

请回想一下第5章曾经描述过的一项研究：埃米莉·福尔克和我进行的一项功能性核磁共振成像实验试图搞清楚，当我们需要把某些信息有效地传播给他人时（或者说，当我们需要扮演“信息主持人”的角色时），大脑内部是怎样的状况。在这项研究中，我们分析了充当“实习生”的被试在将试播节目的创意转达给充当“制作人”的被试时，能够在多大程度上准确地记得这些节目的创意。（“实习生”是躺在功能性核磁共振成像扫描仪里最先接触到有关试播节目信息的人，而“制作人”只能从“实习生”那里了解有关试播节目的信息。）结果表明，在最初接触到节目创意的时候，他们的记忆准确度几乎只与心智化系统的活动有关，而与传统的记忆系统基本没有任何关系。这也就意味着，在他们的社会动机——要把相关信息与他人共享的推动下，相关信息很可能是通过心智化系统记下来（以备稍后考查所用）的。

现在我们已经知道，有充分社会动机的学习过程可以激活心智化系统，并强化学习效果，因此，接下来的问题是，我们应该如何把这些知识应用到各门课程

（例如，数学和科学）的教学中去？或许，同侪教学（或朋辈辅导），即让学生教学生可能不失为一种好办法。从社会脑的角度来看，不应该阻止学生们在课堂上的有效互动，恰恰相反，这样的互动值得鼓励，当然必须突出重点才能实现最佳效果。同侪教学并不是新鲜事物，以前也曾出现在课堂上，不过从未得到广泛推广，而且开展同侪教学也没有着眼于最大化社会动机对学习的益处。

多项研究表明，无论是同侪教学中的“导师”还是“学生”，都能从这种方式中获益，而且“导师”往往受益更多，这一点与我们在关于“为教而学”的研究中得到的结论是一致的。以往，许多人都把这一点看作同侪教学的一个缺点，因为他们采取这种“教学”方法的目的就是要提高“学生”的学习效果，从而缩小优等生和差生之间的差距。但从目前来看，我们完全可以推行更侧重于“导师”的同侪教学模式，因为可以让所有学生都既当“导师”又当“学生”。我们有理由预期，这种模式将能够带来最佳的教学效果。为什么不能让原本成绩较差的学生当“导师”呢？我们不应该让这些学生永远处于被“教导”的地位。

接下来，我们考虑一下这个问题：如何以八年级生为“中坚力量”，在学校推行同侪教学？一个方案是，每节课不是全由老师讲 40 分钟，而是分成两段，在前 20 分钟里，让八年级的学生充当“导师”——每个八年级生都会花 20 分钟教一个六年级小学生学习有关“最小公分母”的知识；而在后 20 分钟里，让八年级的学生充当“学生”，由十年级的学生教他们学习最基本的代数方程式。当然，老师也会参与进来，以保证这些八年级生扮演好六年级生的“导师”角色。这种“教学方法”显然与学生被动地听老师讲课不同，因为学生会有充足的社会动机努力学习。

通常来说，大多数八年级学生都不喜欢数学课，但是我敢打赌，他们会非常在意自己与六年级学生之间的“师生关系”。初中生已经开始喜欢充当“负责人”了，他们很享受“自主权”带来的美好感觉，而低年级生无疑是一个很好的机会。六年级小学生通常很崇拜高年级学生，觉得他们很“酷”，能够越过七年级学生而直接与自己心目中的权威相处令他们异常兴奋，因此学习起来也会特别认真。请读者回想一下第11章指出过，当一个人知道自己的努力真的能帮助别人时，他就会更加努力。确实如此，这些八年级生、十年级生“为教而学”的动力都非常足。因此，这种机制的关键在于，它使个人的学习带上了帮助别人的成分，因而为自己的学习活动设置了社会动机。在日常生活中我们也可以观察到一个高年级生往往喜欢“带”几个低年级生，而同侪教学则使得他们能够以“为教而学”的方式来实现这一点。

当然，从另一个角度来看，由于担心在崇拜自己的六年级生面前“出洋相”，八年级生往往更有动力努力学习。避免出丑的社会动机可能比担心自己在考试中考砸的动机更加强烈。在十年级生教八年级生时，也会出现类似的社交互动。八年级生可能不喜欢听大人的“教导”，但是，还有什么比与十年级生在一起学习更好的事情吗？没有！最后，我们还有理由猜测，如果他们的老师能积极地与自己合作（以便教好六年级生），那么八年级生一定会更加喜欢他们的老师。

请不要忘记，这一切的关键在于，当八年级生为了教六年级生而努力学习时，他们更有可能调动心智化系统，这样一来，他们就可以将相关的知识记得更牢。不过，一个潜在的缺点是，同一个学生需要学习两遍同样的知识：首先，八年级生去教六年级生学习这些知识，过了两年后，这些六年级生（现在已经变成了八年级生）将不得不花时间再学习一遍这些知识，然后再教给新升上来的六年级生。由此而导致的一个后果是，学生能够接触的知识将会变少。但是，我们还要考虑以下事实：虽然学生学了很多东西，但是真正记住的却少之又少。既然如此，教他们稍微少一点的同时让他们记得更多，岂不是更好吗？

塑造一个更高效的社会脑

上面讨论的这些方法都是针对以下这个事实的改进措施：现在的大部分课堂时间都被浪费掉了，因为教给学生的许多知识很快就会被他们忘记。也许，我们还可以换一个角度，即利用被浪费掉的时间去学习别的东西。我们的大脑渴望了解它自身、它外面的社交圈以及这两者之间的关系。有了心智化系统和自我意识系统，大脑就有了机会理解这些。当学生进入青春期后，由于他们的神经连接以及荷尔蒙水平都发生了变化，这个任务就变得更加紧迫了。因此，为什么不用一部分课堂时间教授那些大脑“最渴望”了解的知识、“最急于”掌握的技能呢？在绝大多数职业中，社交技能至少与目前学校所教的事实性知识与分析能力同样重要。能够很好地与团队成员、上下级合作，在许多工作中都是至关重要的技能。社会智能对大多数人的职业成就或个人发展前途的重要性也许比数学能力还要大。你真的认为周围的人都已经拥有了他们所需要的社会智能了吗？

尽管通常来说，一个人从出生到成年，他的心智化系统会逐步成熟起来，但是这一系统的潜能显然没有发挥出来。日常生活中，我们在做许多事情时都可以期待有人来指导或帮忙，但是，要弄清楚社交圈却只能靠自己。如果你想学会弹钢琴或者踢足球，可以参加相应的课程，或者请个教练（或指导老师）帮忙指导，但对社交圈的了解只能靠自己。对于我们的社会思考是否有错，很少能得到直接的反馈。部分原因在于，人们很容易出现各种各样的社会认知偏差和自我估计错误，包括但不限于：天真的现实主义、基本归因错误、虚假共识效应、情感预测误差，小团体偏爱（“党同伐异”偏差）、过度自信，等等。当你出了错后，如果没有人帮你指出这些错误，你又怎么可能尽快纠正它们呢？难道可以从其他什么地方知道，正确的推理应该是怎样的以及为什么是那样的吗？但若能给我们的学生以适当的指导，就会使得他们犯这些错误的可能性显著降低——尽管无法完全消除这些错误。

而且，具体需要做的事情其实很简单：当出现了某种“事故”时，大家一起讨论、分析这些错误；对于那些没有犯错误的孩子来说，这种“分享”过程有助于他们理解别人虽然犯了错误，但通常都没有恶意，也不是完全出于私心。一般来说，任何人都不可能在某个早上一醒过来就下定决心：“今天，我要更加努力做个混蛋。”确实，在社交生活中，每个人都会经常犯一些错误，如果能对这些错误的认识更加全面、更加成熟，那么我们就能够及时止步，不让错误蔓延，同时最大限度地减少因它们被误解而导致的负面影响。

我们应该教育我们的学生理解自己的社会动机，并让他们知道，伤害别人的感情其实就像对他们进行身体攻击一样，对其造成的伤害要比我们想象的严重得多。我们应该告诉我们的学生，一个人天生兼具自利动机和亲社会动机，根本不需要刻意隐瞒任何一种动机。还应该教导我们的学生，渴望建立社会连接的欲望并不是我们的弱点。而且，对理解社交圈的强烈兴趣是数百万年的进化赋予我们的优势。不断发展的社会脑需要有关社交圈的准确信息；但是许多青少年却只能从情景喜剧、从那些与自己同样茫然的同龄人的评价中获得一些暧昧的信息。社交圈是如何运行的？这是一个科学问题，社会心理学、社会神经科学和社会学都可以告诉我们很多。只要善于学习，任何人都有机会成长为一个拥有更高社交技能的成年人。而且毫无疑问，在这种特殊的课堂上，老师们并不难吸引学生的注意力，因为这些知识恰恰是青少年的社会脑渴望掌握的。

电影《千钧一发》（*Gattaca*）揭示了多数人或多或少都认同的基因决定论，发展至最极端形式会导致的可怕后果。在影片中，所有人都是试管婴儿，而为人父母者则尽可能地用自己最好的基因去打造最近乎完美的孩子。这部电影的中心主题是，那些天生只拥有“劣质”基因的人能否通过自身的努力克服其局限性？在一定意义上，它的前提是可信的，因为大多数人都持有一种矛盾的信念：一方面，我们倾向于认为我们出生时的基因就已经在很大程度上决定了我们能过什么样的生活；而另一方面，我们又相信，通过艰苦的努力，我们可以取得更大的成就。

长期以来，在神经科学领域，许多人一直相信“决定论”：人的大脑是相对固定的，一个人出生后不久，一生中能够拥有的全部神经元就完全长成了。如果把大脑比喻为一台计算机，那么这种观点就相当于，我们可以改变计算机硬盘中存储的内容（也就是说，我们可以学习新的信息），但是不能改变硬盘驱动器的工作方式（也就是说，作为我们思维和学习基础的各种神经过程）。也许正是因为这个原因，我们的教育才会如此专注于获取新信息，而不是试图塑造自己的心智（尽管偶尔也会出现一些相反的主张）。

不过到了今天，时代已经变了。现在，神经学家们（可能暂时还不包括其他领域的专家和普通民众）普遍认为，大脑的神经元构成要比以往人们所认为的灵活得多。神经学家莉斯·古尔德（Liz Gould）发现，人在成年之后仍然会长出新的神经元，而且这个过程是可以利用有意识的锻炼予以刺激的。一个例子是，那些学习玩杂耍的人，在开始锻炼的短短几个月之后，他们大脑中负责运动知觉的脑区的皮层厚度会明显增加，而且这种效应可以一直维持到他们不再玩杂耍很久之后。类似的，英国伦敦的出租车司机由于必须记住极其复杂的街道，所以他们开出租车的时间越久，大脑中海马的体积就越大。

大脑的可塑性比人们曾经想象的大得多，这个事实已经促使科学家们关注这个问题：怎样才能通过锻炼改变大脑的工作方式？其中最令人兴奋的是他们得出的通过训练能够改善工作记忆这一结论。长期以来，工作记忆容量和流体智力一直被认为是固定不变的，但是最近的一系列研究却表明，工作记忆训练能够同时提高工作记忆容量和流体智力，而且这种改善还伴随着神经结构的变化。

工作记忆会不会只是冰山一角呢？我们是不是可以训练我们的大脑，让它在心智化、共情和自我控制等方面都做得更好？毫无疑问，所有这些都是稀缺资源，它们愈丰裕，我们的社会就会愈加美好。如前所述，在课堂上讲授关于社会脑的知识不失为一个好主意，不过，开设“社会脑训练课”会是一个更好的主意。例如，七年级和八年级的学生可以每天花 20 分钟进行各种大脑训练，以强化他们的社会脑。扪心自问，假如在以后的人生中你能够更好地了解他人的内心，能够更好地克服自己的冲动，那么你在接受早期教育时难道不愿意在这上面多花一些时间吗？

根据社会神经学家珍·西尔弗斯（Jen Silvers）和凯文·奥克斯纳的最新研究成果，当一个人进入八年级后，他的‘情绪性”就已经达到了顶峰，但是他的情绪调节能力却远远没有成熟——事实上，那一直要等到青春期彻底结束之后。这种过度的情绪除了使当事人经常觉得难以应对之外，还有可能导致他们在生活中做出错误的决定，走上早孕、辍学的歧途，甚至走上犯罪、吸毒的不归路。如果社会脑锻炼可以改变这种趋势，使得青少年学生拥有更加强大的心理能力，能够将更多注意力集中到课堂、作业、学习和考试上去，那将令他们受益匪浅。

我们又应该怎样训练自我控制能力呢？在第 9 章中我们已经看到，各种类型的自我控制似乎全都依赖于大脑右半球腹外侧前额叶皮层。从延迟满足和情绪调节到观点采择和克服冲动，成功的自我控制几乎总是与这一脑区的激活程度有关。那么，我们是否需要分别训练每种类型的自我控制呢？越来越多的证据表明，只要就某种类型的自我控制加强训练，其他类型的自我控制也就可以享受“红利”了。

社交天性实验室

在我的实验室进行的一项研究中，艾略特·伯克曼和我检验了人们在运动自我控制方面接受的训练对他们调节自己情绪的能力的影响。在实验中，我们把被试分成两组，一组接受自我控制训练（自我控制组），另一组则不需要接受自我控制训练（非自我控制组）。非自我控制组的成员要在 2 ~ 3 个星期内来我们的实验室 8 次，完成一个非常简单的视觉运动任务：计算机屏幕上会陆续显示一系列左、右箭头，他们要做的只是尽可能快地按下键盘上相应的箭头键。唯一要求非自我控制组的成员进行自我控制的是这样一种冲动：由于这项任务实在过于枯燥乏味，他们非常不愿意到实验室来继续做这个任务。而自我控制组的成员所要完成的任务则是这个任务的一个变体（即第 3 章中描述过的停止 - 信号任务）。在停止 - 信号任务中，每隔一段时间，当屏幕上出现一个箭头时，计算机会发出一个停止信号音，这表示被试不应该按下这个箭头键。

无论被分入哪个组，所有参加实验的被试都要先参加一个初始测试。在此期间，我们通过一个再评价任务测试了他们的情绪调节能力。这个再评价任务是这样的：让每个被试依次观看一些令他们十分厌恶的图片，在其中一些轮次中，要求被试充分体验自己对看到的图片的情绪反应；而在另一些轮次中，则要求被试对图片进行重新评估，即以一种会让他们觉得这些图片其实并不那么令人厌恶的方式去看待它们。通过对这些图片在这两种情况下令被试"痛恨"的程度，我们就能够计算出一种指标，它可以衡量被试在何种程度上通过重新评价对自己的情绪反应进行了调节。三个星期后，当被试完成了所有视觉 - 运动任务后，我们又一次对他们的情绪调节能力进行了测试。非常重要的一点是，所有被试在此期间都没有参加过任何一种情绪调节训练。

在这项研究中，我们试图检验的假说是，视觉 - 运动自我控制训练会影响被试的情绪调节能力，尽管这两件事似乎并没有什么共同之处。实验结果表明，自我控制组的成员所接受的视觉 - 运动自我控制训练确实与他们的情绪调节能力有关。在我们的研究结束后，接受过自我控制训练（通过参与视觉 - 运动任务）的被试的情绪调节能力得到了显著改善（与研究刚开始时相比），虽然研究并不包括情绪调节训练。为了证明运动自我控制能力的提高确实是产生这种效果的原因，我们分析了运动自我控制的改善程度与情绪调节的改善程度之间的关系，结果表明，被试在完成 8 个训练任务时的自我控制越成功，他们的情绪调节能力的提高也越显著。

这些研究结果对于学校教育的意义在于，我们可以通过各种各样的训练方式来练习自我控制，而且许多训练都有“溢出”效应，能够改善多种自我控制能力，因而会给学生带来极大的益处。例如，正念禅修（mindfulness meditation）就是强化自我控制这块“肌肉”的一个非常有效的方法。研究已经证明，正念禅修能够显著提高腹外侧前额叶皮层的活跃度。除此之外，还有许多方法可以训练自我控制“肌肉”，而且这种训练的效果将使我们终身受益。

这里给出的每个建议要想付诸实施，都需要我们做出相当艰难的抉择。投入教育的时间、金钱和精力都是有限的——将资源分配到这个项目，就很可能意味着没有资源可以被分配到另一个项目。但是，这一切无疑都是值得的。初中生如果对社会脑充满兴趣（而不是完全没有兴趣），将来就更有可能考上大学，并为社会做出更大的贡献。

在过去，人们曾经很自然地认为，教育的主要作用是将最重要的知识呈现给学生，希望他们能够全都吸收，并牢牢记住。但是，教育本不应该是这样的。最聪明、天生自我控制能力最强的孩子或许能够强迫自己以这种方法去学习，但是大多数学生显然无法做到这一点。根据我们所了解到的有关社会脑的知识，合理地设置课程、创造更好的学习环境，将有助于学生最大限度地发挥潜力。在过去，原本只能得 C 的学生都已经成为能够得 B 的学生，不过那是通过“分数膨胀”（grade inflation）的途径实现的，所以并不十分光彩。现在，如果我们能把所有只能得 B 的学生都变成能够得 A 的学生，而且真的是因为他们学到了更多的东西，那岂不是更好！

不断扩大的社会脑

试图跟一个从来不讲道理的人讲道理，那只能白费唇舌。

——乔纳森·斯威夫特（Jonathan Swift）

人类是这个星球上最高级的哺乳动物，这个事实也是一把双刃剑：无论我们多么聪明、多么理性，都无法仅凭思考超越自己的基本需求。我们都需要关爱和尊重他人，也需要他人来关爱和尊重自己。倘若没有“他人”，生活还值得继续吗？棋艺高超、数学能力卓越，能否弥补生活中没有“他人”的缺憾？特蕾莎修女曾经体察过在很多人根本无法想象的恶劣条件下艰难求生的生活，在谈到这个问题时，她是这样说的：“生活中没有‘他人’的存在，比世界上最严重的疾病更让人无法承受。”这些基本的社会需求与生俱来，其目的是确保我们的生存；终我们一生，都要受这些基本需求的引导。不过，我们并不总能认识到这些基本需求，甚至忽视它们给我们周围的人所带来的影响。但是，它们确实存在着。

我们的基本需求不仅包括对食物和水的需求，还包括归属需求等社会需求。我们的痛苦和快乐系统不仅会对那些能够带来身体伤害和实际奖赏的感觉做出反应，还会对从社交圈传递过来的甜蜜和苦涩做出反应。社交圈是一个相互连接的世界，当社会连接受到威胁时，我们会紧张不安。如果一个陌生人以一种居高临下的姿态冷冷地看着你，你会感觉头顶上悬着一柄寒光闪闪的匕首；而当我们进入一个新环境，陌生人一个和善的眼神，我们就会觉得自己是安全的。

从进化的角度来看，大脑内部这种“布线”方式最初源于照看幼年哺乳动物的需要，它们太孱弱，无法仅靠自己生存下去，只能依赖于它们的照看者。背侧前扣带皮层和前脑岛“认为”，无论是真正与他人分开，还是可能会与他人分开，都是令人痛苦的。因此，当年幼的哺乳动物与它们的母亲分开时，它们会发出求救信号。相比之下，奖赏系统不仅会对给予他人照顾做出敏感反应，对接受他人照顾也非常敏感，因而能够从父母和子女两个方面促进社会连接。当我们经历着社会痛苦或者感觉到了因社会连接受损而导致的困扰时，我们就无法把注意力集中到其他事情上，直到这种需求得到满足为止。

社会痛苦与身体疼痛、社会愉悦与身体快乐，它们的神经机制都是相同的。最大限度地增加积极的社交体验、最大限度地减少消极的社交体验，这是一种非常强大的激励。幸运的是，进化已经赋予我们一个强大的“社交武器库”，以满足这些社交需求，并确保群体凝聚力。同时，解读他人心智的能力（在一定程度上，其他灵长类动物也拥有这种能力）使得我们能够考虑他人的目标、意图、情感和信念。因为有了镜像系统，猴子也能看出自己同类的动作和表情的心理意义，使得它们能够同情、帮助别人，并在许多情况下采取协同行动。而我们人类的社会想象经由心智化系统的处理（主要发生在大脑背侧前额叶皮层和颞顶联合区），将相互协作发挥到极致。

我们还创造了各种各样符号化的社会连接，并因此对特定的球队、政党甚至名人产生了归属感或依恋感。幸运的是，在群体层面，心智化帮助我们创办了各种政府机构和社会组织，促进了教育和商业的发展；在个人层面，它帮助我们从小说、电视剧和电影中获得了极大的乐趣。事实上，我们能够体验到的绝大多数快乐，除了性爱和毒品可能带来的这类“快乐”之外（说到底，即使是性爱和毒品所带来的“快乐”也一样），全都依赖于我们所拥有的想象他人的经历的能力。

从我们出生的那一刻起，心智化系统就一直处于默认活跃状态，只要我们的非社会性思维一“停机”，它就会启动，甚至当我们在做梦时也是如此。进化造就的人类大脑天生就会在我们长大成人的过程中以及成年后投入尽可能多的时间去心智化。虽然无法确切地知道我们在休息时，心智化系统会做些什么（因为只要你问一个人，那个人就不再处于休息状态了），但是我们确实知道，那些在休息时心智化系统活跃程度更高的人，在理解他人的心思时也做得更好。

而且，在一项心智解读任务开始前几秒钟，心智化系统碰巧自发地激活的那些人，完成任务时的表现更好。这些结果表明，在休息时，心智化系统可能一直在排练，同时还可能在重新整合各种从长远来看有利于增强人的社交能力的社会信息。当然，它一直在“轻推”我们，敦促我们通过一个“社会镜头”去看世界。对于那些怀疑社会性只是一个意外的人，我愿意在这里奉上一剂猛药：大脑天生就是以“社会”的眼光看待整个世界的，它之所以这样，就是因为这有极大的好处。

最后，人类还拥有自我反思的能力，即我们能够思考自己的个性、信仰和价值观与他人的关系；还能够调动自我控制能力，抑制不可控的冲动，从而追求更长期的目标。正如我们在前面的章节中看到的，人类的自我建构是以内侧前额叶皮层和大脑右半球的腹外侧前额叶皮层的活动为基础的。自我意识还服务于进化的一个“狡计”，这是我们在日常生活中通常无法察觉到的。自我系统就像一个特洛伊木马一样，在“夜色掩护之下”将周围人的价值观和信念悄悄地偷运进我们的心灵，而我们自己往往一无所知。因此，当我们运用自我控制能力去追求“我们的”目标、践行“我们的”价值观时，这些目标和价值观往往更加有利于社会，而不一定对我们自己最有利。而且，当意识到自己被别人评判后，自我控制系统就会发挥作用，以便确保我们按照周围人的价值观行事。这样一个自我系统，提高了我们被他人接受、被他人喜欢、得到他人照顾、受群体成员尊重的可能性;而我们则会努力工作，去追求群体的目标和价值。所有这些机制，都是我们与他人和谐相处的黏着剂。

当我开始考虑写作本书的时候，我觉得社会认知神经科学有一些非常“酷”的结果值得与社会大众分享。不过，在当时，我认为它们是相互独立的。到了今天，我的观点已经完全不同了。我分明看到了一幅由各个神经系统编织而成的完整的“挂毯”，通过它可以把我们与他人连成一体。人类的社会脑仍在不断扩大，它利用现有的基础构件，进一步提高了我们的社交能力和社交倾向。我们喜欢肥皂剧、真人秀和八卦新闻并非偶然，也不值得奇怪。因为这是我们拥有的复杂的心灵所决定的，是我们天生就拥有的能够理解他人心思、搞清楚每个人在社会结构中的位置的大脑的自然结果。

社会神经科学在过去 20 年里的发展令人兴奋，它奠定了社会脑的理论基础;我相信，接下来的 20 年可能会更加令人兴奋。随着功能性核磁共振成像技术的不断发展，我们将能实时观察人们在现实世界中进行社交时的社会和情感体验的神经机制。功能性近红外光谱成像技术（fNIRS）就是这样一种非常有前途的功能性核磁共振成像技术。有了这种技术，被试只需佩戴一个头罩就可以参加脑成像研究。功能性近红外光谱成像技术的基本原理是，装在头罩上的光发射器引导光线穿透颅骨，射在脑组织上，然后散射回颅骨外面的接收器，在这个过程中，我们就可以观察到相关脑区激活程度的高低。

当然，功能性近红外光谱成像技术也有诸多局限性，而且它的工作原理也比较复杂，但是非常重要的一点是，它可以让被试轻轻松松地坐着与别人交谈、互动时就把功能性核磁共振成像实验完成！与此相反，功能性核磁共振成像扫描仪却要求被试躺在一张床上，然后连人带床被推进一个巨大、骇人的环状机器里。另外，功能性近红外光谱成像研究还可以通过无线网络进行，被试戴上头罩后，可以在相当广阔的范围内自由活动，而他们的神经活动情况则通过无线网络发送回基站。功能性近红外光谱成像的最后一个优点是成本低廉。功能性核磁共振成像仪的售价动辄高达 300 万美元，另外还需要支付 100 万美元的安装费用；而一套功能性近红外光谱成像设备的价格则低于 10 万美元，而且随着时间的推移，价格仍然在不断下降。这就意味着，这种设备可以在社会上广泛推广使用，学校、企业、科研组织，甚至小型心理咨询机构都承担得起。可以想见，我们对人类心灵的理解，必将随着社会脑研究的不断展开而不断深化。

在艾萨克·阿西莫夫的经典科幻小说《基地》（*Foundation*）中，哈里·谢顿（Hari Seldon）创建了一个新的学科分支，名为“心理历史学”（psychohistory），它可以利用心理学原理预测未来几十年，各种至关重要的地缘政治事件将如何发生、发展和最终解决。如果真的存在这样一门科学，那么当它落入某些人的手中时，就会变成一个极度危险的工具；但是，如果运用得当，它也可以使我们的生活水平得到前所未有的提高。从根本上说，我们都是心理化动物，或者说，我们都是社会心理化生物。股票市场的波动，受我们的贪婪和恐惧的影响肯定不亚于所谓的基本面的影响。当我们通过心理学、神经科学等学科对人的社交天性有了更透彻的了解之后，我们就有可能利用相关知识重塑社会和社会制度，以充分发挥人的潜力——无论在个人的层面上，还是在整个社会的层面上。

我相信，终有一天，美国总统在决策时会向社会神经学家和心理学家咨询；终有一天，CNN 在试图向观众解释世界上发生的重大事件时，会邀请社会心理学和社会脑领域的专家，就像它今天邀请政治学家、政治战略家和经济学家一样；终有一天，当我们回首往事时会感到奇怪，我们以前竟然会不在“社会脑原则”的指导下生活、工作、接受教育（和教育他人）！未来，科幻小说中描述的许多东西都将变成科学事实。这将是一个令人何等兴奋的前景！

现在，我终于可以对自己的社会网络中那些为我撰写本书提供了帮助的人表示感谢了。当我仔细数了数所有我应该感谢的人之后，我惊讶地发现，总数竟然非常接近于“邓巴数”。从我出生至今，我的家人就一直支持着我，利伯曼们、阿尔巴布们、艾森伯格们，感谢你们多年来的鼓励！

为我点燃了第一把智慧之火的是一些哲学家们，例如，尼采和萨特。当我还只有十几岁大的时候，他们就影响了我的思想。我还要感谢父亲同意我主修哲学专业，并将那些哲学书一直留在了书架上，尽管您并不喜欢它们。在大学里，我的哲学老师布鲁斯·威尔夏尔（Bruce Wilshire）告诉我，真正重要的是“经验，热乎乎的经验”。虽然神经科学与哲学似乎相去甚远，但是这句话一直伴随着我。

我在自己的职业生涯上能够小有所成，必须感谢哈佛大学的三个人。我的博士生导师丹尼尔·吉尔伯特一直激励我成为一个更好的社会心理学家。史蒂夫·科斯林（Steve Kosslyn）帮助我、监督我，把我讲授的本科课程的重点从原来的弗洛伊德、斯金纳的学说和认知科学转变为社会、认知和神经科学。凯文·奥克斯纳是我的研究生同学，我与他一起走进了社会认知神经科学的殿堂，在此过程中，我们成了最好的朋友，他还担任了我的伴郎。我很感谢这三个人，他们在关键时刻影响了我的思想、我的职业生涯。没有他们，我是不可能写出这本书的。

弹指一挥间，来加利福尼亚大学洛杉矶分校工作差不多15年了。这么多年以来，我之所以能够完成本书中所描述的一系列研究，是因为我有优秀的合作者和导师，他们是：Lori Altshuler、Susan Bookheimer、Ty Cannon、Mark Cohen、Michelle Craske、Mirella Dapretto、Alan Fiske、Andrew Fuligni、Adam Galinsky、Ahmad Hariri、Marco Iacoboni、Michael Irwin、Edythe London、Emeran Mayer、John Mazziotta、Bruce Naliboff、Annette Stanton、Shelley Taylor 和 Kip Williams。能够与你们共事，是我的荣幸。我还曾经与 Scott Gerwehr、Bryan Gabbard 等人讨论过如何将社会认知神经科学理论应用于现实世界的问题，感谢他们。Scott，我现在仍然想念你。

非常幸运的是，我还一直有机会与全世界最优秀的学生和工作人员合作。感谢来到加利福尼亚大学洛杉矶分校社会认知神经科学实验室，与我们一起思考、一起探索的所有人：David Amodio、Elliot Berkman、Lisa Burklund、Liz Castle、Joan Chiao、Jessica Cohen、David Creswell、Molly Crockett、Janine Dutcher、Emily Falk、Ben Gunter、Kate Haltom、Erica Hornstein、Tristen Inagaki、Johanna Jarcho、Yoona Kang、Carrie Masten、Sarah Master、Meghan Meyer、Mona Moieni、Sylvia Morelli、Keely Muscatell、Junko Obayashi、Jennifer Pfeifer、Josh Poore、Lian Rameson、Ajay Satpute、Julie Smurda、Bob Spunt、Golnaz Tabibnia、Eva Telzer、Sabrina Tom、Jared Torre、Stephanie Vezich、Baldwin Way、Locke Welborn 和 Charlene Wu。你们都非常了不起！

如果没有我的经纪人，马克斯·布罗克曼（Max Brockman），这本书就很难问世。很长一段时间以来，他一直扮演着苏格拉底的守护神的角色。谢谢你，马克斯。多亏你否决了我最初拟定的提纲，最后才有了现在这本书。当时听到你说“不”的时候，我有些沮丧。但是我现在简直不敢去想，倘若你接受了我最初的建议，最终出来的会是怎样一个东西。

感谢这本书的编辑罗杰·肖勒（Roger Scholl），感谢皇冠出版社的所有人。感谢你们的帮助和支持，让我走过了每一步。你们的工作卓有成效，使这本书的写作从不可能变成了艰巨可行。

当我开始写这本书时，我就暗暗下了一个决心：要让它看起来更像出自一个小说家之手，而非出自一位学者之手。为此，我每天都花一些时间读读小说。我读过村上春树、Hugh Howey、Paul Auster、Michael Cox、David Mitchell、石黑一雄、Philip K.Dick、Matthew Mather、Ernest Cline 和 Wilkie Collins 等人的作品。我还每天通过潘多拉在线音乐电台，一边写作一边听音乐，在此感谢 Tycho、Ulrich Schnauss、Riceboy Sleeps、Ambulance、William Orbit、Vector Lovers、Loess、Casino versu Japan、Brokenkites、Her Space Holiday、Deosil、Infinite Scale、Boards of Canada、Trentemoller、Eluvium、William Basinski 和 Michael Maricle 等乐队和歌手给我带来的美好享受。这种写作方式有助于我在写作时保持适当的心智框架——我需要有所“分心”，但又得做到随时都能“收心”。

感谢我的同事和朋友，他们对本书的有关章节提出了非常有益的意见和建议：Robin Dunbar、Sarah Endo、Dan Gilbert、Jonah Lehrer、Jennifer Pfeifer、Eva Telzer、Nim Tottenham 和 James Yang。我要特别感谢神经领导力研究所。多年以来，我在那里多次举办讲座，与关注如何将社会科学的发现应用于商业和教育领域的人分享我的想法，从而给我提供了不断锤炼自己观点的机会。同样要特别感谢的是以下这些给了我真诚反馈意见的人：Samad Aidane、Tom Battye、Marcy Beck、Pratt Bennet、Ken Buch、Corinne Canter、Christine Comaford、Gary Davis、Jon Downes、Barrie Dubois、Mary Federico、Sara Ford、Todd Gailun、Philip Greenwood、Robert Hutter、Shelley Johnson、Kory Kogon、Per Kristiansen、Kate Larsen、Dan Marshall、Jason Ollander-Krane、Bert Overlack、Thaler Pekar 、Lynn Quinn、Al Ringleb、Lisa Rubinstein、Sylvan Schulz、Mary Spatz、Bonnie St. John、Robert Weinberg、Lucy West、Scott Winter 和 Susan Wright。

在这里，我还想特别感谢两个人，在我写作本书的过程中，他们给予我的帮助不可尽数（当然，本书若有任何错误疏漏之处，则与他们无关）。第一位要感谢的是神经领导力研究所主任大卫·洛克。自从我们相识以来，他一直在敦促我，尽最大能力普及神经科学知识，更好地与各领域的学者沟通。谢谢你多次邀请我出席神经领导力峰会，让我能够与来自全世界的志同道合者交流。这种经历对我来说意义非凡。感谢你阅读了整本书，并给了无数有益的意见；感谢你花了一整天时间帮助我理顺来自各方的反馈，并与我一起头脑风暴，使我能够集思广益，使本书“更上一层楼”。在第一稿中，这本书只有 10 章，那时你就给予了高度评价，说它“9 章聪明，1 章有用”！不过，你又鼓励我再增加两章，才使这本书最终变成了现在这个样子。我相信，这比第一稿要好多了。

第二个要特别感谢的人是我的妻子娜奥米。如果没有你，就不会有这本书；没有你，我甚至很可能根本没有能力写任何一本书。自从我来到加利福尼亚大学洛杉矶分校，你一直是我在工作和生活中的好伴侣。因为有你，我的科学研究才能够日有所进；因为有你，这本书的每一章、每一节都变得更加完美了。你提出的所有意见，都使它变得更好。你总能给我带来惊喜。感谢你，于我来说，你做的每一件事都意义重大。你是不可或缺的，无论是对这本书、对我们在加利福尼亚大学洛杉矶分校的研究工作，还是对我们与伊恩组成的这个幸福的家。

马修·利伯曼是新兴的交叉学科——社会认知神经科学的领军人物。在简学邀请我翻译本书之前，我就曾跟踪过他的研究。因此，在翻译过程中，当我看到他描述自己的一系列研究时，心中不禁泛起了亲切之感。感谢简学，让我拥有了这段美好的经历。

鱼生活在水中而不自知，人类的“社交天性”可能也远远超出了我们自己的想象。利伯曼引用大量前沿研究成果，有力地证明，人皆生活在“社交圈”中。先哲曾云，“他人就是地狱”；利伯曼则断言，“若无他人，这世界便是地狱”。进化赋予我们大脑的“布线”结构决定了这一切。

感谢妻子傅瑞蓉对我的鼓励和帮助，她也是译稿的第一读者和初校者。感谢儿子贾岚晴对我的工作的理解和支持，待这本书出版后，我希望他能够与我一起来读，相信必能有助于他的成长。

感谢汪丁丁教授、叶航教授和罗卫东教授一直以来的教诲。感谢岳父傅美峰、岳母蒋仁娟对我儿子的悉心照顾。感谢何永勤、虞伟华、余仲望、鲍玮玮、傅晓燕等好友的帮助。

译者水平所限，书中定有不足之处，敬请读者批评指正！

于杭州

未来，属于终身学习者

我这辈子遇到的聪明人（来自各行各业的聪明人）没有不每天阅读的——没有，一个都没有。巴菲特读书之多，我读书之多，可能会让你感到吃惊。孩子们都笑话我。他们觉得我是一本长了两条腿的书。

———查理·芒格

互联网改变了信息连接的方式；指数型技术在迅速颠覆着现有的商业世界；人工智能已经开始抢占人类的工作岗位……

未来，到底需要什么样的人才？

改变命运唯一的策略是你要变成终身学习者。未来世界将不再需要单一的技能型人才，而是需要具备完善的知识结构、极强逻辑思考力和高感知力的复合型人才。优秀的人往往通过阅读建立足够强大的抽象思维能力，获得异于众人的思考和整合能力。未来，将属于终身学习者！而阅读必定和终身学习形影不离。

很多人读书，追求的是干货，寻求的是立刻行之有效的解决方案。其实这是一种留在舒适区的阅读方法。在这个充满不确定性的年代，答案不会简单地出现在书里，因为生活根本就没有标准确切的答案，你也不能期望过去的经验能解决未来的问题。

而真正的阅读，应该在书中与智者同行思考，借他们的视角看到世界的多元性，提出比答案更重要的好问题，在不确定的时代中领先起跑。

湛庐阅读App：与最聪明的人共同进化

有人常常把成本支出的焦点放在书价上，把读完一本书当作阅读的终结。其实不然。

时间是读者付出的最大阅读成本

怎么读是读者面临的最大阅读障碍

“读书破万卷”不仅仅在“万”，更重要的是在“破”！

现在，我们构建了全新的“湛庐阅读”App。它将成为你“破万卷”的新居所。在这里：

- 不用考虑读什么，你可以便捷找到纸书、电子书、有声书和各种声音产品；
- 你可以学会怎么读，你将发现集泛读、通读、精读于一体的阅读解决方案；
- 你会与作者、译者、专家、推荐人和阅读教练相遇，他们是优质思想的发源地；
- 你会与优秀的读者和终身学习者为伍，他们对阅读和学习有着持久的热情和源源不绝的内驱力。

从单一到复合，从知道到精通，从理解到创造，湛庐希望建立一个“与最聪明的人共同进化”的社区，成为人类先进思想交汇的聚集地，与你共同迎接未来。

与此同时，我们希望能够重新定义你的学习场景，让你随时随地收获有内容、有价值的思想，通过阅读实现终身学习。这是我们的使命和价值。

本书阅读资料包

给你便捷、高效、全面的阅读体验

本书参考资料

湛庐独家策划

- 参考文献
  为了环保、节约纸张，部分图书的参考文献以电子版方式提供
- 主题书单
  编辑精心推荐的延伸阅读书单，助你开启主题式阅读
- 图片资料
  提供部分图片的高清彩色原版大图，方便保存和分享

相关阅读服务

终身学习者必备

- 电子书
  便捷、高效，方便检索，易于携带，随时更新
- 有声书
  保护视力，随时随地，有温度、有情感地听本书
- 精读班
  2~4周，最懂这本书的人带你读完、读懂、读透这本好书
- 课　程
  课程权威专家给你开书单，带你快速浏览一个领域的知识概貌
- 讲　书
  30分钟，大咖给你讲本书，让你挑书不费劲

湛庐编辑为你独家呈现
助你更好获得书里和书外的思想和智慧，请扫码查收！

（阅读资料包的内容因书而异，最终以湛庐阅读App页面为准）

湛庐文化获奖书目

《爱哭鬼小隼》
国家图书馆“第九届文津奖”十本获奖图书之一
《新京报》2013年度童书
《中国教育报》2013年度教师推荐的10大童书
新阅读研究所“2013年度最佳童书”

《群体性孤独》
国家图书馆“第十届文津奖”十本获奖图书之一
2014“腾讯网•啖书局”TMT十大最佳图书

《用心教养》
国家新闻出版广电总局2014年度“大众喜爱的50种图书”生活与科普类TOP6

《正能量》
《新智囊》2012年经管类十大图书，京东2012好书榜年度新书

《正义之心》
《第一财经周刊》2014年度商业图书TOP10

《神话的力量》
《心理月刊》2011年度最佳图书奖

《当音乐停止之后》
《中欧商业评论》2014年度经管好书榜•经济金融类

《富足》
《哈佛商业评论》2015年最值得读的八本好书
2014“腾讯网•啖书局”TMT十大最佳图书

《稀缺》
《第一财经周刊》2014年度商业图书TOP10
《中欧商业评论》2014年度经管好书榜•企业管理类

《大爆炸式创新》
《中欧商业评论》2014年度经管好书榜•企业管理类

《技术的本质》
2014“腾讯网•啖书局”TMT十大最佳图书

《社交网络改变世界》
新华网、中国出版传媒2013年度中国影响力图书

《孵化Twitter》
2013年11月亚马逊（美国）月度最佳图书
《第一财经周刊》2014年度商业图书TOP10

《谁是谷歌想要的人才？》
《出版商务周报》2013年度风云图书•励志类上榜书籍

《卡普新生儿安抚法》（最快乐的宝宝1•0~1岁）
2013新浪“养育有道”年度论坛养育类图书推荐奖

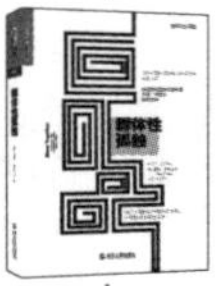

图书在版编目（CIP）数据

社交天性：人类社交的三大驱动力 /（美）利伯曼著；贾拥民译 .
—杭州：浙江人民出版社，2016.6（2022.1重印）

ISBN 978-7-213-07286-4

Ⅰ.①社… Ⅱ.①利… ②贾… Ⅲ.①人的社会性－研究 Ⅳ.B038

中国版本图书馆 CIP 数据核字（2016）第 080164 号

浙江省版权局
著作权合同登记章
图字：11-2014-283 号

上架指导：认知神经科学 / 社交

社交天性：人类社交的三大驱动力

作 者：[美] 马修·利伯曼 著
译 者：贾拥民 译
出版发行：浙江人民出版社（杭州体育场路 347 号 邮编 310006）
市场部电话：（0571）85061682 85176516
集团网址：浙江出版联合集团 http://www.zjcb.com
责任编辑：方 程
责任校对：张志疆 杨 帆
印 刷：石家庄继文印刷有限公司
开 本：710mm ×965 mm 1/16　印 张：22.25
字 数：31.3 万　插 页：4
版 次：2016 年 6 月第 1 版　印 次：2022年 1 月第 9 次印刷
书 号：ISBN 978-7-213-07286-4
定 价：69.90 元